普通高校“十二五”规划教材
公共基础课系列

高职语文学习指导与练习（下）

刘金同　主　编
李德刚　杨保国　曹中山　副主编

清华大学出版社
北　京

内 容 简 介

本书与清华大学出版社出版的普通高校"十二五"规划教材·公共基础课系列《高职语文》下册配套。

本书从各单元中选取3篇(除"自读课文"外)具有代表性的课文编写。每课都设计了"学习导航"和"扩展练习"两个部分,各单元还都有"单元练习与测试";最后还配有"模拟试题"。全书练习题都附有参考答案或解答提示、示例,供师生参考。

本书适用于高职、高专类学生使用,特别适用于"五年一贯制"大专学生,也可作为高级技工学校及中等职业学校的学生用书。

图书在版编目 CIP 数据

高职语文学习指导与练习.下/刘金同主编. —北京:清华大学出版社,2015(2024.8 重印)
(普通高校"十二五"规划教材·公共基础课系列)
ISBN 978-7-302-39929-2

Ⅰ.①高… Ⅱ.①刘… Ⅲ.①大学语文课—高等职业教育—教学参考资料 Ⅳ.①H19

中国版本图书馆 CIP 数据核字(2015)第079177号

责任编辑: 彭 欣
封面设计: 汉风唐韵
责任校对: 王荣静
责任印制: 宋 林

出版发行: 清华大学出版社
网　　址: https://www.tup.com.cn,https://www.wqxuetang.com
地　　址: 北京清华大学学研大厦A座　　**邮　　编:** 100084
社 总 机: 010-83470000　　**邮　　购:** 010-62786544
投稿与读者服务: 010-62776969,c-service@tup.tsinghua.edu.cn
质量反馈: 010-62772015,zhiliang@tup.tsinghua.edu.cn
印 装 者: 三河市龙大印装有限公司
经　　销: 全国新华书店
开　　本: 185mm×260mm　**印　张:** 15　**插　页:** 1　**字　　数:** 296千字
版　　次: 2015年4月第1版　**印　　次:** 2024年8月第5次印刷
定　　价: 34.00元

产品编号:062394-01

本书编委会

前言

为了帮助学生更好地掌握语文知识，培养读、写、听、说的语文能力，提高语文素养，我们组织部分富有教学经验的一线教师针对普通高校“十二五”规划教材·公共基础课系列的《高职语文》，编写了配套的《高职语文学习指导与练习》。整套书分为上、下两册，本书是下册。

本书的编写，按照教育部颁布的《高等职业学校语文教学大纲》的要求，参考教师和学生的意见，每个单元都针对阅读方法和能力、口语交际、语文综合实践活动等方面设计了相应的练习题。该书体现了时代精神和职教特色，突出了基础性、实用性、灵活性和可操作性，注重了学生的分析能力、应用能力、写作能力和创新能力的培养。

本书基本按课文编排顺序(“自读课文”除外)逐课编写。“学习导航”从作者与背景、思想内容、篇章结构、写作特色、语言技巧等方面予以简要提示，以帮助学生理解课文。“扩展练习”在课文习题的基础上，增加了一些基础知识和基本能力练习，并适当加深、加宽，以帮助学生训练有关技能。“单元练习与测试”结合单元内容，指导学生运用基本能力去分析、解决问题。“模拟试题”引导学生对全册内容进行复习，以达到巩固知识、提高能力的目的。对这些练习，教师和学生可根据具体情况灵活运用，也可适当加以补充或删减。全书练习题都附有参考答案或解答提示、示例，供师生参考。

本书由潍坊科技学院刘金同教授任主编，潍坊科技学院李德刚、杨保国、山东省寿光市职业教育教研室曹中山任副主编，负责体例的设计和统稿。具体编写分工是：潍坊科技学院于丽波负责编写第一、第二单元；潍坊科技学院付芳云负责编写第三单元；潍坊科技学院崔朝红负责编写第四、第十二单元；潍坊科技学院王丽芳负责编写第五、第十一单元；潍坊科技学院张新欣负责编写第六、第十单元；潍坊科技学院付景明负责编写第七、第八单元；潍坊科技学院王玉文、孙爱珍负责编写第九单元；潍坊科技学院李文静负责期中、期末模拟试题的编写；潍坊科技学院李玉萍、朱海峰、李岩、裴明珍、中泰宝石学院刘晓晨、北京航空航天大学刘学斌负责书稿的校对。

由于编写比较仓促，书中难免有不当或疏漏之处，敬请读者批评指正。

编　者

目录

第一单元

故乡情深

第1课　故乡的榕树

【学习导航】

思想怀旧是散文常见的主题，人们常常借助别具深意的物和富有特色的景来抒发思乡之情。香港作家黄河浪，因生于榕树之乡，而把思乡之情寄托在榕树上，谱写了一支动人心魄的思乡曲。

一、思想内容与结构

课文条理清晰，先借助住所旁的榕树引出对故乡榕树的思念，再通过回忆榕树及与榕树有关的人、事、物、景，寄托作者的思乡之情，最后再次抒发蓄积在心头的对故乡的深切怀念。从现实到回忆，又由回忆到现实，虽形散而神聚，行文如行云流水，自然流畅。

第一部分(第1～3段)，缘物生情，由眼前景引出故乡情。

这一部分是全文的引子，把读者缓缓带入故乡，走进榕树下美好的生活。

第二部分(第4～10段)托物寄情，描述了故乡的榕树及与榕树有关的人和事，寄托了作者的思乡之情。

这一部分是文章的主体。第4段用概述的方法描绘了故乡榕树四周的景色，那清澈的小溪、彩色的鹅卵石、洗衣和汲水的少女、追逐欢笑的鸭子、洁白的石桥、刻字的石碑，还有那光滑的小石狮子……寥寥数语，写出了闽东农村美丽幽静而充满生命活力的特有的乡村风景图，为刻画榕树涂抹了一层恬静、清爽的底色，并激发作者对故乡的怀想。在着力渲染榕树四周环境之后，作者在第5、6段转入对两棵榕树具体而细致的刻画，一棵详写，一棵略写。对那棵被称为“驼背”的老榕树进行细致地描绘，它“长成奇异的S形”，树干“苍虬多筋”，“弯曲的这一段树心被烧空了，形成丈多长平放的凹槽，而它仍然顽强地活着，横过溪面，昂起头来，把浓密的枝叶伸向蓝天”。接着再写儿时和小伙伴在“驼背”之船上的水手梦，充满了童趣和诗情画意，寄托着作者无限的情思。接着作者又叙述了关于“驼背”的神奇传说，给榕树增添了美丽的神话色彩。第7、8、9、10四段与榕树有关的人和事的回忆，抒发了对故乡亲人的怀念之情。

在作者的眼前,故乡的榕树逐渐幻化成一幅幅迷人的图景,凝聚为一缕缕乡情,那牵动游子感情的往事历历在目:女人们祈求榕树之神赐福,母亲用榕树汁为孩子治癣,这些都形象、真实地再现出故乡的乡情与民俗,体现出故乡人民的善良和淳朴。“我”奉祖母之命上树折枝,祖孙间其乐融融的场面,感人至深。劳苦而淳朴的农人在榕树的庇护下聊天,为我们描绘了一幅情趣盎然的纳凉图。儿时在榕树下度过的愉快夏夜极富生活情趣,那简陋的卧具、神秘而恬静的气氛、似梦似仙的月夜景色,沉入梦乡那美妙的感觉……作者着意铺陈,创造出一个轻盈、静谧的意境。所有这些描写无不充满着真切的生活情趣和浓郁的生活气息,故乡的榕树,故乡的人,曾给作者带来过无限的快乐,也留给作者无尽的眷念。

第三部分(第11～13段),抒发对故乡的深切怀念之情。

作者从美好的回忆里回到了现实中来,“仿佛刚刚从一场梦中醒转”,“这一觉已睡过了三十年”,但身在异乡的作者,仍挂念着故乡榕树的遭遇,惦念着当年的小伙伴、讲故事的老人和老祖母,于是在第11段一一交代了他们的现状。第12段呼应开头,小儿子的话打断了“我”的沉思,“我”又吹起了哨笛,那忽高忽低、时远时近的哨音再次弥漫成乡愁,笼罩在“我”的周围,结尾表达了作者永远不忘故乡养育之恩,永做故乡儿子的一片诚挚之心。第13段以“故乡的榕树呀……”独立成段作结,言有尽而意无穷。

二、写作特色

1. 缘物生情、托物寄情的写法;
2. 诗化的语言;
3. 记叙、描写、抒情等多种表达方式的综合运用;
4. 独具匠心的结构。

本文在布局谋篇上独具匠心,这表现在三个方面:一是开篇层层铺垫。文章由住所附近的老榕树写起,按照常规,可以由对眼前榕树的描写,直接转入对故乡榕树的怀念,但作者没有这样做,而是继续写住所旁榕树周围的景物,“成了一个小小的儿童世界”,于是经常带儿子去散步、嬉戏。第2段继续写有一天偶发童心,用榕树叶制成哨笛吹了起来,“小儿子欢跳着抢过去,使劲吹着”,并引来一只小黑狗,“逗得小儿子嘻嘻笑”,直到这里才完成了铺垫。也就是说,此时作者已交代了引忆之物——两棵榕树,如故乡一般;引忆之景——儿童世界,如故乡榕树下儿时的乐园;引忆之人——小儿子,如同当年的我;引忆之声——哨笛,“我的心却像一只小鸟,从哨音里展翅飞出去……停落在故乡熟悉的大榕树上”。这样层层铺垫,水到渠成,使思乡更为自然。二是中间巧妙过渡。本文的主体部分是回忆故乡的景物、人、事,为避免材料混乱,作者特别注意过渡句、过渡段的安排。第4段写老榕树周围的环境是过渡段。结尾一句“记忆里的故事有榕树的叶子一样多……”承上启下,暗示接下来要写榕树及榕树下的故事了。第6、8、10、11段开头一句也是过渡句,这样,使材料紧密勾连,文思贯通，取得了极好的表达效果。三是结尾处处呼应。后面三段结尾部分处处呼应前文，既有对前文两棵老榕树现今遭遇的交代，又有对讲故事老人、老祖母的交代，还有对当年小伙伴现状的推想；前文从哨音切入，后文又从哨音切出；结尾“故乡的榕树呀……”呼应文题，整篇文章结构严谨。

【扩展练习】

一、给加点的字注音。

摇曳（　）	嬉戏（　）	未泯（　）	淳朴（　）
袅袅（　）	汲水（　）	兀立（　）	汩汩（　）
镌刻（　）	虔诚（　）	皮癣（　）	祈求（　）
祭祀（　）	粗犷（　）	黝黑（　）	凉飕飕（　）

二、选择题。

1. 依次填入括号内最恰当的一项是（　）。

① 我仿佛又看到那高大魁梧的躯干，鬈曲飘拂的长须和浓得化不开的（　）绿云。

② 看到春天新长的嫩叶，迎着金黄的阳光，透明如片片碧玉，在（　）的风中晃动如耳坠。

③ 逗得小儿子嘻嘻笑，粉白的脸颊上泛起（　）的红晕。

④ 那（　）的溪水流走了我童年的岁月。

A. 团团　袅袅　淡淡　汩汩　　B. 朵朵　柔柔　淡淡　哗哗

C. 朵朵　袅袅　浅浅　汩汩　　D. 团团　柔柔　浅浅　哗哗

2. 下列各句中，加点的成语使用恰当的一句是（　）。

A. 作为一代名臣，诸葛亮和衷共济，鞠躬尽瘁，赢得了后世广泛的敬仰。

B. 这些第三代移民，在物质方面已经西化，但在精神方面，祖国母亲赋予他们的文化底蕴根深蒂固，难以更改。

C. 时下什么都兴“排行榜”，诸如“金曲排行榜”“小说排行榜”……五花八门，不绝如缕，让人目不暇接。

D. 只有我们的党员干部廉政勤政，率先垂范，才能上行下效，使整个社会风气得到好转。

3. 下列各句中，没有语病的一句是（　）。

A. 为了弥补用水不足，只好将废水回收，开展一水多用和用河水代替自来水使用。

B. 大熊猫受到病饿威胁，当地群众给遇到的病饿熊猫喂食、治疗，减少了死亡率。

C. 不难看出，这起明显的错案迟迟得不到公正判决，其根本原因是党风不正在作怪。

D. 一个人能否有所作为，取决于他是否受到良好的教育，是否有理想追求，是否刻苦勤奋，还取决于他是否持之以恒，拼搏到底。

4. 作者不以《故乡的怀念》或《忆故乡》为题，而以《故乡的榕树》为题。对此，以下分析正确的有哪几项？（　　）

A. 从标题的艺术性看，现题不落俗套，给人以新鲜感，更能吸引读者。

B. 从标题的合理性看，“故乡的榕树”是名词性偏正结构，又是五个音节，读起来朗朗上口。

C. 从内容上看，课文写的是故乡的两棵大榕树，榕树边的景物，作者所怀念的人、事、物莫不与榕树相关，对故乡的怀念是通过对榕树的怀念来表达的。因此，用“故乡的榕树”作标题准确、贴切。

D. 从选材方面看，故乡可回忆的东西太多了，一篇短文把什么都写进去不仅不可能，也过于繁杂。从眼前榕树下的“小小的儿童世界”生发联想，引出幼时的故乡榕树，再围绕榕树展开笔墨，确定取舍和详略。这样容易做到“形散神聚”。

E. 从结构上看，如果不用现在的题目，而用“故乡的怀念”或“记故乡”为题，那就无法像现在这样运用插叙进行回忆，因此使用现题正是为了总体结构的需要。

F. 从表情达意上看，寄情于物，在故乡榕树上灌注着作者浓烈的情感，对榕树的描写、抒情充满了柔情蜜意，字字蕴真情，句句含深意，比起泛泛地写故乡，显得更集中，情感也更强烈而亲切。

5. 熟读课文后选填词语，使其切合情境。

① 我喜欢跟大人们一起(A. 轧　B. 挤　C. 躺　D. 卧)在那里睡，仰望头上黑黝黝的榕树的影子；在神秘而(A. 宁静　B. 平静　C. 恬静　D. 寂静)的气氛中，用(A. 心灵　B. 心思　C. 心曲　D. 心扉)与天上微笑的星星(A. 示意　B. 对话　C. 交换　D. 交流)。

② 而我的心却像一只小鸟，从哨音里展翅飞出去，(A. 越　B. 飞　C. 经　D. 晃)过(A. 迷蒙　B. 朦胧　C. 渺茫　D. 飘渺)的烟水、苍茫的群山，停落在故乡熟悉的大榕树上。

③ 高兴时，还有人拉起胡琴，用(A. 洪亮　B. 悦耳　C. 动听　D. 粗犷)的喉咙唱几段充满原野(A. 风格　B. 风尚　C. 风味　D. 风姿)的小曲，在(A. 苦难　B. 辛苦　C. 艰苦　D. 苦涩)的日子里寻一点(A. 临时　B. 暂时　C. 短暂　D. 须臾)的安慰和满足。

6. 下列句子各运用了什么修辞手法？

A. 明喻　B. 借喻　C. 通感　D. 夸张　E. 拟人　F. 设问　G. 反问

① 那忽高忽低、时远时近的哨音，弥漫成一片浓浓的乡愁，笼罩我的周围。（ ）

② 苍苍的榕树啊，用怎样的魔力把全村的人召集在膝下？（ ）

③ 每当中午，亚热带强烈的阳光令屋内如焚、土地冒烟，唯有这两棵高大的榕树撑开遮天巨伞，抗拒逼人的酷热，洒落一地阴凉，让晒得黝黑的农人们踏着发烫的石板路到这里透一口气。（ ）

7. 下列各句中加点熟语使用不正确的是（ ）。

A. 京城百姓拜年短信唱主角，一小时发送一千万条。

B. 就业问题时常困扰着大家。没工作的人找工作；有工作的人又存在着随时被炒鱿鱼的危险。

C. 因为资金紧缺的原因，将于今日开幕的第六届长春电影节走到了一个骑虎难下的境地。虽然开幕式闭幕式请来了不少港台明星撑场面，但真正唱主角的电影人却寥寥无几。

D. 没有证据就是诽谤，我让她吃错药。

三、阅读课文第 3～5 段，回答下面的问题。

1. 充当两个“看到”的宾语的各是什么短语？请具体指出来。

2. 第 3 段结合运用了多种修辞手法，请说明。

3. 第 3 段在全文中的作用是：

4. 第 3 段和第 5 段都写了榕树，写法上有何异同？请说明。

5. “驼背”是指具体的榕树吗？有何象征意义？

第2课　乡土情结

【学习导航】

《乡土情结》是柯灵为纪念《香港文学》创刊七周年而作的散文。作品以故园之思为线索，由“小家”到“大家”，由“离家”到“归家”，将乡土情升华为爱国主义的思想感情。这是一篇充满着感情，蕴含着理性的散文，它声情并茂，立意高远，从一个古老而又现实的话题中，破译出了炎黄子孙们的故园情结、乡土情结和民族情结，诠释出了中国人特有的心理感悟和价值取向，让读者心为之动，情为之摇。

全文共七段，可分为三个部分。

第一部分(第1段)：提出话题，说明什么是“乡土情结”。

第一段提出话题，说明什么是“乡土情结”。作者多处引用古诗，一方面引导读者想象具有特定意义的场景及体现乡土之思的具体行为表现；另一方面也说明了思乡情结的久远。

第二部分(第2～6段)：按人生成长的时间顺序写乡土情结的形成、发展、表现及升华，可分为三层。

第一层(第2段)：从人的成长角度写乡土情结的由来。(形成)

第二层(第3～5段)：叙述人们离家的几种情形，并说明乡土情结每个人都会有，但是它往往在人远离故乡时表现得最为强烈。(发展)

第三层(第6段)：安土重迁是中华民族的传统。(表现及升华)

第三部分(第7段)：归结全文，点明主旨，升华主题。一方面，作者强调乡土之恋不会消失；另一方面又揭示了新时代“乡土情结”的内涵：人不必为家所累，但又要拥有自己的家，既走向开放，又有心灵的归宿。鼓励在祖国强盛的时代应有大展宏图的志向，极富时代气息。

柯灵是怀着真挚深厚的情感写作这篇散文的，作为一位世纪文化老人，他早年辗转各地，饱受战争与灾难的离乱之苦，因此，对家园之思有特别的体会，再加上香港回归这一特殊的背景，作者从家到国展开联想就十分自然了。作品叙古写今，纵横捭阖，元气淋漓，文中征引了大量的诗文、史料和典故，不仅说明了乡土情结的久远、普遍，根深蒂固，还通过它们营造了一个个具体的历史场景，使文章显得更加生动、感人。

本文的艺术特色如下：

1. 由情真而情深。

2. 熔文、白和书、口于一炉。提倡雕琢而无痕迹，刻意求工而又显天然。如写自己数十年的沉浮、甘苦与艰险：象牙塔、十字街、青云路、地狱门、相隔一层纸。

3. 大量引用古诗文。作者在文中旁征博引，大量引用古代诗文，显示了其丰厚的文学底蕴，增强了文章的可读性、生动性，表现出优美的文笔。更重要的是引用古诗文在内容上恰到好处地为情感主旨服务，是内容不可分割的一部分。

【扩展练习】

一、选择题。

1. 下列词语中加点字的注音不正确的一项是（　　）。

A. 寥落（liáo）　园扉（fēi）　篱下（lí）　方兴未艾（ài）

B. 悠邈（miǎo）　褪色（shǎi）　搭讪（shàn）　情不自禁（jīn）

C. 饮啜（chuò）　碌碌（lù）　眉梢（shāo）　低徊欷歔（huái）

D. 琐屑（xiè）　慰藉（jiè）　怡然（yí）　浪荡乾坤（qián）

2. 下列词语书写完全正确的一项是（　　）。

A. 儒染　烙印　街巷　万里投荒　　B. 逗弄　崎岖　沧凉　酒阑灯灺

C. 娇羞　悲啼　融化　悲欢离和　　D. 浮萍　扭曲　谛造　安土重迁

3. 下列各句中，加点成语使用恰当的一句是（　　）。

A. 周汝昌先生有极高的学养，他以出神入化的文笔生动地阐述了“女性大悲剧”的“红学”见解。

B. 面对种种诋毁和流言，他愤怒地斥责说：“这完全是杯弓蛇影，无稽之谈。”

C. 菲律宾总统埃斯特拉达终于因为种种丑闻而陷入四面楚歌的境地，黯然辞职了。

D. 今年全国报考研究生的人数多达 39.2 万，人们在叹为观止的同时，又不免产生一丝忧虑。

二、阅读理解。

(一) 阅读课文《乡土情结》，完成 1～3 题。

1. 乡土都给人们打下了哪些“童年的烙印”？（不超过 28 个字）

2. 课文第三段中所描写的少年离别家乡的情况有哪几种？请概括说明。

3. 对这篇散文的赏析，正确的两项是（　　）。

A. 本文以不会褪色的乡土情结开篇，开门见山；以乡土情结的形成和表现为主线,脉络清晰;以不会消失的乡土之恋结篇,首尾呼应。

B. 第二段写母亲的怀抱、父亲的眼神、故乡的山水草木、乡邻的音容笑貌……这一切决定了自己一生的方向,形象生动,很有说服力和感染力。

C. “失根的兰花,逐浪的浮萍,飞舞的秋蓬,因风四散的蒲公英”的比喻,生动形象地写出了远离乡土的游子们孤苦无助的境遇。

D. “鸟恋旧林,鱼思故渊”“树高千丈,落叶归根”的比喻,旧典活用,极富新意,为中华民族安土重迁这一传统找到了形象化的根据。

E. 最后一段,写乡土之恋不会因科学的进步、东西文化的交融、地球的变小而消失,笔法生动具体,细致入微,读来发人深思,回味悠长。

(二) 阅读下面的文字,完成后面的题。

滋　味

王开林

能吃的东西才知道味道如何。上帝造人时,特别设计了舌头这种精妙绝伦的零件,可见他的确充满了仁爱之心。有了这件宝贝,人就能咂摸出酸、甜、苦、辣、咸、涩等各种滋味,也就能把吃鱼和吃肉的不同分辨出来。试想,如果鼻子先已闻到了美食的香气,入口后却味同嚼蜡,那是何等扫兴。有了舌头,人也就变成了挑剔鬼,从最初的茹毛饮血,发展到后来的满汉全席,口腹之欲真是越来越膨胀。从古时“神农尝百草”到今天大开山海宴,算不算得文明的进步呢?“吃”早已成为国人头等重要的大事,硕鼠和馋猫同席,或于觥筹交错之前握手言欢,或于酒酣耳热之后结为兄弟。舌头的功用可谓大矣。

品酒是一门学问,品茶则是一种风雅,都不是俗人做得来的事情。那滋味显然只可意会,不可言传。胡喝狂饮之辈也就只能用舌头舔舔嘴唇,随便说一声:“好!”

古人说:“百般滋味,要在心中品味。”

表面看来,舌头对此鞭长莫及。其实不然,它完全可以调和出心中的百味。岂不闻“甜言蜜语三冬暖,恶语伤人六月寒”?舌头的功用比马尾巴的功用要强得多,切不可等闲视之。话讲得好听,就顺耳顺心顺意,一顺再顺而三顺,就无所不顺,无往不利。为什么献媚取宠者屡屡得手(几乎没有失手的时候),因为这些专往舌头上抹蜜的人深明一个道理,那就是:好听的话往往才下舌头,便上心头。让别人受用了,自己的日子肯定就好过了。你若问他的人格何在,他会说那只是一双破草鞋,弃之不足惜。世间那些往舌头上抹蜜的人也是往鞋底抹油的人,一旦你失去了利用价值,他们就会像采尽了花粉的蜂群一样飞往别处。

舌头其实相当世故,至少比眼睛、鼻子要世故得多,它知道自己若说了直话真话,就不可能吃香喝辣,因此,它最不济时也只是沉默。若硬是被认死理的主人派去说直话真话,就命该一辈子无可奈何地咬菜根,它一定含恨不已。

人人都知道“口蜜腹剑”这个成语,但又有几人识得甘言谄人者是别有居心用意呢？对一个假话连篇的人推心置腹是何等的不值和危险啊！这是授人以柄，你忧乐的机枢就被他完全掌握了。他的那把藏于腹中的“剑”是迟早会抽出来的，同样的舌头到时候吐出来的就是蝮蛇的毒液了。

名利本身是好东西，无论以力取，以智取，只要手法干净漂亮，都令人悦服。但有时好端端的名利被一群小人糟蹋了，变成猫腻滋味和腐鼠滋味，他们仍然争得头破血流，而且对谁都猜疑，生怕别人要来染指，要来分一杯羹。《论语》中说孔子“鱼馁、肉败、割不正，不食”，但在宵小之辈看来，那是圣人的臭讲究，他们才不顾什么变味不变味呢，先塞进口中再说。猫腻滋味和腐鼠滋味都有人食之津津有味，如此，就遑论其余了。

我们见了某人某事的龌龊之处，常说“心里真不是滋味”。其实，这“不是滋味”本身就是一种滋味，它至少表明了你的态度。

1. 第一段末句说：“舌头的功用可谓大矣。”请根据本段文意，从两方面解释“舌头的功用”。

2. 第四段中写道：“表面看来，舌头对此鞭长莫及。其实不然，它完全可以调和出心中的百味。”

(1)“舌头对此鞭长莫及”的含义是什么？

(2)“它完全可以调和出心中的百味”的含义是什么？

3. 请根据第四、六、七段的文意，分别概括出作者所讽刺的三种人的行为特点。

4. 下列对这篇文章的赏析，正确的两项是(　　)。

A. 题目“滋味”的主要含义是，生活的滋味往往是辛酸和苦涩，只能在漫长的人生中慢慢品尝。

B. 作者由舌头的饮食功用讲到舌头在人际关系中所发挥的种种功用，由此及彼，讽喻世人。

C. 文章的主旨可以概括为人际关系上的不正之风,表达作者疾恶如仇的处世态度。

D. 第五段末句"它一定含恨不已",用拟人手法形象地写出了"认死理""说'直话真话'的人"必然得到的厄运,有一定的劝诫意味。

E. 结尾说:"'不是滋味'本身就是一种滋味。"这里的"滋味"指的是在心里反感、鄙弃这些龌龊的行为。

第3课　江南的冬景

【学习导航】

郁达夫(1896—1945),原名郁文,幼名荫生、阿凤,字达夫,浙江富阳人,中国现代著名小说家、散文家、诗人。郁达夫精通五门外语,分别为日语、英语、德语、法语、马来西亚语。代表作有《沉沦》《故都的秋》《春风沉醉的晚上》《过去》《迟桂花》等。曾经与徐志摩作为同班同学。曾与鲁迅创刊合编《奔流》。

1933年4月,郁达夫从上海移居杭州,撤退到隐逸恬适的山水之间。在这一时期他创作了大量山水游记和诗词。本文创作于1935年,是郁达夫南迁杭州之后写下的散文名篇,最初发表于1936年1月1日《文学》第6卷第1号,收于良友出版公司1936年版的散文集《闲书》。

本文是一篇写景散文,抒写作者的家乡——浙江富阳一带的冬日风光,突出了江南冬景的特点:温润、晴暖、优美。

全文写了五个优美的画面:屋外曝背谈天图、寒郊散步图、冬雨农村图、江南雪景图、旱冬闲步图。在这些图画中,渗透着作者赞美、眷恋自己的故乡——江南自然风物的真情,展现出清新明朗的心境。

作者在写江南故乡的冬景时,善于用比较的手法,如将江南的冬景与北方的冬景相比较:北方的冬天极寒冷,雪深几尺,风大若雷,人躲进屋里蛰居两三个月;江南的冬天晴暖、温润,树叶不脱尽,寒风吹过只冷一两日,老翁、小孩常坐在太阳下曝背谈天。另外,作者还将江南的冬天与闽、粤等地的冬天作比较,将德国与江南的寒郊散步作比较。通过比较,既加深了读者对江南冬景的印象,更借此抒发了作者对自己家乡风土的强烈自豪感。

文中多处引用了古诗句,如"晚来天欲雪,能饮一杯无""寒沙梅影路,微雪酒香村""柴门闻犬吠,风雪夜归人""前村深雪里,昨夜一枝开"等,语言典雅,令文章充满诗情画意。

本文行文如行云流水,舒卷自如,语言清新隽永,情感真挚细腻,鲜明地体现出郁达夫散文的个性风格。

【扩展练习】

一、给下列加点的字注音。

煊羊肉(　　)	剥花生米(　　)	蛰居(　　)	曝背(　　)
闽(　　)	粤(　　)	赭色(　　)	远阜(　　)
湖沼(　　)	槎(　　)	桠(　　)	恣意(　　)

二、解释下列词语。

1. 蛰居：________________

2. 野人的篱落：________________

3. 丰腴：________________

4. 碧落：________________

5. 远阜：________________

6. 冬霖：________________

7. 直截了当：________________

8. 恣意：________________

三、选词填空。

1. 但对于江南的冬景，总觉得有可以抵得过北方夏夜的一种特殊情调，说得摩登些，便是一种________的情调。(A. 明媚　B. 明净　C. 明朗)

2. 则青天碧落之下，你不但不感到岁时的________，而且还可以饱觉着一种莫名其妙的含蓄在那里的生气。(A. 萧条　B. 肃杀　C. 凄凉)

3. 因为晴和的日子多了，上郊外去闲步________的机会自然也多。(A. 逍遥　B. 潇洒　C. 悠然)

4. 我生长在江南，儿时所受的江南冬日的印象，________特深，虽则渐入中年，又爱上了晚秋，以为秋天正是读读书、写写字的人的最惠季节。(A. 记忆　B. 铭刻　C. 铭记)

四、作者笔下的"江南"主要指哪些地方？文中有具体的实例吗？

五、为了突出江南冬天的美好，作者做了多方面的比较。请用最概括的语言分别填写出比较的内容。通过这些比较，作者写出了江南冬景的哪些重要特征？

1. 北国冬天与江南冬天的比较：

北国冬天：

江南冬天：

2. 江南秋天与江南冬天的比较：

江南秋天：

江南冬天：

3. 北方夏夜与江南冬天的比较：

北方夏夜：

江南冬天：

4. 闽粤地区与江南地区冬天的比较：

闽粤冬天：

江南冬天：

5. 德国寒郊散步与江南寒郊散步的比较：

德国寒郊散步：

江南寒郊散步：

6. 概括江南冬天的特征：

第一单元　练习与测试

一、选择题。

1. 下列加点字的注音全都正确的一组是(　　)。

A. 蓊郁(wěng)　　庇荫(yìn)　　镌刻(juān)　　皮癣(xuǎn)

B. 摇曳(yì)　　粗犷(kuàng)　　脸颊(jiá)　　祈求(qí)

C. 嬉戏(xī)　　虔诚(qián)　　黝黑(yǒu)　　恬静(tián)

D. 鬈曲(quán)　　凉飕飕(shōu)　　未泯(mìn)　　魁梧(kuí)

2. 下列词语书写错误的一项是(　　)。

A. 迷蒙　赏心悦目　童心未泯　毛茸茸

B. 朦胧　攸然自得　飘泼大雨　乌溜溜

C. 搁浅　安然无恙　苍虬多筋　黑黝黝

D. 笼罩　战战兢兢　唠唠叨叨　凉飕飕

3. 下列各句中,没有语病的一句是(　　)。

A. 美国总统 10 月 16 日在白宫正式签署了国会上周通过的授权总统对伊拉克使用武力的决议。

B. 专家指出,鱼和其他动物一样,死后肌肉组织仍然继续进行着僵硬、自溶、腐化的生物化学反应的过程。

C. 我们能否培养会学习、会生存等素质全面的学生,关系到祖国的未来,也是学校教育的使命。

D. 只有走最有效地利用资源和保护环境为基础的循环经济之路,提高人民的生活水平和质量,是可持续发展的终极目标。

4. 句中横线上应填入的合适词语是(　　)。

而有地炉、暖炕等设备的人家,不管它门外面是雪深几尺,或风大若雷,躲在屋里的两三个月的________生活,却是一年之中最有劲的一段________异境。

A. 居住　　B. 居家　　C. 蛰居　　D. 寄居

二、把《故乡的榕树》与下面的诗作比较阅读,回答问题。

乡　愁

小时候
乡愁是一枚小小的邮票
我在这头
母亲在那头

长大后
乡愁是一张窄窄的船票

我在这头
新娘在那头

后来啊
乡愁是一方矮矮的坟墓
我在外头
母亲在里头
而现在
乡愁是一湾浅浅的海峡
我在这头
大陆在那头

1. 这首诗的作者是谁？你对他还有哪些了解？

2. 课文和这首诗都表达了______的主题，都运用了______的表现手法，课文是借______表达对故乡的思念之情，而本文是借______来表达的。

3. 课文与这首诗在语言上有什么区别？

4. 香港和台湾都是祖国不可分割的一部分，课文和这首诗的作者分别居住在香港和台湾，这就使得两个作品同样具有了深远的意义，试对此作简要分析。

5. 诗歌中随着作者年龄的增长和经历的变化，乡愁所代表的意象也在不断变化，由邮票、船票、坟墓到海峡。仿照诗歌的形式，将你从小到大对父爱或母爱的不同感受写出来。

三、阅读下列语段,完成文后题目。

江南河港交流,且又地滨大海,湖沼特多,故空气里时含水分;到得冬天,不时也会下着微雨,而这微雨寒村里的冬霖景象,又是一种说不出的悠闲境界。你试想想,秋收过后,河流边三五人家会聚在一个小村子里,门对长桥,窗临远阜,这中间又多是树枝槎桠的杂木树林;在这一幅冬日农村的图上,再洒上一层细得同粉似的白雨,加上一层淡得几不成墨的背景,你说够不够悠闲?若再要点些景致进去,则门前可以泊一只乌篷小船,茅屋里可以添几个喧哗的酒客,天垂暮了,还可以加一味红黄,在茅屋窗中画上一圈暗示着灯光的月晕。人到了这一境界,自然会胸襟洒脱起来,终至于得失俱亡,死生不问了;我们总该还记得唐朝那位诗人做的"暮雨潇潇江上村"的一首绝句罢?诗人到此,连对绿林豪客都客气起来了,这不是江南冬景的迷人又是什么?

一提到雨,也就必然的要想到雪。"晚来天欲雪,能饮一杯无?"自然是江南日暮的雪景;"寒沙梅影路,微雪酒香村",则雪月梅的冬宵三友,会合在一道,在调戏酒姑娘了;"柴门闻犬吠,风雪夜归人",是江南雪夜更深人静后的景况;"前村深雪里,昨夜一枝开",又到了第二天的早晨,和狗一样喜欢弄雪的村童来报告村景了。诗人的诗句,也许不尽是在江南所写,而做这几句诗的诗人,也许不尽是江南人,但借了这几句诗来描写江南的雪景,岂不直截了当,比我这一支愚劣的笔所写的散文更美丽得多?

1. 第1段文字描绘出一幅微雨寒村图,作者以一种________心情写出了江南的迷人冬景。

2. "人到了这一境界,自然会胸襟洒脱起来",这句话如何理解?

3. "天垂暮了,还可以加一味红黄,在茅屋窗中画上一圈暗示着灯光的月晕"这一句中,以"味"来作"红黄"的量词,是不是用错了?说说你的看法。

4. 这两段写江南的雨雪,并没有作过多的实景描绘,说说作者写法上的特点。

5. 用一句话概括下面三句名言的大意,然后按要求把这句话填在画线处。(注意:要从自己的角度说,否则算错)

(1) 听其言而观其行。——孔子

(2) 判断一个人,不是根据他自己的表白,而是根据他的行动。——列宁

(3) 每个人都知道,把语言化为行动,比把行动化为语言困难得多。——高尔基

在言和行的关系上,我们对自己的要求是

____(不超过 15 个字)

四、故乡有最美的人,故乡有最美的风景,请以“故乡”为话题,写一篇 600 字左右的文章,体裁不限。

第二单元

演讲大厅

第1课　在马克思墓前的讲话

【学习导航】

1883年1月，马克思带着严重的支气管炎从英国南部的文特诺尔回到伦敦梅特兰公园路41号。这时并发的喉头炎使得他几乎不能吞咽。2月间，他的肺部发生脓肿。经过一段时间的治疗，气管炎逐渐痊愈，吞咽食物也比较容易了。3月14日下午两点多钟，恩格斯到了马克思那里，护理马克思的女仆海伦走上楼去看了一下，下来对恩格斯说，马克思处于半睡眠状态。她随即同恩格斯又一起上楼去，当恩格斯走进马克思的卧室时，马克思已坐在自己的安乐椅上安详地与世长辞了。他的写字台上，还放着《资本论》第三卷的第八次修改稿，这时海伦离开房间不过两分钟光景。

3月17日，马克思被安葬在伦敦北郊的海格特公墓，和他1881年12月逝世的妻子燕妮葬在一起。在简朴、庄严的葬礼仪式上，恩格斯用英语发表了这篇讲话。这篇悼词，恩格斯不是以马克思亲密战友的身份抒发个人的哀思，而是代表全世界无产者对自己导师的逝世表示深切的悼念，是站在历史发展的高度对马克思一生的伟大贡献进行科学的评价。因此，这篇悼词不仅是对葬礼参加者说的，还是向全世界发表的。

全文共9段。

第1段，追述马克思逝世的时间、地点和情景。

第2段，指出马克思逝世所造成的重大损失。

第3段，介绍马克思所发现的人类历史发展规律及其意义。

第4段，评价马克思发现剩余价值规律的意义。

第5段，说明马克思在其他许多领域的研究和发现。

第6段，阐述马克思对科学事业的观点，指出他作为一个革命家是怎样看待科学在历史发展中的作用的。

第7段，概述马克思一生的主要革命活动，高度评价马克思作为革命家所作的卓越贡献，热情赞颂他的斗争精神。

第8段，赞颂马克思崇高的人格所产生的深远影响。

第 9 段，强调马克思的英名和事业，表达作者深沉的悼念。

本文的写作特色如下。

1. 记叙、议论、描写、抒情等多种表达方式综合运用；

2. 语言准确、严密、生动。

本文语言不但准确严密，而且运用了多种修辞手法，增强了讲话的感染力。第 1 段中运用“讳饰”的修辞手法，用“停止思想”“永远地睡着”来表述马克思的逝世，含蓄地表达了对逝者的哀悼和崇敬。第 4 段中运用对比的方法，用“豁然开朗”和“在黑暗中摸索”进行比较，揭示出马克思发现剩余价值规律的划时代意义，表达了作者对马克思历史功绩的赞扬和钦佩。第 8 段中马克思把敌人的攻击比喻为“蛛丝”，既说明敌人攻击的纠缠不休和软弱无力，又突出了马克思对敌人的蔑视和非凡胆略。

【扩展练习】

一、给加点的字注音。

估量(　　)	悼(　　)念	肤(　　)浅
繁芜(　　)丛杂	忌(　　)恨	空(　　)白
豁(　　)然开朗	诬蔑(　　)	领域(　　)
诅(　　)咒	诽谤(　　)	卓(　　)有成效

二、结合课文内容，体会并解释下面加点词语的含义。

1. 这位巨人逝世以后所形成的空白，不久就会使人感觉到。

2. 由于剩余价值的发现，这里就豁然开朗了，而先前无论资产阶级经济学家或者社会主义批评家所做的一切研究都只在黑暗中摸索。

3. 斗争是他的生命要素。

4. 马克思是当代最遭嫉恨和最受诬蔑的人……他对这一切毫不在意，把它们当做蛛丝一样轻轻拂去，只是在万不得已时才给以回敬。

三、下列句子中括号里的一组词，有的是同义词，有的是反义词，从括号里选择适当的词填在句子的空白处。

1. 他是个________的人，文化程度很低，但对学习技术都有一种不怕困难，刻苦

钻研的________精神。(顽强,坚强)

2. 像一个在黑暗中________的夜行人看见黎明的天光一样,他在长时间的________中,发现了苍穹里的一颗新星,喜悦的心情真是难以形容。(探索,摸索)

3. 不懂马列主义的人,看问题往往流于________,用马列主义武装起头脑的人,看问题时才能比较________。(肤浅,深刻)

四、理解课文,回答下列问题。

1. 作者为什么要详细地交代马克思逝世时"让他一个人留在房里还不到两分钟",交代"在安乐椅上"逝世?

2. 马克思的第一个发现具有什么意义?

3. "当代最伟大的思想家停止思想了""但已经是永远地睡着了"——加点词语换成"去世"或"逝世",好不好?为什么?

4. 这篇文章里的第三段、第四段说的是马克思是一位著名的思想家,而第五段、第六段说他是一位科学家;第七段说他是一位革命家。恩格斯在谈到马克思的贡献时说了两个"对于":"这个人的逝世,对于欧美战斗着的无产阶级,对于历史科学,都是不可估量的损失。"这在结构上有没有矛盾?怎样解释这个问题?

5. 马克思的墓志铭是:"历史上的哲学家总是千方百计以各种各样的方式解释世界,然而更重要的在于改造世界。"从这个墓志铭你能悟出第7段的具体内容吗?

五、阅读分析。

阅读下面文章，完成1～4题。

悼念玛丽·居里

［德］爱因斯坦

在像居里夫人这样一位崇高人物结束她的一生的时候，我们不要仅仅满足于回忆她的工作成果对人类已经作出的贡献。第一流人物对于时代和历史进程的意义，在其道德品质方面，也许比单纯的才智成就方面还要大。即使是后者，它们取决于品格的程度，也远超过通常所认为的那样。

我幸运地同居里夫人有二十年崇高而真挚的友谊。我对她的人格的伟大愈来愈感到钦佩。她的坚强，她的意志的纯洁，她的律己之严，她的客观，她的公正不阿的判断——所有这一切都难得地集中在一个人的身上。她在任何时候都意识到自己是社会的公仆，也极端的谦虚，永远不给自满留下任何余地。由于社会的严酷和不平等，她的心情总是抑郁的。这就使她具有那样严肃的外貌，很容易使那些不接近她的人发生误解——这是一种无法用任何艺术气质来解晓的少见的严肃性。一旦她认识到某一条道路是正确的，她就毫不妥协地并且极端顽强地坚持走下去。

她一生中最伟大的科学功绩——证明放射性元素的存在并把它们分离出来——所以能取得，不仅是靠着大胆的直觉，而且也靠着在难以想象的极端困难的情况下工作的热忱和顽强，这样的困难，在实验科学的历史中是罕见的。

居里夫人的品德和热忱，哪怕只要有一小部分存在于欧洲的知识分子中间，欧洲就会面临一个比较光明的未来。

1. 玛丽·居里是伟大的科学家，文章对玛丽·居里的评价主要集中在哪些方面？

2. 作者认为玛丽·居里在科学方面取得的成就，靠的是什么？

3. “哪怕只要有一小部分存在于欧洲的知识分子中间”——“一小部分”指什么？

4. 写出你对“居里夫人的品德和热忱，哪怕只要有一小部分存在于欧洲的知识分子中间，欧洲就会面临一个比较光明的未来”这句话的理解。

六、探究学习。

1. 讨论我们今天应该怎样学习马克思？形成一篇小论文。

2. 推荐课外读物：（写读书笔记）

《马克思的青年时代》（尼·拉宾）

《马克思的自白》(瓦·奇金)

《马克思秘史》(沙叶新)

《回忆马克思恩格斯》(保尔·拉法格等)

3. 课外作文:

《在马克思墓前的思考》(随笔)

要求:假设自己来到马克思的墓前,以一位当代中国中学生的身份,站在今天的时代高度,联系中国的社会主义现代化改革事业,对马克思的人格、学说及其命运提出自己的思考。(不必面面俱到,侧重一点即可。)

第2课　我有一个梦想

【学习导航】

一、背景简介

从16世纪中期开始，欧洲殖民者就开始掳掠非洲黑人，把他们贩卖到美洲为奴，以弥补美洲劳动力的不足。这种惨无人道的奴隶贸易持续了大约四百余年。直到1783年，美国的建国者决定废除奴隶贸易，但黑人的地位依然非常低下。南北战争之后，当时的总统林肯签署了《解放黑奴宣言》，奴隶终于在法律上获得自由。

但一百多年后，20世纪五六十年代的美国，种族歧视和种族压迫现象仍然十分严重。美国黑人仍然是下等公民，挣扎在社会的底层，生活贫困，受不到良好的教育，不能进入各级各类高层机构，不能参加投票和选举，不能像白人一样享有人格自由和活动自由。在南方的许多州，黑人不能在白人开的餐馆就餐，许多公共场所挂着“仅供白人使用”的牌子，甚至在公共汽车上黑人也只能坐在后车厢，车的中部虽然允许黑人坐，但有白人上车，黑人必须给白人让座。正是在这种情况下，美国黑人发起了浩大的民权运动，马丁·路德·金就是其中最杰出的领袖。他曾在南方21个城市组织集会，发动黑人争取公民权利。1963年8月28日，在华盛顿特区一次25万人的集会上，他发表了这次举世闻名的演讲。

二、内容分析

从整篇文章的结构安排，可以划分为以下四个部分。

第一部分(第1～5段)：陈述了作者号召上万人集会的原因和目的。

第二部分(第6～16段)：强调黑人应该怎样去实现平等、自由的梦想。

第三部分(第17～25段)：叙述了“我”的梦想是什么。

第四部分(第26～32段)：表述了现实梦想的积极作用和影响。

这篇演讲词之所以感人，是因为它饱含激情。作者从“结束了束缚黑人的漫漫长夜”的期待开始，到对一百年之后黑人现状的失望，到要求政府兑现“支票”的义正词严，再到“我有一个梦想”的热烈憧憬，其间无不充满着作者悲愤而热烈的情感。正因为作者饱含深情，而且在演讲中把梦幻、心曲和圣歌联系起来，使演讲如交响乐一般在听众中回荡，使听众的情绪受到感染并得以升华，产生了极强的号召力。而这正是演讲成功的必要条件。

这篇演讲词也是中外演讲史上文采斐然的篇章之一。作者运用多种修辞手法，几乎每一段都有大量形象的比喻，如用“灯塔”和“黎明”来比喻林肯签署的解放黑奴宣言，用“物质充裕的海洋中一个穷困的孤岛”和“故土家园中的流亡者”等来比喻黑人的处境,生动地描绘出美国黑人的生存现状和他们内心的渴望。“空头支票”等则形象地表现出了政府许诺和现实之间的距离。文中华丽的词句,典雅的语言,为演讲锦上添花。文中还大量运用了排比、呼告和反复等修辞手法,使作者的思想表达得更充分,更鲜明,有着排山倒海的气势,增强了作品的感染力和表达效果。

【扩展练习】

一、给加点的字注音。

煎熬(　　)　　枷锁(　　)　　履行(　　)　　骇人听闻(　　)

赎罪(　　)　　磐石(　　)　　蜿蜒(　　)　　义愤填膺(　　)

二、下列选择题中只有一个正确答案,选出来填在括号内。

1. 下列句子中加点虚词使用不当的一项是(　　)。

A. 我并非没有注意到,参加今天集会的人中,有些人受尽了苦难和折磨。

B. 只要黑人仍然遭受警察难以形容的野蛮迫害,我们就绝不会满足。

C. 我们现在并不满足,我们将来也不满足,只有正义和公正犹如江海之波涛,汹涌澎湃,滚滚而来。

D. 朋友们,今天我对你们说,在此时此刻,我们虽然遭受种种困难和挫折,我仍然有一个梦想。

2. 下列句子中加点成语使用恰当的一项是(　　)。

A. 今天我们在这里集会,就是要把这种骇人听闻的情况向今天到会的和没有到会的人们公之于众。

B. 面对困难和挫折,我们安之若素,竭尽全力地把事情做好。

C. 我们怀着义愤填膺的心情,愤怒地控诉了日本军国主义者对中国人民犯下的滔天罪行。

D. 每次碰到问题,他总是无济于事地说上一通大话空话,一点实际效用也没有。

3. 填入下面横线处与上下文衔接最恰当的一项是(　　)。

现在黑人社会充满着了不起的新的战斗精神,但是我们却不能因此而不信任所有的白人。________。我们不能单独行动。

A. 因为我们的许多白人兄弟已经认识到,我们的命运与他们的命运是紧密相连的,我们今天参加游行集会就是明证;我们的自由与他们的自由是息息相关的。

B. 因为我们的许多白人兄弟已经认识到,他们的命运与我们的命运是紧密相连的,我们今天参加游行集会就是明证;他们的自由与我们的自由是息息相关的。

C. 因为我们的许多白人兄弟已经认识到,他们的命运与我们的命运是紧密相连的，他们今天参加游行集会就是明证；他们的自由与我们的自由是息息相关的。

D. 因为我们的许多白人兄弟已经认识到，我们的命运与他们的命运是紧密相连的，他们今天参加游行集会就是明证；我们的自由与他们的自由是息息相关的。

4. 下列复句，与其他不同类的一项是（　　）。

A. 只要黑人仍然遭受警察难以形容的野蛮迫害，我们就绝不会满足。

B. 只要黑人的基本活动范围只是从少数民族聚住的小贫民区转移到大贫民区，我们就绝不会满足。

C. 只要我们在外奔波而疲乏的身躯不能在公路旁的汽车旅馆和城里的旅馆找到住宿之所，我们就绝不会满足。

D. 只要密西西比仍然有一个黑人不能参加选举，只要纽约有一个黑人认为他投票无济于事，我们就绝不会满足。

5. 下列句子的修辞手法，与其他不同类的一项是（　　）。

A. 我梦想有一天，幽谷上升，高山下降，坎坷曲折之路成坦途。

B. 一百年后的今天，黑人仍生活在物质充裕的海洋中一个穷困的孤岛上。

C. 有了这个信念，我们将能从绝望的山岭劈出一块希望之石。

D. 我们不要为了满足对自由的渴望而抱着敌对和仇恨之杯痛饮。

三、分析理解。

阅读下面语段，回答问题。

就某种意义而言，今天我们是为了要求兑现诺言而汇集到我们国家的首都来的。我们共和国的缔造者草拟宪法和独立宣言的气壮山河的词句时，曾向每一个美国人许下了诺言，他们承诺给予所有的人以生存、自由和追求幸福的不可剥夺的权利。

就有色公民而论，美国显然没有实践她的诺言。美国没有履行这项神圣的义务，只是给黑人开了一张空头支票，支票上盖着“资金不足”的戳子后便退了回来。但是我们不相信正义的银行已经破产，我们不相信，在这个国家巨大的机会之库里已没有足够的储备。因此今天我们要求将支票兑现——这张支票将给予我们宝贵的自由和正义的保障。

我们来到这个圣地也是为了提醒美国，现在是非常急迫的时刻。现在决非侈谈冷静下来或服用渐进主义的镇静剂的时候。现在是实现民主的诺言时候。现在是从种族隔离的荒凉阴暗的深谷攀登种族平等的光明大道的时候，现在是向上帝所有的儿女开放机会之门的时候，现在是把我们的国家从种族不平等的流沙中拯救出来，置于兄弟情谊的磐石上的时候。

如果美国忽视时间的迫切性和低估黑人的决心，那么，这对美国来说，将是致命伤。自由和平等的爽朗秋天如不到来，黑人义愤填膺的酷暑就不会过去。1963 年并不意味着斗争的结束,而是开始。有人希望,黑人只要撒撒气就会满足;如果国家安之若素,毫无反应,这些人必会大失所望的。黑人得不到公民的权利,美国就不可能有安宁或平静,正义的光明的一天不到来,叛乱的旋风就将继续动摇这个国家的基础。

①但是对于等候在正义之宫门口的心急如焚的人们,有些话我是必须说的。②在争取合法地位的过程中,我们不要采取错误的做法。③我们不要为了满足对自由的渴望而抱着敌对和仇恨之杯痛饮。④我们斗争时必须永远举止得体,纪律严明。⑤我们不能容许我们的具有崭新内容的抗议蜕变为暴力行动。⑥我们要不断地升华到以精神力量对付物质力量的崇高境界中去。

1. 第二节提到的"空头支票",其准确的含义是(　　)。

A. 指票面额超过存款额或透支限额因而不能兑现的支票。

B. 比喻说话不算数或不能实现的诺言。

C. 比喻美国政府至今未能实现的关于正义和自由的诺言。

D. 比喻美国政府对老百姓的不能实现的一切承诺。

2. 第一节说到"兑现诺言",对"诺言"内容诠释准确的一项是(　　)。

A. 美国历届总统关于民权的许诺。

B. 林肯签署的《解放黑奴宣言》。

C. 美国宪法与独立宣言的基本内容。

D. 美国部分白人统治者的诺言。

3. 美国黑人对政府不能兑现诺言义愤填膺,其原因是(　　)。

A. 美国黑人不能进入各类高层机构,不能从事智力性较强的活动。

B. 美国黑人不能与白人享有同样的人格尊严与自由活动,不能参加投票与选举。

C. 美国黑人大部分都在社会底层挣扎,承受的是繁重的劳役、接连的迫害与生活的苦难。

D. 美国黑人生命与生活毫无保障,沦为白人的奴隶,没有一点人身自由。

4. 第三节说"现在是非常急迫的时刻""决非侈谈冷静下来或服用渐进主义的镇静剂的时候",其理由是(　　)。

A. 因为"侈谈冷静下来或服用渐进主义的镇静剂"对于推进美国的民主进程没有丝毫意义。

B. 因为美国黑人需要拥有和白人一样的民主、自由、正义、平等和尊严等作为人的最起码的权利。

C. 因为事实已经证明以前的"侈谈冷静下来或服用渐进主义的镇静剂",对于美国黑人的解放无济于事。

D. 因为美国黑人已经期待了百年,被冷落了百年,受歧视了百年,而且贫穷了百年。

5. 第三节一共用了六个“现在”，下面分析恰当的一项是（　　）。

A. 运用排比和借代的修辞手法，使得语言短促有力，增强了语势，加强了激情，表现了演讲者的风采。

B. 运用排比和比喻的修辞手法。一，使得抽象的说理形象化；二，增强了语势，加强了激情，表现了演讲者的风采。

C. 运用排比和比喻的修辞手法，使得语言短促有力，增强了语势，加强了激情，表现了演讲者的风采。

D. 运用排比和借代的修辞手法。一，使得抽象的说理形象化；二，增强了语势，加强了激情，表现了演讲者的风采。

6. 对第五节段内层次划分正确的一项是（　　）。

A. ①/②③④⑤/⑥　　B. ①/②③④/⑤⑥

C. ①/②③/④⑤⑥　　D. ①/②③④⑤⑥

四、作文。

你有什么梦想？以《我有一个梦想》为题写一篇演讲词，为全班同学演讲。

第3课 不自由，毋宁死

【学习导航】

北美洲的原始居民为印第安人。从1607年到1733年，英国在北美洲大西洋沿岸陆续建立了13个殖民地，采取剥削、压制的政策。18世纪中叶，北美殖民地人民同英帝国主义之间的矛盾日益加深，人民要求独立的呼声越来越高。英殖民者采用各种手段，软硬兼施，企图维护其宗主国的地位。1774年，英国颁布了诸如关闭波士顿港、增派英国驻军、取消马萨诸塞的自治权、确立英国对殖民地的司法权等法令，从政治上、军事上加紧对殖民地的控制与镇压。殖民地中的一些温和派和保守分子屈服于英国政府的压力，极力主张妥协和解。帕特里克·亨利与之相反，属于激进派人物，主张不惜以鲜血和生命为代价换取独立。1775年3月23日，在弗吉尼亚州议会上，眼看着妥协势力占了优势，他义无反顾，登台发表了这篇著名的演讲。亨利以敏锐的政治家眼光，饱满的爱国激情，以铁的事实驳斥了主和派的种种谬误，阐述了武装斗争的必要性和可能性。北美殖民地正面临历史性抉择——要么拿起武器，争取独立；要么妥协让步，甘受奴役。从此，“不自由，毋宁死”的口号激励了千百万北美人为自由独立而战，这篇演说也成为世界演说名篇。

亨利的演讲极大地鼓舞了人们为争取独立而进行战斗的激情，他的演讲结束后，会场群情激奋，“拿起武器！拿起武器！”的呼喊声响彻议会大厅。这篇演说词被后人作为不朽的名篇，特别是结尾的警句一直为人们所传诵。

1. 内容分析

第一段，开门见山，阐述“我”为什么要发表演讲：并非对各位不敬，在论及事关国家存亡的重大问题时，不能缄口沉默。

第二段，呼吁人们不要沉湎于幻想，而要正视现实。

论述沉湎于幻想，不愿正视痛苦现实，不是我们应持的态度。两个倾向，揭示了妥协派的实质和危害，后面的两个反问告诉我们要正视现实。

第三段，论述依据历史和现实状况，我们不能沉迷于虚无缥缈地对和平的希望，我们唯一的出路就是诉诸武力。

第四段，阐明我们没有退路，但只要努力，我们就有胜利的希望。

“他们说……但是……是……还是”，一系列反问句指出放弃斗争就只能束手就擒。接下来“如果……如果……此外”三种假设充满了作者对胜利的信心。

第五段，表明不自由，毋宁死的坚定决心。

连用了六个问句，对妥协观望者进行严厉的质问，彻底驱逐他们心中的幻想。

这次演讲的场合是弗吉尼亚州议会，演讲的对象是州议员，演讲的目的是让人们丢掉幻想，准备战斗。

为了使议员们接受自己的主张，争取到各方面的理解和支持，亨利在演讲时采取的策略是后发制人、逐层推进。“钦敬”——“不能沉湎于幻觉”——“正视历史与现实”——“战争不可避免，应战才有希望”——“不自由，毋宁死”。

2. 语言特色

亨利的演讲表现了高超、机敏的技巧。他谙熟口语表达的特点，使用大量的表现手法，强化了听觉效果。

例如，排比：“可我们的请愿受到轻侮；我们的抗议招来了新的暴力；我们的哀求被人家置之不理；我们被人家轻蔑地一脚从御座前踢开。”——强调形势的紧迫。

“假如我们想得到自由……假如我们……假如我们……那么我们必须战斗！我再重复一遍，必须战斗！我们的唯一出路只有诉诸武力，求助于战争之神！”——一系列的排比句和重复句，将作者“诉诸武力”的思想和理由表达得异常鲜明，异常坚定，异常有力。排比，形成一种语势，可以使演讲充满激情。

设问和反问：“实际上，战争已经开始，从北方刮来的大风都会将武器的铿锵回响送到我们的耳鼓。我们的同胞已身在疆场了，我们为什么还要站在这里袖手旁观呢？先生们希望的是什么？想要达到什么目的？生命就那么可贵？和平就那么甜美？甚至不惜以戴锁链、受奴役的代价来换取吗？……不自由，毋宁死！”——连用了六个反问句和设问句，层层推进，气势磅礴，大大增强了演讲的鼓动性和说服力。

由于排比、重复、反问等修辞手法的运用使演讲的语言表达丰富多彩，感情充沛而错落有致。所以，这篇演说词咄咄逼人，气势酣畅。

【扩展练习】

一、选择题。

1. 给下列加点字注音有错误的一项是(　　)。

A. 钦佩(qīn)　沉湎(miǎn)　赐予(cì)　缄口(jiān)　桎梏(zhìgù)
B. 截然(jié)　束缚(fù)　镣铐(liàokào)　锻造(duàn)　毋宁(wú)
C. 奴役(yì)　缥缈(piāo)　迄今(qì)　陷阱(xiàn)　同胞(bāo)
D. 缴械(jiè)　部署(shǔ)　轻蔑(miè)　铿锵(kēng)　铸就(zhù)

2. 下列各句中标点符号运用有误的一项是(　　)。

A. 强健的肌肉是欢乐，活力，镇静和纯洁的源泉。
B. 青少年往往为陈旧、复杂的教学方法，愚蠢和严厉相交替的说教以及拙劣肤浅的哲学所束缚而失去平衡。
C. 但待到日近中天时，阳光会普照大地黄褐色的玉米又将沉甸甸地压在收获者的双臂。
D. 但他愉快在接受对奥林匹克理想的赞美之词，他是他理想的第一个信徒。

3. 下列各句中没有语病的一句是(　　)。

A. 2006年出现了严重的台风灾害、高温现象,湖南南部、广东北部7月份都有严重的洪灾,重庆8月份气温高达摄氏45度人们对这个夏天唏嘘不已。

B. 当公布人大有权否定政府决策时,引起了各种各样的议论,有担忧的,有兴奋的国外很多媒体也做了相应的报道。

C. 首届中国大学生电视节设有最受大学生欢迎的主持人、最受大学生欢迎的电视剧和最受大学生欢迎的栏目。

D. 由减轻农民不合理的负担的正确决策到全面免除农业税的英明举措,都充分说明了本届中央政府对农民问题的高度重视这是令人鼓舞的。

二、填空题。

1.《不自由,毋宁死》作者是________,政治家,演说家。

2. 演讲稿也叫演说词,它是在较为隆重的仪式上和某些公共场所发表的讲话文稿。它具有________、________、________、________等作用,它可以把演讲者的观点,主张和思想感情传达给听众和读者,使他们信服并在思想上产生共鸣。演讲稿最基本的特点是________、________、________。

3. 依据课文内容填空。

(1) 英国政府如此长久地________出的锁链要用来桎梏我们了。

A. 锻造　　B. 铸造

(2) 这些战争________究竟意味着什么?

A. 部署　　B. 布置

(3) 我们的要求被人家________。

A. 置之度外　　B. 置之不理

(4) 事到如今,我们再也不能________于虚无缥缈的和平希望之中了。

A. 沉溺　　B. 沉迷

(5) 我们也曾拜倒在英国国王的宝座下,恳求他出面________,制裁国会和内阁中的残暴者。

A. 干预　　B. 干涉

三、阅读下面的语段,完成1～2题。

回避现实是毫无用处的。先生们会高喊:和平!和平!但和平安在?实际上,战争已经开始,从北方刮来的大风都会将武器的铿锵回送进我们的耳鼓。我们的同胞已身在疆场了,我们为什么还要站在这里袖手旁观呢?<u>先生们希望的是什么?想要表达什么目的?生命就那么可贵?和平就那么甜美?甚至不惜以戴锁链、受奴役的代价来换取吗?</u>全能的上帝呀,阻止这一切吧!在这场战争中,我不知道别人会如何行事,至于我,不自由,毋宁死!

1. 反复揣摩画线的语句,这一连串的问句表达的语气和作用是否相同?读一读,力求准确理解作者表达的情感。

2. 亨利的演讲获得了巨大的成功,作为演讲的结尾,你认为哪些地方对你有所启发?请加以概括。

四、课外提升。

“不自由,毋宁死”

——人是自由的存在物

玻尔兹曼是奥地利首屈一指的物理学家,生于1844年,在气体运动论和热力学方面作出了出类拔萃的贡献。为此,他备受人们崇敬。玻尔兹曼生性乐观,兴趣广泛,他不仅倾慕科学美、艺术美、自然美和哲学美,还特别热爱德奥古典音乐;每星期都要在自己家中举办音乐晚会,并经常亲自弹奏钢琴为客人助兴。此外,他的家庭生活也是幸福的,夫妻关系和谐,子女孝顺。但是,所有这一切都无法驱散他在二十世纪初心中逐渐发生的抑郁与苦闷。1906年的夏天,他终于独自一人悄悄地跑到森林中去自杀了。他自杀的原因难以让人理解,竟是由于承受不了事业上陷于不自由的窘境。众所周知,十九世纪末和二十世纪初,由牛顿、麦克斯创立的经典物理学的理论底基开始动摇,“牛顿原理”和“拉瓦锡原理”以及经典物理学的其他理论基石都已岌岌可危,面临被新物理学知识取代的局面。这使得一些有过伟大建树的科学家们感到过去赖以生活和工作的信念发生了根本性的危机。玻尔兹曼的学说奠基于经典物理学的理论基础之上,随着基础的颠覆,以往的成果也变得黯然失色,但他又找不到一条走出困境而重新赢得事业自由的出路,因而处于一种失去自由的抑郁状态:对自己的事业和前途灰心丧气,变得意气消沉和郁郁寡欢,甚至对妻室儿女也失去了往日的眷恋之情。最终,他在“不自由,毋宁死”的西方传统观念的支配下,走上了不归之路。

玻尔兹曼的死是否值得?答案无疑是否定的。但他对自由的珍视,却体现了人的最深层的本质需要。马克思指出:“一个种的全部特性,种的类特性就在于生命活动的本质特性,而人的类特性恰恰就是自由自觉的活动。”这也就是说,人和一切自然物的本质区别就在于自由。自由包括两种:一是认识论意义上的自由,它体现人与自然的关系,认识是实现自由的中介环节,但认识活动中又包含和体现出认识主体的意志自由和理性自由;二是历史唯物主义意义上的自由,它体现人与社会、人与人的关系。后者又包括道德意义上的自由、政治意义上的自由和一般行为的自由。道德自由反映个人与社会的关系;政治意义上的自由反映民主与法制、自由与约束的关系;一般行为的自由反映人们在一般活动(主要是日常生活活动)中意志与现实的关系。无论什么意义上的自由都是通过人们的选择行为来实现的,也就是自由表现为人们对行为的自愿和自为选择。认识论意义上的自由与历史唯物主义意义上的自由有着本质的区别。

当然,我们不能将"自由"仅理解为人的"类本质"而否定它的个体性,因为"类"只表征着抽象的共性,而共性只有寓于个性之中才能存在,因此,人的自由本质只有落实为现实个人的本质才是真实的存在,这是不容抹杀的历史逻辑。正由于这个原因,千百年来,人们都把消灭人对人的奴役,争取自由的斗争称之为正义的事业。如,古罗马的起义英雄斯巴达克斯对奴隶制宣战的口号就是"自由",他说:"我希望用压迫者的血来偿付被压迫者的呻吟……,我希望能看到自由的太阳辉煌地照耀,可耻的奴隶制度在地面上消失。我一定要获得自由,我渴望自由,我要求自由,我要求那种对一切人,一切民族,不论大小强弱都一律看待的自由。只有获得了这样的自由,和平、幸福和正义才会来到人间。"在中国,近代革命女杰秋瑾提倡妇女解放时所使用的口号也是"自由",她撰写的《勉女权歌》唱道:"吾辈爱自由,勉励自由一杯酒。男女平等天赋就,岂甘居牛后。愿奋然自拔,一洗先前羞耻垢。若安作同俦,恢复江山劳素手。"无独有偶,中国共产党的青年党员夏明翰面对敌人的屠刀而不放弃的理想依然是"自由"。

他在临刑前以裴多菲的诗自勉:"生命诚可贵,爱情价更高。若为自由故,两者皆可抛。"由此可见,自由是人类最可宝贵的东西,因此,在像玻尔兹曼那样具有高度文明素养的人看来,自由一旦丧失,人类的生活就变得索然无味而不叫人留恋了。

如果从更深层的文明意义来解喻人的"自由","自由"就不能仅理解为人的有别于一切非人的自然存在物的生命活动的本质,而更应被合理地看作是人类文明的不断展开着的创造过程的基本特征。这也就是说,人类文明植根于人的自由活动,倘若人的活动失去了自由的性质,文明的根蔓也就随之枯萎了。

1. 认识论意义上的自由与历史唯物主义意义上的自由有着什么样的相同点?

2. 玻尔兹曼自杀的根本原因是什么?

3. 你能举出历史上还有哪些为赢得自由而献身的人吗?

五、在下面一段话后续写。

要求:①先用一句话拟写出一种你自己不认同的看法;②然后写出自己的看法和充分的理由;③不超过100字。

据报道,某位以独特的"搞笑"风格塑造了众多小人物的著名影星,被某大学聘为教授。对于他能否胜任,人们有着不同的看法……

第二单元　练习与测试

一、选择题。

1. 下列词语中加点字注音有误的一项是(　　)

A. 瞭(liào)望　赎(shú)罪　枷(jiā)锁　义愤填膺(yīng)

B. 蜿(wān)蜒　蜕(tuò)变　镣(liào)铐　心急如焚(fén)

C. 峰巅(diān)　兑(duì)现　磐(pán)石　骇(hài)人听闻

D. 祈祷(dǎo)　签署(shǔ)　撒(sā)气　摇摇欲坠(zhuì)

2. 下列词语书写有误的一项是(　　)。

A. 萎缩　汹涌澎湃　不能自拔　手足之情

B. 戳子　情同骨肉　兄弟情谊　不言而喻

C. 隔移　沙漠绿州　摧残煎熬　公之于众

D. 歧视　无济于事　崇山峻岭　生活真谛

3. 下列词语解释有误的一项是(　　)。

A. 安之若素：心情紧张时，一如平时，泰然处之。

B. 义愤填膺：由不义的人和事所激起的愤怒感情充满胸膛。

C. 心急如焚：心里急得像火一样。形容极其焦灼的心情。

D. 不言而喻：用不着说就可以明白。

4. 下列各句方括号中的“，”，使用不正确的一项是(　　)。

A. 信访办的同志说，一天之内，他们就把收到的来信郑重地转给了各有关部门【，】这种务实作风值得赞扬。

B. 这样的问题是如何产生的，目前实际情况如何【，】最后应该如何解决，这些首先需要调查研究。

C. 北京的故宫、周口店北京人遗址、长城、颐和园和天坛【，】苏州的古典园林先后列入《世界遗产名录》。

D. “高架路和轻轨线就要通车了，”总指挥环视了一下会场说【，】“请同志们咬紧牙关，作最后的冲刺。”

5. 下列各句中成语或熟语使用不正确的一项是(　　)。

A. 十多年来，人们摸着石头过河，如今，资本市场改革发展的宏伟蓝图已经清晰地展现在世人面前，我国资本市场终于有了一个明确的发展方向。

B. 只有加强思想教育和人格品质的培养，改革课程设置，倡导科学的教学与考试方法，从根本上解决学以致用的问题，才能对现有的舞弊现象起到釜底抽薪的作用。

C. 河西的房价已普遍逼近每平方米 5000 元，不少二期工程比一年之前的一期足足涨了每平方米1000元:南京楼市的这种涨幅甚至让京、沪、粤等地的市民都叹为观止。

D. 一些地方产生“电荒”是有原因的。冰冻三尺非一日之寒,除了冬季取暖用电量上升、江河缺水等原因之外,更与地方煤炭、电力行业长期存在的体制弊端有直接关系。

6. 下列各句中没有语病的一句是(　　)。

A. 欧盟委员会去年底发表的报告显示,即将加入的10个新成员国的人均国民生产总值仅为现有成员国平均水平的47%,新老成员国贫富十分悬殊。

B. 地图是城市发展的一面镜子。当上海的城市地图不断修订甚至达到每周均出新版时,它所显示的意义也就不言自明:这座大都市的变化太快太大。

C. 刘涌以组织、领导黑社会性质组织罪等7项罪名被最高人民法院再审判处死刑。据悉,对刑事案件启动再审程序是最高人民法院有史以来的首次。

D. 具有两千五百多年历史的古城苏州荟萃了江南园林的精华,沧浪亭、狮子林、拙政园、留园、网师园等无不以流光溢彩的风姿为中外游人所倾倒。

二、填空题。

1.《在马克思墓前的讲话》作者是________。

2.《我有一个梦想》作者是________国黑人运动领袖________,他________年获诺贝尔和平奖。

3.《不自由,毋宁死》是美国独立战争时期的政治家、________家________在1775年3月23日在弗吉尼亚州议会上的演讲。

4. 一生中能有这样两个发现,________是很够了。________只能作出一个这样的发现,________已经是幸福的了。________马克思在他所研究的每一个领域,________在数学领域,________有独到的发现,这样的领域是很多的,________其中任何一个领域他都不是浅尝辄止。

三、阅读下列选段,回答问题。

正因为这样,所以马克思是当代最遭忌恨和最受诬蔑的人。各国政府——无论专制政府或共和政府,都驱逐他;资产者——无论保守派或极端民主派,都竞相诽谤他,诅咒他。他对这一切毫不在意,把它们当作蛛丝一样轻轻拂去,只是在万不得已时才予以回敬。现在他逝世了,在整个欧洲和美洲,从西伯利亚矿井到加利福尼亚,千百万革命战友无不对他表示尊敬、爱戴和悼念,而我敢大胆地说:他可能有过许多敌人,但未必有一个私敌。

他的英名和事业将永垂不朽!

1. “在整个欧洲和美洲，从西伯利亚矿井到加利福尼亚，千百万革命战友无不对他表示尊敬、爱戴和悼念。”加横线的三个词语顺序能否改变？为什么？

2. 恩格斯说“他的英名和事业将永垂不朽。”现在我们在悼念谁的时候，都只说“某某永垂不朽”，这里却为什么说“将永垂不朽”？

3. “各国政府——无论专制政府或共和政府，都驱逐他；资产者——无论保守派或极端民主派，都竞相诽谤他，诅咒他。他对这一切毫不在意，把它们当做蛛丝一样轻轻拂去……”对画线部分所表达的“他”的情感态度，理解正确的一项是（　）。

A. 不闻不问，置之度外　　B. 无动于衷，无怒于形

C. 漠然处之，不予理睬　　D. 不屑一顾，极度蔑视

四、拓展探究

敬畏生命

弘一法师在圆寂前，再三叮嘱弟子把他的遗体装龛时，在龛的四个脚下各垫上一个碗，碗中装水，以免蚂蚁爬上遗体后在火化时被无辜烧死。好几次看弘一法师的传记，读到这个细节，总是为弘一法师对于生命的彻底的怜悯与敬畏之心所深深地感动。

高中时候，我家后院的墙洞里经常有大老鼠出来偷吃东西。不知为什么，我在心里产生了一种残酷的想法，悄悄躲在墙边，趁老鼠出来的时候，拿开水烫它。结果，一只大老鼠被滚烫的开水烫着后惨叫着缩进了墙洞。我不知道它有没有死，但那时我并没有意识到自己的残忍，因为“老鼠过街，人人喊打”，在人类的心目中老鼠似乎有一千个应该死的理由。然而引起我内心最大触动和自责的还是在两个月后：我在后院又看到了那只大老鼠，它还活着，只是全身都是烫伤之后留下的白癞，可是最让人痛苦不堪的事，他居然还怀着小老鼠，腆着个大肚子，动作迟钝地在地上寻觅着食物。我无法表达我那时候的心情，我只觉得“生命”这个词在我心中凸现得那么耀眼，我只觉得我曾经有过的行为是多么的卑劣和龌龊。这种感觉，在别人眼里也许显得很可笑，但是，对我来说，就是从那个时候起，我逐渐感受生命的意义和分量。

法国思想家史怀泽在《敬畏生命》中写道：他在非洲志愿行医时，有一天黄昏，看到几只河马与他们乘坐的船并排而游，突然感悟到了生命的可爱和神圣，于是，“敬畏

生命”的思想在他的心中蓦然产生,并且成了他今后努力倡导和不懈追求的事业。

其实,也只有我们拥有对生命的敬畏之心时,世界才会在我们面前呈现出它的无限生机,我们才会时时处处感受到生命的高贵与美丽。地上搬家的小蚂蚁,春天枝头鸣唱的小鸟儿,高原雪山脚下奔跑的羚羊,大海中戏水的鲸鱼等,无不丰富了生命世界的底蕴,我们也才会时时处处在体验中获得了“鸢飞鱼跃,道无不在”的生命顿悟与喜悦。

因此,每当读到那些关于生命的故事,我的心总会深切地感受到生命的无法承受之重,如撒哈拉沙漠中,母骆驼为了使即将渴死的小骆驼喝到够不着的水潭里的水而纵身跳进了潭中;老羚羊为了使小羚羊们逃生而一个接着一个跳向悬崖,因而能够使小羚羊在即将下坠的刹那以它们为跳板跳到对面的山头上去;一条鳝鱼在油锅中被煎煮时却始终弓起中间的身子是为了保护腹中的小鳝鱼;一只母狼望着在猎人陷阱中死去的小狼,而在凄冷的月夜里呜咽嗥叫。其实,不仅仅只有人类才拥有生命的神性光辉。

有时候,我们敬畏生命,也是为了更爱人类自己。丰子恺曾劝告小孩子不要肆意用脚去踩蚂蚁,不要肆意用火或用水去残害蚂蚁。他认为自己那样做不仅仅是出于怜悯之心,更是怕小孩子那一点点残忍之心以后扩展开来,以致驾着飞机装着炸弹去轰炸无辜的平民。

确实,我们敬畏着地球上的一切生命,不仅仅因为人类有怜悯之心,更因为它们的命运就是人类的命运:当它们被残杀时,人类就像是最后的一块多米诺骨牌,接着倒下的也便是自己了。(选自《散文》略有改动)

1. 从文中看,对“敬畏生命”有哪些认识?

2. 作者在第四、五两段写异类生命的自爱自护说明了什么?

3. 本文写“弘一法师临死前的再三叮嘱”“丰子恺劝告小孩勿伤蚂蚁”等,请结合“敬畏生命”分析这样写的作用和好处。

4. 下列对这篇散文的赏析,不正确的两项是( )。

A. 本文是一曲悯爱生命的赞歌,其博爱情怀和忧患意识,令人们反思。

B. 弘一法师对“生命的深切怜悯与敬畏之心”是佛教“众生平等”观的生动体现。

C. 文章列举了许多自然界的生命现象，让我们感受到生命的脆弱和维持的不易，体会到生命的可贵。

D. 最后一段，把人类比作“最后一块多米诺骨牌”，其批判性不言而喻，人类终将会受到大自然的惩罚。

E. 文章用对比手法，写出了“我”的残忍，与弘一法师的大悲悯形成了鲜明的对照，从此，让“我”对生活有了重新的审视。

第三单元

关注生态

第1课 像山那样思考

【学习导航】

奥尔多·利奥波德，1887年生于美国依阿华州柏灵顿市。他被称为"美国先知""美国野生生物哲理之父"，是享誉世界的环境保护主义理论家，他对人类发出过这样的警告："征服者最终都将祸及自身。"他一生共出版了三部书和五百多篇文章。1949年，即他离世一年后出版的《沙乡年鉴》是其最重要的著作。

1887年，梭罗去世20多年后，利奥波德出生于美国密西西比河畔的一个小镇。由于受喜欢打猎的父亲的影响，童年的利奥波德就养成了对大自然的兴趣。1935年4月，利奥波德在威斯康星河畔购买了一个被人类榨取殆尽的遗弃的沙乡农场，从此开始了在沙乡13年的恢复生态平衡的探索——"我的妻子、三个儿子，还有两个女儿都各以他们自己的方式，在我们自己的土地上通过野生生物的耕耘管理而发现了某一种或另一种深刻的满足感。"正如梭罗把他在瓦尔登湖畔的躬耕与沉思写进了《瓦尔登湖》一样，利奥波德把他在沙乡的观察与思考结晶成了《沙乡年鉴》一书。1948年4月，利奥波德因心脏病突发猝死于扑救邻居农场大火的途中，他没有能够看见《沙乡年鉴》的问世。《像山那样思考》是此书中收录的一则随笔。

本文在写作上的技巧有：

1. 形象鲜明，富有诗意和哲理

为了引发人们思考"人与大自然"的关系，作者塑造了野狼的形象来进行抒情，阐明哲理。这个形象十分鲜明，它叫在漆黑的夜里，声音从一个山崖回响到另一个山崖，它的叫声深沉、骄傲，体现了它不屈的、抗争的、蔑视苦难的精神。文中还塑造了另一只被射杀的老狼的形象。不管是不驯服的野狼，还是倒在人类枪口下的野狼，都是富有悲剧色彩的形象。因为它们的叫声为大山所理解，人类却听不懂。野狼形象的塑造，意在提醒人们要和野生动物和平相处，维护生态平衡。

2. 用排比表达强烈的情感

文中多处用了排比，例如，第2自然段、第7自然段、第10自然段，一连串的排比加强了行文的气势，表达了强烈的情感，即对人类破坏生态平衡行为的痛心，呼吁人们与大自然、野生动物和平相处。语言文学性很强,充满着诗意美。

3. 以独到的视角表达理性的思考

本文是探讨人与自然关系的文章,讨论的是生态平衡的大问题。但作者没有明言,而是改变角度,围绕一声狼的嗥叫,讨论狼对鹿、对牛羊的意义,狼对大山的意义,让狼和大山来回答环境的保护问题,这种换位思考的方式,可谓新颖独特。这种写法也可以说是以小见大。

4. 结构严密,首尾呼应

文章开头写狼的嗥叫引人深思,结尾点出狼嗥带给人们的启示,首尾呼应。文章内部衔接紧密,过渡自然,层层推进,脉络分明。

【扩展练习】

一、给下列加点的字注音。

蔑视(　　)　迸发(　　)　允诺(　　)　蜿蜒(　　)(　　)
嬉戏(　　)　蠕动(　　)　瞄准(　　)　扳机(　　)
饿殍(　　)　疲惫(　　)　湍急(　　)　毛骨悚然(　　)

二、辨形注音并组词。

1. 嗥(　　)________　翱(　　)________　镍(　　)________
2. 砰(　　)________　怦(　　)________　抨(　　)________
3. 蜿(　　)________　腕(　　)________　宛(　　)________
4. 蠕(　　)________　嚅(　　)________　濡(　　)________

三、词语解释。

1. 蔑视:________________________________
2. 蜿蜒:________________________________
3. 蠕动:________________________________
4. 毛骨悚然:____________________________
5. 无动于衷:____________________________

四、阅读课文,回答下列问题。

1. 第1段先从狼的嗥叫写起,有什么作用?

2. 第2段运用了排比句式,有何作用?

3. 第6段中“这种观点”指什么？狼眼中的绿光给“我”什么新的启示？

4. 第8～10段，作者有哪些深层思考？

5. 在《像山那样思考》中，作者对狼的看法发生了怎样的转变？

第 2 课　离太阳最近的树

【学习导航】

毕淑敏，女，国家一级作家，内科主治医师，文学硕士。1952 年出生于新疆，中学就读于北京外国语学院附属学校。1969 年入伍，在西藏阿里高原部队当兵 11 年。1980 年转业回京。从事医学工作 20 年后，开始专业写作，共发表作品 200 多万字。1987 年发表处女作《昆仑殇》。曾获庄重文学奖，《小说月报》第四、五、六届百花奖，当代文学奖，陈伯吹文学大奖，北京文学奖，昆仑文学奖、解放军文学奖、青年文学奖、台湾第 16 届中国时报文学奖、台湾第 17 届联合报文学奖等各种文学奖 30 余次。其主要作品有《预约死亡》《血玲珑》等。

本文在写作上的技巧有：

1. 平淡的叙述和描写中，蕴含着深刻的寓意

文章深刻的思想蕴含在平平常常的叙述和描写之中，将颂歌唱得平静，将悲歌唱得深沉。课文平淡中蕴含着丰富而深刻的寓意，因而读者可随机触发，引出千种万种的联想与感慨，这样就给读者留下了广阔的想象空间和抒情天地。文章的结尾是全文的点睛之笔，作者连续地发问，“当如撞钟，清音有余”，给了人们一种警钟长鸣的永久记忆。

2. 善于借助引申和联想

作者极力超越个人的情感经验，用一种普遍的超时空的情感去观察事物，借助引申和联想，把自己的感情升华为对社会的成熟的思考，显示了一种平静的成熟。这些联想，在我们今天的生活中，已经成为不幸的现实，也因此更有意义。

3. 语言流畅隽永，蕴藉含蓄

娓娓的叙述、入微的描写、深刻的议论、大胆的想象、酣畅的抒情融为一体。文章令人回味再三的艺术魅力，来自于隐而不露、冷峻的叙事风格。作者顺着时间顺序娓娓道来，将自己全部的激情蕴含于平静的叙述之中，使文章的形象性、思辨性和哲理性三者完整一体地交融起来。

【扩展练习】

一、按拼音读准下列字音并在词语中填入相应的字。

(qiú)________劲	健(shuò)________	(kù)________寒
皱(zhě)________	寂(liáo)________	尸(hái)________
苍(qióng)________	沙(lì)________	(qī)________息

二、解释下列词语。

1. 不可思议：________________

2. 浩浩荡荡：________________

3. 本末倒置：________________

4. 盘根错节：________________

5. 生死相依：________________

6. 触目惊心：________________

三、判断下列各句运用的修辞手法。

1. 对着高原的酷寒和缺氧微笑。

2. 一座结实的沙丘顶上，昂然立着一株红柳。

3. 它的根像一柄巨大章鱼的无数脚爪，缠附至沙丘逶迤的边缘。

4. 红柳如同冰山，露在沙上的部分只有十分之一，伟大的力量埋在地下。

5. 它们如盘卷的金属，坚挺而硬韧，与沙砾粘结得如同钢筋混凝土。

6. 金红的火焰中，每一块红柳根，都弥久地维持着盘根错节的形状，好像一棵傲然不屈的英魂。

四、思考题。

1. 当司务长布置打柴任务时，“我”产生了疑惑。面对“我”的质疑，司务长连用了四个“对不对”，作者详写这一对话的情景有什么表达效果？

2. 作者为什么要把红柳称作“原著居民”？

五、阅读课文，完成下列各题。

1. 结合全文，请用自己的话分条概括红柳的特点。

2. 简析下面两句话的含义。

(1) 红柳“对着高原的酷寒和缺氧微笑”。

(2)“它的根像一只巨大章鱼的无数脚爪，缠附至沙丘逶迤的边缘。”

3. 最后一段中的两个问句具有怎样的作用？

4. 下面对这篇散文的赏析，正确的两项是（　　）。

A. 文章写高原的自然环境，有力地映衬出离太阳最近的红柳的不平凡。

B. 文章借红柳的遭遇，委婉地表达了对历经苦难的仁人志士崇高品质的赞美。

C. 用炸药这一高科技的法子替代人力砍伐红柳，表现了人类对付自然的聪明才智。

D. 倒数第二段，“听最近到过阿里的人讲，……连根须都烟消灰灭了”这句话与开头第二段末句“曾以为它必与雪域永存”相呼应，读来发人深思，令人痛心。

E. 整篇文章感情强烈，作者用激愤的语言愤怒地控诉了人类残害自然生灵的行为。

第 3 课　西地平线上

【学习导航】

高建群，1954 年 1 月出生，陕西临潼人。新时期重要的西部小说家，国家一级作家，陕西省作协副主席。

代表作有中篇小说《遥远的白房子》《雕像》《大顺店》等 19 部，长篇小说《最后一个匈奴》《六六镇》《古道天机》《愁容骑士》《白房子》等，散文集《新千字散文》《东方金蔷薇》《匈奴和匈奴以外》《我在北方收割思想》《穿越绝地》《惊鸿一瞥》《西地平线》《胡马北风大漠传》等。其中长篇小说《最后一个匈奴》产生重要影响，被称为“陕北史诗”“新时期长篇小说创作的重要收获”，该书在台湾地区多次重版。

他的作品语言具有独特的魅力，能带给人无穷的想象。

本文在写作上有如下特点：

1. 采用了“总—分—总”的结构形式

作者在文章每个大的部分和小的层次之间使用标志文脉的语句，使得行文的脉络清晰。

2. 写景能突出地域特征

作者对落日的描写，能结合西域的风情，例如，用勒勒车的轮子、墙壁上画着的一个姑娘的红脸蛋来比喻落日。

3. 在写景中穿插历史史实的记叙

文中有左宗棠栽柳的回顾，有罗曼·罗兰文学创作的联想，也有成吉思汗西进的远望。

学习本文，注意体验三次日落所反映的精神内涵。

【扩展练习】

一、给下列加点字注音。

惊骇（　　）　谶语（　　）　土坯（　　）　弧状（　　）
安谧（　　）　攫来（　　）　轮廓（　　）　颤抖（　　）
雾霭（　　）　弥漫（　　）　混沌（　　）　蓦地（　　）

二、词语解释。

1. 隐隐约约：________________

2. 纹丝不动：________________

3. 混沌：________________

4. 回光返照：________________

5. 惊世骇俗：________________

三、根据课文，在下列横线处填空。

1. 我们将车停下来，倚托着一棵树，架起相机，直拍到它________。

2. 中亚细亚独特的地貌，奇伟的风光，每每令我________。

3. 眼界突然开阔起来，在________的远方，弧状的群山之巅，一轮血红的落日像一辆勒勒车的轮子，静静地停驻在那里。

4. 西天的那________一切的大片火烧云，是太阳坠入云层以后，突然出现的。

四、阅读下面文段，回答文后问题。

记得，罗曼·罗兰在构思他心目中的约翰·克利斯朵夫形象时，焦躁不安了半年。有一天，他登上山顶，看见一轮太阳正喷薄而出，于是，罗曼·罗兰心目中久久酝酿的英雄在东地平线上出现了。罗曼·罗兰因此而热泪盈眶，“让我把你抓紧，亲爱的约翰·克利斯朵夫！”罗曼·罗兰叫道。

与罗曼·罗兰不同，我看到的是落日，是西地平线。不过，它们一样是大自然的杰作，而且较之日出，落日景象更庄严、神圣和具有悲剧感。

西地平线上那一轮胭脂色的物什，终于从我们的眼前魔术般消失了，一切又重归于死寂。我们上车，翻过龟背山，进入罗布泊湖盆。

……

这是我三次见到西地平线上落日的情况。我不敢独享那一幕幕，所以将它诉诸笔端，带给更多的人。也许我会写一本叫《西地平线》的书，来记录我这几年西部行旅的感受的。末了要说的话是，“雄伟的风景”和“世间有大美”两句话并不是我的，前者是一个日本画家叫东山魅夷说的，后者则是中国画家张大千，在看了敦煌壁画以后发出的一声感叹。

1. 作者写到罗曼·罗兰看到一轮太阳正喷薄而出，有什么作用？

2. 在作者看来，落日景象较之日出景象有何特点？

3. “西地平线上那一轮胭脂色的物什，终于从我们的眼前魔术般消失了，一切又重归于死寂。”这段文字，在全文中起到的作用是什么？

4. 在文章的结尾，作者为什么要提到“雄伟的风景”和“世间有大美”是东山魅夷和张大千的话？

第三单元　练习与测试

一、选择题。

1. 下列词语中，加点字的注音完全正确的一项是(　　)。

A. 嗥叫(háo)　踪迹(jī)　嘶鸣(sī)　无动于衷(zhōng)

B. 嘎啦(gā)　云杉(shān)　雌鹿(cí)　毛骨悚然(shǒng)

C. 艾蒿(hāo)　刺柏(bǎi)　饿殍(piǎo)　残羹剩饭(gēng)

D. 迸发(bèng)　砰砰(pēng)　湍急(tuān)　弯弯曲曲(qǔ)

2. 下列词语中，无错别字的一项是(　　)。

A. 驯服　允诺　坏兆头　曲折蜿蜒

B. 蠕动　嘻戏　灌木丛　皱皱巴巴

C. 复原　四肢　沙尘暴　疲备不堪

D. 内涵　枪膛　来复枪　鬼哭狼嗥

3. 依次填入下列各句横线处的词语最恰当的一项是(　　)。

① 那些不能________其隐藏的含义的人也都知道这声呼唤的存在。

② 狼的嗥叫，让鹿在报复的________中生活着。

③ 牛群也是如此，________了其牧场上的狼的牧牛人并未意识到，他取代了狼的调整牛群数目以适应其牧场大小的工作。

④ 这也许是狼的嗥叫中隐藏的内涵，它已被群山所理解，却还极少为人类所________。

⑤ 只有山长久地存在着，________能够客观地聆听狼的嗥叫。

A. 辨别　恐怖　清理　体会　从而

B. 辨认　恐惧　清除　领悟　进而

C. 辨别　恐惧　清除　领悟　从而

D. 辨认　恐怖　清理　理会　进而

4. 下列句子中，加点的成语使用错误的一项是(　　)。

A. 狼的嗥叫使那些在夜里听到声音，白天去察看狼的足迹的人毛骨悚然。

B. 他向来以冷静著称，面对气势汹汹的对手，他依然面带微笑，无动于衷。

C. 用这一点去衡量成就，似乎是很好的，而且大概也是客观的思考所不可或缺的。

D. 对郊狼来说，是即将分得一份残羹剩饭的允诺。

5. 下列各句中，有语病的一句是(　　)。

A. 这高原的精灵，是离太阳最近的绿树，百年才能长成小小的一蓬。

B. 水生植物之所以能够生活在水里而不腐烂，是因为它们能在水中呼吸，有抗腐烂的能力。

C. 这时需请来最有力气的男子汉，用利斧，将这活着的巨型根雕与大地最后的联系一一斩断。

D. 我国鸟类工作者经过十余年的考察已查明，先后在贵州高原的鸟类多达417种。

二、文学常识填空。

1.《像山那样思考》的作者是________，________国著名________、________。被誉为________、________。著有专著三部和五百多篇文章，其中他死后出版的________，是他最知名的著作。

2.《离太阳最近的树》的作者是________。1987年她发表处女作________。她的主要作品有________、________等

3.《西地平线上》的作者是________。代表作有中篇小说________、________、________等19部，长篇小说________、________、________、________、________5部，散文集________、________、________、________、________、________、________、________8部。其中长篇小说________产生重要影响，被称为陕北史诗、新时期长篇小说创作的重要收获。

三、阅读下面文段，回答问题。

我现在想，正像当初鹿群在对狼的极度恐惧中生活着那样，那一座山将要在对它的鹿的极度恐惧中生活。而且，山的恐惧有更充分的理由：当一只被狼猎杀的公鹿在两三年就可被替补时，一片被太多的鹿拖疲惫了的草原，可能在几十年里都得不到恢复。

牛群也是如此，清除了其牧场上的狼的牧牛人并未意识到，他取代了狼的调整牛群数目以适应其牧场大小的工作。他不知道像山那样去思考。正因为如此，我们才有了沙尘暴，河水把未来冲刷到大海里去了。

我们大家都在为安全、繁荣、舒适、长寿和平静而奋斗着。鹿用轻快的四肢奋斗着；牧牛人用套圈和毒药奋斗着；政治家用笔，而我们大家则用机器、选票和美金。所有这一切带来的都是同一种东西：我们这一时代的和平。在这方面，获得某种程度的成功是很好的，而且或许是客观思考的必要条件，不过，太多的安全可能产生了长远的危险。这个世界的启示在荒野——这也许是狼的嗥叫中隐藏的内涵，它已被群山所理解，却还极少为人类所领悟。

1. “牛群也是如此”中的“此”指代什么？“正因为如此”中的“此”指代什么？

2. 最后一句的含义是什么？

3. 狼一直被人们认为是凶残的动物，是人们消灭的对象，而自然界失去了狼会是什么样子？请结合文章分条概述。

4. “这个世界的启示在荒野”，请结合文章，谈谈你对这句话的理解。

第四单元

立志成才

第 1 课　改造我们的学习

【学习导航】

本文是毛泽东同志 1941 年在延安整风运动中所作的报告。它与《整顿党的作风》《反对党八股》同为毛泽东同志关于整风运动的基本著作。

本文主要针对党在学风方面存在的问题而讲的，在文中毛泽东同志号召全党坚持理论联系实际，反对主观主义。阐述精辟透彻，论证充分有力，不但在当时整风运动中发挥了重大作用，就是对今天的理论学习仍有指导意义。

本文的中心思想是：文章总结了我们党在学风问题上的两条路线的斗争，论证了改造学风的极端重要性，有力地批判了主观主义的作风，阐明了理论联系实际是马克思主义学风的根本原则，并指明了改造学风的具体途径。

文章的题目"改造我们的学习"，既是全文的中心论点，又标明文章的论述范围——如何改变学风方面的问题。

本文开门见山，用一句话作为引论，既提出问题，又表明中心论点。其余四部分，前三部分是本论，用以分析问题，具体阐述中心论点，说明为什么改造我们的学习。第四部分：是全文的结论，指出改造我们学习的途径，是解决问题的部分。

文章运用了多种修辞手法。

排比：如"这种作风，拿了律己，则害了自己；拿了教人，则害了别人；拿了指导革命，则害了革命。"

对偶：如"无实事求是之意，有哗众取宠之心"。"墙上芦苇，头重脚轻根底浅；山间竹笋，嘴尖皮厚腹中空。"

【扩展练习】

一、选择题。

1. 下列词语没有错别字的一项是（　　）。

A. 粗枝大叶　垮垮其谈　一知半解　可歌可泣

B. 生吞活剥　等闲视之　膝黑一团　走投无路

C. 旗开得胜　烂调文章　诡计多端　言简意赅

D. 忍俊不禁　戎马生涯　如胶似膝　徒托空言

2. “有的放矢”中的“的”的意思是(　　)。

A. 箭靶　　B. 靶心　　C. 实在　　D. 助词,无意义

3. “无实事求是之意,有哗众取宠之心”“年关一到,要账的挤破了门框”这两句话运用的修辞方法是(　　)。

A. 对偶　夸张　　B. 对比　夸张

C. 比喻　对比　　D. 夸张　暗喻

4. 填入下面括号中的关联词依次是(　　)。

其次说到学习国际的革命经验,学习马克思列宁主义的普遍真理。许多同志的学习马克思列宁主义似乎并(　　)为了革命实践的需要,(　　)为了单纯的学习。所以(　　)读了,(　　)消化不了。(　　)会片面地引用马克思、恩格斯、列宁、斯大林的个别词句,(　　)不会运用他们的立场、观点和方法,来具体地研究中国的现状和中国的历史。

A. 不是　而是　虽然　但是　只　而

B. 不但　而且　虽然　可是　只　因

C. 不是　而且　既然　但是　只　并

D. 不但　而是　既然　可是　只　因

5. 填入下列句中横线处的词语恰当的一组是(　　)。

① 错误常常是正确的________。

② 为此目的,就要________同志的眼光向着这种实际事物的调查和研究。

③ 马克思、恩格斯、列宁、斯大林________我们说,应当从客观存在着的实际事物出发,从其中引出规律,作为我们行动的向导。

④ 中国共产党是拿起这个武器的________者,宣传者和组织者。

⑤ ……马克思列宁主义一般原理的________下,从这些材料中引出正确的结论。

A. 先导　引导　教导　倡导　指导

B. 教导　倡导　引导　先导　先导

C. 先导　引导　教导　向导　指导

D. 教导　引导　引导　倡导　向导

6. 文中引用了一副对联“墙上芦苇,头重脚轻根底浅;山间竹笋,嘴尖皮厚腹中空”,其用意是(　　)。

A. 讽刺不学无术的人　　B. 讽刺夸夸其谈的人

C. 讽刺教条主义者　　D. 讽刺主观主义者

二、阅读理解。

①中国共产党的二十年,就是马克思列宁主义的普遍真理和中国革命的具体实

践日益结合的二十年。②如果我们回想一下，我党在幼年时期，我们对于马克思列宁主义的认识和对于中国革命的认识是何等________，何等________，则现在我们对于这些的认识是________得多，________得多了。③灾难深重的中华民族，一百年来，其优秀人物奋斗牺牲，前仆后继，摸索救国救民的真理，是可歌可泣的。④但是直到第一次世界大战和俄国十月革命之后，才找到马克思列宁主义这个最好的真理，作为解放我们民族的最好的武器，而中国共产党则是拿起这个武器的________、________、________。⑤马克思列宁主义的普遍真理一经和中国革命的具体实践相结合，就使中国革命的面目为之一新。⑥抗日战争以来，我党根据马克思列宁主义的普遍真理研究抗日战争的具体实践，研究今天的中国和世界，是进一步了，研究中国历史也有某些开始。⑦所有这些，都是很好的现象。

1. 这段文字第②句的空白处依次应填写的词语是________、________、________、________。

2. 文字第④句的空白处应填写的词语顺序正确的是(　　)。

A. 倡导者　组织者　宣传者　　B. 组织者　宣传者　倡导者

C. 宣传者　倡导者　组织者　　D. 倡导者　宣传者　组织者

3. 文中第②句中“这些”一词指代的对象是(　　)。

A. 马克思列宁主义

B. 中国革命

C. 马克思列宁主义和中国共产党革命

D. 对于马克思列宁主义的认识和对于中国革命的认识

4. 文中第③句的主语是(　　)。

A. 灾难深重的中华民族

B. 灾难深重的中华民族，其优秀人物

C. 真理

D. 灾难深重的中华民族，一百年来，其优秀人物奋斗牺牲，前仆后继，摸索救国救民的真理

5. 第③句中的“一百年来”是指(　　)

A. 鸦片战争至延安整风运动时

B. 辛亥革命至延安整风运动时

C. 中国共产党成立至延安整风运动

D. 泛指我国新民主主义革命以来的革命岁月

6. 这段文字采用的主要论证方法是(　　)

A. 举例论证(典型事例)　　B. 举例论证(概括事例)

C. 引用论　　D. 对比论证

第2课 谈自制力

【学习导航】

课文结构层次如下。

第一部分：什么是自制力。用狐狸狩猎进行类比证明。

第二部分：论述自制力的重要性。举例说明放任的具体表现，再用《钢铁是怎样炼成的》中保尔·柯察金戒烟的事例从正面阐明自制力是征服放任的有效武器。

第三部分：怎样增强自制力。增强意志力，以美国物理学家富兰克林节制自己行为的种种表现作为论据，青年人要增强自制力，就要从日常生活中的一点一滴做起，加强磨炼。

小结：人不应该生活得太糊涂，应该理性点，应该有自制力。

课文运用了多种论证方法。

举例论证："红狐狸捕捉鸭子的事例""美国物理学家富兰克林注重培养和锻炼自己的意志。"

对比论证：小孩子的人来疯、抽烟——反面事例；保尔·柯察金戒烟的故事——正面事例。对比鲜明、说理深刻，增强了文章的说服力。

【扩展练习】

一、选择题。

1. 下列词语中加点字注音全部正确的一项是(　　)。

A. 捕获(fǔ)　　宠爱(lǒng)　　潜伏(qiān)

B. 盲目(máng)　　腐蚀(fǔ)　　沉默(mò)

C. 沼泽(zhāi)　　等候(hóu)　　狐狸(lì)

D. 漫长(màn)　　范畴(shòu)　　诱惑(xiù)

2. 下列词语中没有错别字的一项是(　　)。

A. 歉逊　锁屑　言行举止　　B. 撰写　锻炼　斩钉截铁

C. 娇正　诫烟　情有可源　　D. 理智　玩强　毫无生息

3. 填入下面句子横线处的关联词，最恰当的一项是(　　)。

________填饱饥饿的肚子，红狐狸________这样往返几十次，连续好几天，直到鸭子________一时疏忽，________被它逮住为止。

A. 为了　可以　由于　终于　　B. 因为　可以　如果　就

C. 因为　如果　可以　并且　　D. 为了　就　不仅　而且

二、阅读理解。

什么是自制力？所谓自制力，就是①_______②_______，就在于人是有思想的，□可以按照一定的目的，理智地控制自己的感情和行动。有一本专门描写打猎的书，其中写到有一只红狐狸，它为了捕获野鸭子，常常可以连续几天潜伏在冰天雪地的沼泽地里，它是那样顽强而有耐心，慢慢地毫无声息地贴在地上接近野鸭子。当野鸭子无意中游开了，红狐狸就用舌头舔一下嘴唇，失望地退回原处等候着，为了填饱饥饿的肚子，红狐狸可以这样往返几十次，直到几天之后，野鸭子由于一时疏忽，终于被它逮住为止。实际上这只是狐狸在漫长的进化中，逐步形成的一种猎获食物的本能。然而，反过来说，如果连动物有时候为了达到某种目的都能控制自己，对于有思想感情的人类来说不更应该要善于驾驭自己吗？

1. 根据对上下文的理解在①处横线上填空，把这句话补写完整，力求表述准确严密。

2. 为②处选择最恰当的一句话是(　　)。

A. 人有一个区别于动物的根本点

B. 人区别于动物的根本点

C. 人区别于动物的根本点之一

D. 人和动物的根本区别

3. 为方框处选择一个最恰当的词是(　　)。

A. 于是　　B. 因而　　C. 而且　　D. 甚至

4. 画线句“就用舌头舔一下嘴唇”在文中的作用是：

____

5. 画线句“为了填饱饥饿的肚子，红狐狸可以这样往返几十次”与文中哪句话直接呼应？

答：______________________________________

6. “这只红狐狸不是很善于控制自己的行为吗？”这句话是从原文中抽出来的，它在原文中的位置应是____________________。

7. 为这篇短文拟一个提示论点的标题。

答：______________________________________

8. “自制”“自信”“自强”，这三者有联系吗？面对这三个词，你有何感想？写一篇300字以上的短文，适当联系实际，谈谈你的想法。

第3课　尚俭戒奢谈

【学习导航】

提倡节俭，力戒奢靡，这是人们熟悉的一个话题。作者在文章中联系国情展开议论，把中华民族的这一传统美德赋予富有时代特色的内容，给人以新的启迪。

尚俭戒奢谈——即谈崇尚勤俭，力戒奢侈。

全文可分为三部分。

第一部分(第1～3段)，引出并证明中心论点。

第一段：简要叙述布衣将军冯玉祥尚俭戒奢的典型事例。

第二段：简要叙述布衣元帅彭德怀尚俭戒奢的典型事例。

第三段：从第一、二段中概括出中心论点，历史和现实的事实均以证明，这种尚俭戒奢、艰苦奋斗的精神丢不得，应予弘扬光大。接着，文章又运用《红楼梦》中四大家族分崩离析的结局、唐太宗尚俭戒奢的典型事例对中心论点作正反对比论证。

第二部分(第4段)，进一步论述中心论点的重要现实意义。

由于中心论点在第一部分得到了无可置辩的论证；第二部分强调它的现实意义已是理所当然，叫人心悦诚服。

第三部分(第5段)，总结全文，再次强调中心论点。

引用李商隐的诗句，诗意紧扣中心论点，用得巧妙、贴切、严谨，前后呼应，起强调、突出的作用，给人留下深刻的印象。

总结：文章的论证结构是递进式的。

课文运用了举例论证、对比论证、引用论证、归纳法等多种论证方法。

这篇文章叙议结合，短小精悍，语言雅俗共赏，论述透彻有力，具备杂文的鲜明特色。

【扩展练习】

一、选择题。

1. 加点字注音全部正确的一组是(　　)。

A. 楷模(mú)　　腐化(fǔ)　　珍馐佳肴(xiáo)

B. 开拓(tuò)　　垂范(chuí)　　飞扬跋扈(hù)

C. 朴素(pú)　　骄奢(jiāo)　　脍炙人口(huì)

D. 启迪(dí)　　勤俭(jiàn)　　勤能补拙(chū)

2. 下面字词书写全部正确的一组是(　　)。

A. 坚苦奋斗　　分崩离析　　脍炙人口

B. 飞扬跋户　　奢靡挥霍　　不容忽视

C. 率先垂范　　勤能补拙　　尚俭戒奢

D. 勤劳节检　　一百涂地　　始终如一

3. “一向习于勤俭朴素，有人以为过，我以为果能如此，官场中何至今日之奢靡不振?”这句话称赞的是(　　)。

A. 冯玉祥　　B. 朱德　　C. 彭德怀　　D. 周恩来

4. “布衣元帅”是(　　)。

A. 冯玉祥　　B. 彭德怀　　C. 叶挺　　D. 朱德

二、填空题。

1.《尚俭戒奢谈》作者是________。

2. “历览前贤国与家，成由勤俭败由奢”是________的诗句。

三、课文是如何引出中心论点的？这样引出有什么好处？

四、文章运用了哪些论据？这些论据是否能充分证明论点？为什么？

五、正反对比论证的方法在对观点的论证中能起什么作用？

第四单元　练习与测试

一、选择题。

1. 加点字注音没有错误的一组是（　　）。

   A. 谦逊(sūn)　　驾驭(yòu)　　生吞活剥(bāo)

   B. 奢侈(shē)　　闭塞(sāi)　　有的放矢(dē)

   C. 告诫(jiè)　　调皮(tiáo)　　飞扬跋扈(hù)

   D. 漆黑(xī)　　孤立(hū)　　哗众取宠(huā)

2. 下列成语中书写全部正确的是（　　）。

   A. 前扑后继　　为之一新　　发号施令　　勤能补出

   B. 一知半解　　可歌可泣　　万古不变　　目中无人

   C. 等闲视之　　垮夸其谈　　斩钉截铁　　率先垂饭

   D. 珍馐佳肴　　一百涂地　　富丽堂皇　　粗枝大页

3. 填在横线上的词语最恰当的一组是（　　）。

① 中国共产党则是拿起这个武器的________者。

② 拿了________革命，则害了革命。

③ 错误常常是正确的________。

④ 应该从客观存在的实际事物出发，作为我们行动的________。

   A. 指导　　引导　　向导　　先导

   B. 引导　　指导　　先导　　向导

   C. 指导　　倡导　　向导　　先导

   D. 倡导　　指导　　先导　　向导

4. “墙上芦苇，头重脚轻根底浅；山间竹笋，嘴尖皮厚腹中空”这副对联运用的修辞方法是（　　）。

   A. 对偶　　对比　　　　B. 对偶　　比喻

   C. 对比　　拟人　　　　D. 对偶　　拟人

5. 下列各句中，句意明确的一句是（　　）。

   A. 这个精致的灯笼将作为今天得分最高的嘉宾的礼品赠送给他。

   B. 他背着总经理和副总经理偷偷地把这笔钱分别存入了两家银行。

   C. 这次考试不难，但由于他准备得不够充分，差点儿就没及格。

   D. 局长吩咐几个学校的领导，新学期的工作一定要有新的气色。

6. 依次填入关联词，正确的一组是（　　）。

________细节的出入对于全部论证不发生直接影响，________会使人对于材料的全部可靠性发生怀疑，________伤害了论证的说服力量。

A. 如果 就 因此　　B. 如果 就 所以

C. 即使 就 以至　　D. 即使 也 以至

7. 下列句子中加点的成语，使用不当的一句是（ ）。

A. 有些人的科学见解，远远超出同时代人，对一些问题的看法洞若观火。

B. 加拿大短跑选手接连刷新世界纪录，使一直独霸此项目比赛的美国人黯然失色。

C. 中央电视台的“开心一刻”栏目，确实办得妙趣横生，每当我陶醉其中时，真有点乐不思蜀。

D. 千姿百态造型各异的紫砂壶，简直出神入化。

二、填空题。

1. 毛泽东同志关于整风运动的基本著作有《改造我们的学习》、________、________。

2.《谈自制力》作者是________。

3.《尚俭戒奢谈》作者________。

4. 历览前贤国与家，____________________。

三、阅读理解。

（一）

我们的许多人却是相反，不去这样做。其中许多人是做研究工作的，但是他们对于研究今天的中国和昨天的中国概无兴趣，只把兴趣放在脱离实际的空洞的“理论”研究上。许多人是做实际工作的，他们也不注重对客观情况的研究，往往单凭热情，把感想当政策。这两种人都凭主观，忽视客观实际事物的存在。或作演讲，则甲乙丙丁、一二三四的一大串；或作文章，则夸夸其谈的一大篇。无实事求是之意，有哗众取宠之心。华而不实，脆而不坚。自以为是，老子天下第一，“钦差大臣”满天飞。这就是我们队伍中若干同志的作风。这种作风，拿了律己，则害了自己；拿了教人，则害了别人；拿了指导革命，则害了革命。总之，这种反科学的反马克思列宁主义的主观主义的方法，是________，________，________，是党性不纯的一种表现。大敌当前，我们有打倒它的必要。

1. 画线一句的意思是（ ）。

A. 讲演的内容条理性强，但繁冗、拖沓。

B. 讲演只罗列现象，又主观武断，脱离实际，缺乏理论分析。

C. 讲演内容丰富全面，有较强的条理性，但详略不当，重点欠突出。

D. 讲演只重形式，卖弄口才，但无实质性的东西，条理性也欠妥。

2. 主观主义的实质是________（不超过 14 个字）

3. 主观主义的特点是（ ）。

A. 华而不实，危害别人，哗众取宠。

B. 只凭主观,忽视客观,夸夸其谈,华而不实。

C. 只凭主观,危害自己。

D. 忽视客观,危害革命。

4. 下面是应填入横线处的四个短语,排列次序正确的一组是( )。

① 是民族的大敌　　　　②是工人阶级的大敌

③ 是共产党的大敌　　　④是人民的大敌

A. ②③④①　B. ①②③④　C. ③②④①　D. ④②③①

5. "这种作风,拿了律己,则害了自己;拿了教人,则害了别人;拿了指导革命,则害了革命。"运用的修辞手法是______。

(二) 谈自制力

① 所谓自制力,就是一个人自己控制自己的思想感情和举止行为的能力。人区别于动物的根本点之一,就在于人是有思想的,因而可以按照一定目的,理智地控制自己的感情和行为。

② 有一本专门描写打猎的书,其中写到有一只红狐狸,它为了捕获野鸭子,常常可以连续几天潜伏在冰天雪地的沼泽地,它是那样顽强有耐心,慢慢地毫无声息地贴在地上接近野鸭子。当野鸭子无意中游开了,红狐狸就用舌头舔一下嘴唇,失望地退回原处等候着。为了填饱饥饿的肚子,红狐狸可以这样往返几十次,直到几天之后,野鸭子由于一时疏忽,终于被它逮住为止。这只红狐狸不是很善于控制自己的行为吗?实际上,这只是狐狸在漫长的进化中逐步形成的一种猎获食物的本能。

③ 然而,反过来说,如果连动物有时候为了达到某种目的都能控制自己,对于有思想感情的人类来说不更应该要善于驾驭自己吗?

④ 自制的反面是放任。比如抽烟,在开始不过是抽抽玩玩的,但有的人却从来不去认真想一想为什么要抽烟,而只是盲目地听凭自己抽下去。于是一根两根,一包两包,直至成为嗜好,积习难改。这不是从放任自己开始的吗?

⑤ 但是,如果说盲目纵欲是自制力的腐蚀剂,那么,反过来自制力又是征服放任的有效武器。一个有名的例子,就是《钢铁是怎样炼成的》一书中描写的保尔·柯察金戒烟的故事。有一次,青年们就习惯能不能改掉这个问题发生了争论。有人说,习惯比人厉害,养成了就改不掉,抽烟就是一例。保尔不同意这种看法,他认为:人应该支配习惯,而决不能让习惯支配人,不然的话,岂不要得出十分荒唐的结论吗?这时,有人挖苦保尔,说他吹牛皮,因为他明知抽烟不好但并没有戒掉。保尔沉默了一会儿,从嘴角拿下烟卷,把它揉碎,斩钉截铁地说:"我决不再抽烟了,要是一个人不能改掉坏习惯,那他就毫无价值。"从此,保尔果然不抽烟了。每一个不想使自己变得"毫无价值"的青年,都应该像保尔一样,下决心依靠自制力跟自己的坏习惯作斗争。

⑥ 自制力属于意志的范畴。自制力强的人,往往意志比较坚强。控制自己需要意志,意志和思想一样,不是与生俱来的,而是在社会实践中逐步培养和锻炼出来的。

要增强自己的自制力，就要从日常生活的一点一滴做起，加强磨炼。美国物理学家富兰克林青年时代曾经下决心“克服一切坏的自然倾向、习惯或伙伴的诱惑”。他给自己制订了一项包括 13 个名目在内的道德计划，逐条实行。比如，为了矫正空谈和说笑话的习惯，他列了“沉默”一条，要求自己做到：除非于人于己有利之言谈，避免琐屑的谈话。后来有一位朋友说他常常显露骄傲，于是又把“谦逊”加入表中。到晚年，他撰写自传时，曾经谈起青年时代锻炼自制力的计划，认为他的成绩应归功于节制。

1. 本文是从哪三个方面论述有关自制力的问题的？

答：____

2. 请你简要分析第④⑤段的论证过程。

答：____

3. 文章第⑥段举富兰克林的事例意在表明________。

4. 第②段为什么举了一个动物的例子，其作用是什么？

____

5. 如何理解文中画线句子“盲目纵欲是自制力的腐蚀剂”？

____

6. 选文第⑥段加点的“往往”能否删去？请说出理由。

____

第五单元

词达乾坤

第1课　水调歌头

【学习导航】

苏轼(1037—1101),字子瞻,自号东坡居士,眉州眉山(今四川眉山市)人,中国北宋文豪,“唐宋八大家”之一。其诗、词、赋、散文均成就极高,且善书法和绘画,是中国文学艺术史上罕见的全才,也是中国数千年历史上被公认文学艺术造诣最杰出的大家之一。其散文与欧阳修并称欧苏;诗与黄庭坚并称苏黄;词与辛弃疾并称苏辛;其画则开创了湖州画派。现存诗3900余首,代表作品有《水调歌头·中秋》《赤壁赋》《念奴娇·赤壁怀古》等。

这首词是宋神宗熙宁九年中秋作者在密州时所作。这一时期,苏轼因为与当权的变法者王安石等人政见不同,自求外放,辗转在各地为官。他曾经要求调任到离苏辙较近的地方为官,以求兄弟多多聚会。到密州后,这一愿望仍无法实现。这一年的中秋,皓月当空,银辉遍地,与胞弟苏辙分别之后,转眼已七年未得团聚了。此刻,词人面对一轮明月,心潮起伏,于是乘酒兴正酣,挥笔写下了这首名篇。词前的小序交代了写词的过程:“丙辰中秋,欢饮达旦,大醉。作此篇兼怀子由。”很明显,这首词反映了作者复杂而又矛盾的思想感情。一方面,说明作者怀有远大的政治抱负,当时虽已41岁,并且身处远离京都的密州,政治上很不得意,但他对现实、对理想仍充满了信心;另一方面,由于政治失意,理想不能实现,才能不得施展,因而对现实产生了一种强烈的不满,滋长了消极避世的思想感情。不过,贯穿始终的却是词中所表现出的那种热爱生活与积极向上的乐观精神。在大自然的景物中,月亮是很有浪漫色彩的,它很容易启发人们的艺术联想。一钩新月,可联想到初生的萌芽事物;一轮满月,可联想到美好的团圆生活;月亮的皎洁,让人联想到光明磊落的人格。在月亮这一意象上集中了人类多少美好的憧憬与理想!苏轼是一位性格豪放、气质浪漫的诗人,当他抬头遥望中秋明月时,其思想情感犹如长上了翅膀,天上人间自由翱翔。上片写中秋赏月,因月而引发出对天上仙境的奇想。下片写望月怀人,即兼怀子由,同时感叹人生的离合无常。

【扩展练习】

一、给下列加点字注音。

不胜寒（　　）　　朱阁（　　）　　婵娟（　　）

宫阙（　　）　　绮户（　　）　　琼楼（　　）

二、根据课文内容填空。

1. 本词前有一段词前小序，作用是________。文中"子由"是词人的________，其名为________。

2. 不知天上宫阙，________________。

3. 我欲乘风归去，________________，________________。

4. ________，________，________。不应有恨，________？

5. ________，月有阴晴圆缺，________。

三、解释下列词语。

达旦：________________

兼：________________

乘风归去：________________

宫阙：________________

不胜：________________

绮户：________________

婵娟：________________

四、阅读理解。

丙辰中秋，欢饮达旦，大醉，作此篇兼怀子由。

明月几时有？把酒问青天。不知天上宫阙，今夕是何年。我欲乘风归去，又恐琼楼玉宇，高处不胜寒。起舞弄清影，何似在人间。

转朱阁，低绮户，照无眠。不应有恨，何事长向别时圆？人有悲欢离合，月有阴晴圆缺，此事古难全。但愿人长久，千里共婵娟。

1. 词人用李白"青天有月来几时，我今停杯一问之"（《把酒问月》）诗意，把读者引入时间、空间这一带有哲理意味的广阔世界的诗句是：________________。

2. 词人故意找出天上的美中不足，来坚定自己留在人间决心的诗句：________。

3. 为月亮开脱，实质上还是为了强调对人事的达观，同时寄托对未来的希望的诗句是：________________。

4. 突破时间、空间的局限，充分显示出词人精神境界的丰富博大的诗句：

________________。

5. “不应有恨”,“恨”的意思是什么?“恨”的内容可能是什么?

____。

6. 下面咏月的诗句中,哪两句与“但愿人长久,千里共婵娟”有异曲同工之妙?为什么?

① 月出惊山鸟,时鸣春涧中。 ② 大漠沙如雪,燕山月如钩。

③ 月落乌啼霜满天,江枫渔火对愁眠。 ④ 海上生明月,天涯共此时。

____

7. 月亮的美称很多,你能说出几个(至少两个)?

____

8. 苏轼的词以豪放著称,你还能说出宋词中与豪放派相并列的另一种风格吗?并举一两个代表作家。

第2课　永遇乐　京口北固亭怀古

【学习导航】

辛弃疾(1140—1207),字幼安,号稼轩,济南历城(今山东济南)人,南宋著名爱国词人,是南宋爱国词派的领袖和旗帜。他继承了苏轼的豪放词风和南宋前期爱国词人的传统,是豪放词的集大成者,推动了词风的转变,在词史上具有重要意义。

《永遇乐　京口北固亭怀古》作于开禧元年(1205),这年春初,韩侂胄正准备北伐,任命辛弃疾为镇江知府,辛弃疾到任后,一方面积极做军事进攻的准备工作;另一方面又对韩侂胄的轻敌冒进感到忧心忡忡。他清楚地意识到自身处境险恶,难有作为。这种矛盾复杂的心理状态,在这首词作里充分地表现出来。词的上片,作者借怀念孙权、刘裕的英雄业绩,讽刺了南宋投降派的懦弱无能,表现对建功立业的渴望。词的下片,借谴责刘义隆,表明自己抗金的主张;借廉颇的故事,抒发壮志难酬的悲愤与老当益壮的战斗意志。

这首词最大的写作特色是善用典故,用简练的语句,表现了丰富的内容。

1. 词人将典故与现实巧妙对照。词中所选典故,均与京口北固亭相吻合,与帝王将相有关,且远涉前代南北分离史事。使用这些典故,可直而不露、隐而不晦地与南宋统治者进行类比或对比。如用孙权、刘裕的英雄壮举,对比南宋统治者的屈辱妥协等。

2. 将典故化为形象的画面、生动的语言。词中所用典故,都经过了再创作,毫无面目刻板、呆滞生涩之感。如写刘裕北面破敌,"金戈铁马,气吞万里如虎",其英武形象跃然纸上。

这首词是宋代豪放词派的代表作。学习这首词,要反复诵读,体会词的语言特点及所表达的思想感情,领略词人终身报国的壮志。

【扩展练习】

一、给下列词语中加点的字注音。

舞榭(　　)歌台　　巷(　　)陌　　金戈(　　)　　元嘉(　　)

仓皇(　　)　　无觅(　　)　　廉颇(　　)　　佛狸祠(　　)

二、解释下列语句中加点的词语。

(1) 千古江山________　　(2) 赢得仓皇北顾________

(3) 舞榭歌台________　　(4) 寻常巷陌________

三、名句填空。

(1) 元嘉草草,________,________。

(2) 四十三年,________,________。

(3) 凭谁问,________,________。

四、《永遇乐　京口北固亭怀古》运用了许多典故,指出并分析其作用。

五、阅读辛弃疾的《永遇乐　京口北固亭怀古》,回答问题。

千古江山,英雄无觅,孙仲谋处。舞榭歌台,风流总被,雨打风吹去。斜阳草树,寻常巷陌,人道寄奴曾住。想当年,金戈铁马,气吞万里如虎。

元嘉草草,封狼居胥,赢得仓皇北顾。四十三年,望中犹记,烽火扬州路。可堪回首,佛狸祠下,一片神鸦社鼓。凭谁问:廉颇老矣,尚能饭否?

1. 上片写了哪两个历史人物?这两个历史人物有什么共同特点?

答:____

____。

2. “元嘉草草,封狼居胥,赢得仓皇北顾”,是词人引用的一个典故。请简要解释这个典故的意思,并说明词人用典的目的。

答:____

____。

3. 人们通常认为词中的廉颇,是词人自身的写照。你同意这种看法吗?说说你的理由。

答:____

____。

4. 对这首词的赏析,不恰当的一项是(　　)。

A. 这首词写于1205年镇江(京口)知府任上。1204年执政的韩侂胄欲以北伐巩固自己的地位,起用抗战派辛弃疾任镇江知府。镇江濒临前线,乃军事重镇,辛积极备战,并劝谏韩不可草率用兵。韩不但不听,反而将辛调职。若换个角度理解,本词堪称一篇“谏书”。

B. “怀古”,即为伤今。然而,本词自始至终保持着豪迈的基调,不愧为豪放派辛词的代表作。其豪放的格调,可从两个角度折射出来:其一,选古代英雄事迹作为词的题材;其二,刻画侠肝义胆,抒发忠义之情。

C. 诗言志,词也言志。上片赞颂孙权、刘裕,旨在表明诗人自己抗金救国的雄图大略,同时也是对韩侂胄的期望;下片借对刘义隆草率北伐而招致失败史实的讥讽,警戒当权者:切勿急于求成,重蹈“元嘉草草”的覆辙。

D. 《永遇乐》用典较多,且全围绕一个明确的中心,即:借典故来表达词人对救国大业的深谋远虑。词人“怀古”的态度,不是以历史学家的眼光去评价史实，其用典原则是“古为今用”，即以艺术的眼光取材，调动历史人物为自己抒怀服务。

六、写作。

人生不如意事十之八九，每个人对待困难和挫折的态度是不一样的。通过学习这首词，我们了解了辛弃疾面对困境的态度。写一段文字，讲述你是怎样对待生活和学习中遇到的困难和挫折的。

第3课　望　海　潮

【学习导航】

柳永(约987—约1053),初名三变,字耆卿,排行第七,人称“柳七”,崇安(今属福建)人,北宋著名词人。他屡试不第,五十岁才中进士。曾官屯田员外郎,故又称“柳屯田”。因仕途失意,从追求功名转为流连坊曲,为乐工歌女填词,在“偎红倚翠”“浅斟低唱”中寻找寄托。柳永的词反映了当时的都市生活,描写羁旅行役、离情别绪,表现怀才不遇的苦闷,题材较为宽广。他精通音律,创作了大量适合歌唱的慢词,善于运用俚俗语言和铺叙手法,将写景、抒情融为一体,对词的发展起了积极的作用。

《望海潮》就是很有代表性的一首,这首词是一首投赠之作,是写给镇守一方的官员的。大约作于宋真宗景德元年(1004),柳永从崇安到达杭州时。望海潮,词牌名。这首词用铺叙手法,写杭州风貌,上片写城市繁荣景象,下片写西湖秀丽景色。

词的开端点明杭州历史悠久,“自古繁华”;位置优越,“东南形胜”。接着从“形胜”和“繁华”两方面一一描绘。房屋鳞次栉比,街巷河桥相连,帘幕摇曳,人口稠密;市场繁荣,百姓富庶,生活豪华。这便是杭州的“繁华”。钱塘江绕杭州城流过,江面宽阔,天然屏障,江涛滚滚,蔚为壮观。这便是杭州的“形胜”。当然,杭州最有名的“形胜”之处是西湖。因此,词的下片专写西湖。

下片以“重湖叠𪩘清嘉”领起,铺叙西湖美景。水光山色,清秀美丽,夏有荷花,秋有桂子,白天乐声阵阵,夜晚菱歌不断。不仅有山水之美,还有游赏之乐。词的结尾是歌颂“千骑拥高牙”的地方长官,赞他“乘醉听箫鼓,吟赏烟霞”的风雅,祝他归去凤池,当朝执政,升官晋爵。

这首词以“形胜”“繁华”“清嘉”领起,铺叙景物,层次分明。取眼前之景,纯用白描,一一展现,自然美妙。

【扩展练习】

一、给下列词语中加点的字注音。

绕堤(　　)　天堑(　　)　珠玑(　　)　罗绮(　　)

叠𪩘(　　)　羌管(　　)　钓叟(　　)　清嘉(　　)

二、解释下列词语。

天堑:______________________________

叠𪩘:______________________________

清嘉:______________________________

高牙:______________________________

参差：____

形胜：____

三、根据提示默写。

(1)《望海潮》中具体描写杭州富庶繁华的词句是：

____。

(2)《望海潮》中描绘西湖美景的千古名句是：

____。

四、阅读《望海潮》，回答以下问题。

东南形胜，三吴都会，钱塘自古繁华。烟柳画桥，风帘翠幕，参差十万人家。云树绕堤沙，怒涛卷霜雪，天堑无涯。市列珠玑，户盈罗绮，竞豪奢。

重湖叠巘清嘉，有三秋桂子，十里荷花。羌管弄晴，菱歌泛夜，嬉嬉钓叟莲娃。千骑拥高牙，乘醉听箫鼓，吟赏烟霞。异日图将好景，归去凤池夸。

1. 这首词描绘了一种怎样的都市生活场景？并试着说说作者是从哪些方面来描写杭州的繁华与美丽的？

2. 若把“云树绕堤沙。怒涛卷霜雪，天堑无涯”句中的“卷”改为“推”好不好，为什么？

3. “三秋桂子，十里荷花”为人们津津乐道，西湖有许多景物，为何独写“桂子”和“荷花”？

4. “羌管弄晴，菱歌泛夜，嬉嬉钓叟莲娃”表现了怎样的生活情景？

5. “异日图将好景，归去凤池夸”有何深意？

6. 词中对“形胜”展开铺叙的句子是(　　)。

A. 烟柳画桥,风帘翠幕,参差十万人家。

B. 云树绕堤沙,怒涛卷霜雪,天堑无涯。

C. 市列珠玑,户盈罗绮,竞豪奢。

D. 千骑拥高牙,乘醉听箫鼓,吟赏烟霞。

第五单元　练习与测试

一、选择题。

1. 下列词语中，加点的字注音不全正确的一组是(　　)。

   A. 参差(cī)　　寒蝉(chán)　　骤雨(zhòu)　　良辰美景(chén)

   B. 繁华(fán)　　凝噎(yē)　　钓叟(diào)　　天堑无涯(qiàn)

   C. 豪奢(shē)　　堤沙(dī)　　珠玑(jī)　　咏赏烟霞(shǎng)

   D. 叠巘(yǎn)　　凄切(qiē)　　风帘(lián)　　兰舟催发(fà)

2. 下列词语中，书写有误的一组是(　　)。

   A. 霜雪　　矍铄　　染柳画桥　　羌管弄晴

   B. 今宵　　暮蔼　　金碧辉煌　　户盈罗绮

   C. 梳妆　　好像　　十里荷花　　破涕为笑

   D. 坐落　　针砭　　山清水秀　　三秋桂子

3. 下面是对词句中加点词语的解释，有误的一项是(　　)。

   A. 东南形胜　　　　形胜：形势重要，湖山优美的地方

   B. 嬉嬉钓叟莲娃　　钓叟：钓鱼的老翁

   C. 此去经年　　　　经年：经过一年

   D. 多情自古伤离别　多情：多情的人

4. 下面有关宋词常识的说法，不正确的一项是(　　)。

   A. 词最早起源于民间，后来文人依照乐谱声律节拍而写新词，叫做“填词”或“依声”。词又称曲子词、乐府、乐章、长短句、诗余、琴趣等。

   B. 词有词牌，即曲调。词的结构分片或阕，不分片的为单调，分两片的为双调，分三片的称三叠。依其字数的多少，又有“小令”“中调”“长调”之分。

   C. 宋词是中国古代文学皇冠上光辉夺目的一颗巨钻。她以姹紫嫣红、千姿百态的丰神，与唐诗争奇，与元曲斗妍，历来与唐诗并称双绝，都代表一代文学之胜。

   D. 宋词是继唐诗之后的又一种文学体裁，基本分为婉约派和豪放派两大类。婉约派的代表人物有李清照、秦观等。豪放派的代表人物有辛弃疾、苏轼、柳永等。

5. 下面对柳永《望海潮》《雨霖铃》赏析，不正确的一项是(　　)。

   A. 《望海潮·东南形胜》这首词一反柳永惯常的风格，以大开大阖、波澜起伏的笔法，浓墨重彩地铺叙展现了杭州的繁荣、壮丽景象，可谓“承平气象，形容曲尽”。

B. “三秋桂子,十里荷花”这两句确实写得高度凝练,它把西湖以至整个杭州最美的特征概括出来,具有撼动人心的艺术力量。

C. 《雨霖铃·寒蝉凄切》上阕写一对恋人饯行时难分难舍的别情,但词人并没有纯客观地铺叙自然景物,而是通过景物的描写、氛围的渲染,融情于景,暗寓别意。

D. “此去经年”四句,构成另一种情境。“此去”二字,呼应上阕的“念去去”;“经年”呼应“今宵”,在时间和思绪上步步推进,结构疏散有致。

6. 对“凭谁问:廉颇老矣,尚能饭否?”一句理解正确的一项是( )。

A. 作者怀念廉颇,感痛今天再也找不到廉颇那样的名将了。

B. 作者以廉颇自比,表达了恢复中原的热切愿望,抒发了不被朝廷重用、壮志难酬的愤懑之情。

C. 作者怀念廉颇,用追述赵国不重用廉颇而加速灭亡的事实来影响南宋统治者。

D. 作者以廉颇自比,指出朝廷若不重用主战的将领,必将重蹈历史上赵国灭亡的覆辙。

7. 对下列句子使用典故的作用理解不正确的一项是( )。

A. 千古江山,英雄无觅,孙仲谋处。(慨叹江山依旧,当年“坐断东南战未休”的孙仲谋,已无处寻觅了。)

B. 想当年:金戈铁马,气吞万里如虎。(赞扬当年刘裕北伐的英雄气概。)

C. 凭谁问:廉颇老矣,尚能饭否?(自比廉颇,功绩显赫,壮心不已。)

D. 元嘉草草,封狼居胥,赢得仓皇北顾。(借刘义隆不作充分准备,仓促北伐遭致失败,警告韩侂胄不要急于事功。)

8. 下列诗句修辞方法不同于其他三项的一项是( )。

A. 四十三年,望中犹记,烽火扬州路。

B. 乱石穿空,惊涛拍岸,卷起千堆雪。

C. 想当年:金戈铁马,气吞万里如虎。

D. 知否,知否?应是绿肥红瘦!

9. 下列诗句朗读节奏划分不正确的一项是( )。

A. 不知/天上/宫阙,今夕/是/何年?

B. 我欲/乘风/归去,又恐/琼楼/玉宇。

C. 不/应有恨,何事/常向/别时/圆?

D. 但愿/人长久,千里/共婵娟。

10. 苏轼的《水调歌头·明月几时有》这首词中蕴含着人生哲理的词句是( )。

A. 不应有恨,何事长向别时圆? B. 人有悲欢离合,月有阴晴圆缺。

C. 但愿人长久,千里共婵娟。 D. 我欲乘风归去。

二、文学常识填空。

1. 词源于________,盛于________,宋词和唐诗一样是我国文学史上的一朵奇葩。从派别上分,有________和________,前者代表词人是________和________,后者代表词人是________和________,这种划分不是绝对的,是就作家创作风格的主要倾向而言,同一作家往往既有婉约之作,又有豪放之作。

2.《水调歌头》的作者是________,字________,自号________,________(朝代)杰出的文学家。与________、________合称“三苏”。

3. 辛弃疾,字________,号________,________(朝代)词人。其词多数抒写力图恢复国家统一的爱国热情,倾诉壮志难酬的悲愤。与________同为豪放派的代表,合称“________”。

4.《望海潮》作者是________,北宋词人。原名________,字________,排行第七,人称________。他是北宋第一个专力写词的作家,且是长调(慢词)的倡导者,其词多描绘城市风光和歌伎生活,长于抒写羁旅行役之情。铺叙刻画,情景交融,语言通俗,音律谐婉。

三、阅读理解。

(一)

南乡子·京口北固亭怀古

辛弃疾

何处望神州?满眼风光北固楼,千古兴亡多少事?悠悠,不尽长江滚滚流!年少万兜鍪,坐断东南战未休。天下英雄谁敌手?曹、刘。生子当如孙仲谋!

注:(1) 兜鍪,俗语叫头盔,词中借指兵士。

1. 上片两句一问一答,写词人登楼所见之景。词中“何处望神州”是什么意思?

2. 上片后两句仍一问一答,写词人登楼所见所想。“不尽长江滚滚流”一句是化用前代哪位诗人哪首诗的诗句?

3. 此词即兴抒怀,借古讽今,通过赞颂________,暗讽________。

(二)

雨 霖 铃

柳 永

寒蝉凄切,对长亭晚,骤雨初歇。都门帐饮无绪,留恋处,兰舟催发。执手相看泪眼,竟无语凝噎。念去去,千里烟波,暮霭沉沉楚天阔。

多情自古伤离别,更那堪冷落清秋节!今宵酒醒何处?杨柳岸,晓风残月。此去经年,应是良辰好景虚设。便纵有千种风情,更与何人说?

4. 词的上阕描写了送别的典型环境,请按要求摘引原文词语作答。

①送别的季节是________。②送别的时间是________。③送别的地点是________。④送别的天气是________。⑤送别的心绪是________。⑥送别的表情是________。

5. 分析"今宵酒醒何处?杨柳岸,晓风残月。"回答问题。

① 这句话描绘的"景"是(　　)。

A. 幽静的　　B. 清凉的　　C. 凄冷的　　D. 明丽的

② 这样的"景"表达的"情"是(　　)。

A. 凄苦的　　B. 烦恼的　　C. 恬淡的　　D. 空虚的

6. 这首词上下两片写作侧重点各是什么?

____

____

四、写作训练。

仿照下面诗节,在横线上续写一个诗节。要求选择新的本体、喻体,意思完整。(不要求与原句的字数相同)

祖国,您是蓝天。
我就是蓝天里的小鸟。
只有在您的怀抱里。
我才能飞得更远、更高。

____
____
____
____

祖国,您是乘风破浪的船,
我是一根竹篙。
为了神圣的旅程,
我们不怕,不怕断骨折腰!

第六单元

借你慧眼

第1课　林黛玉进贾府

【学习导航】

曹雪芹(约1715—约1763),名霑,字梦阮,号雪芹,又号芹溪、芹圃,清代著名小说家。江宁府(现江苏南京)人。爱好广泛,对金石、诗书、绘画、园林、中医、织补、工艺、饮食等有研究。他出身于一个“百年望族”的大官僚地主家庭,因家境衰落而饱尝人世间的辛酸,曹雪芹的曾祖母孙氏曾做过康熙的奶妈,祖父曹寅做过康熙的侍读。从康熙二年至雍正五年,曾祖曹玺、祖父曹寅,父亲曹颙、叔父曹頫,相继担任江宁织造达六十多年之久。织造是专为宫廷采办丝织品和各种日用品的官职,官阶虽不高,但是非皇亲不能充任。

《红楼梦》是他“披阅十载,增删五次”,“字字看来皆是血,十年辛苦不寻常”的产物。可惜,在他生前,全书没有完稿(也有人认为已经写完,但80回后的内容散佚了)。今传《红楼梦》120回本,其中前80回的绝大部分出于他的手笔,后40回则为高鹗所续。

《林黛玉进贾府》是小说《红楼梦》的第一次总亮相,不仅重要人物纷纷亮相,贾府也是第一次亮相。因此本文运用详略得当的环境描写、人物肖像描写,以及匠心独运的人物出场来展现这一切。旨在揭示一个封建大家族的繁荣鼎盛,即它的富贵尊荣,不仅是物质的,还有礼教的。黛玉的一双眼睛把贾府由幕后推到了台前,而贾府透示给黛玉的是骨子里的至尊至贵,是封建大家庭的一个样板,是封建上层统治者的生活写照,是封建时代的缩影。透过这个缩影,曹公让我们窥视了封建社会的最终命运。

课文以林黛玉进贾府的行踪为线索展开情节,通过林黛玉的所见、所闻、所感,介绍了贾府的环境及众多的出场人物。课文内容大体可分为三部分。

第一部分(第1段),故事的开端,林黛玉来到了荣国府。这部分重点写林黛玉的心理感受。虽未进贾府,林黛玉已感觉到外祖母家确实“与普通人家不同”,心理上自然增添了一种压力。因此,她“步步留心,时时在意,不肯轻易多说一句话,多行一步路,惟恐被人耻笑了他去。”

第二部分(第2～23段),故事情节的发展,通过林黛玉初进贾府的所见所闻,介绍贾府的环境和府中的众多人物。按照辈分的高低，林黛玉在贾母居住的正房大院首先拜见了贾母，在此同时见到了邢夫人、王夫人、李纨、贾氏三姊妹及王熙凤。之后，林黛玉前去拜见贾赦、贾政，但均未见到；王夫人介绍贾宝玉。随后林黛玉在贾母后院用餐，初见贾宝玉，拉开了宝黛爱情的序幕。同时，通过《西江月》二词和宝玉“摔玉”的情节，暗示了宝玉性格的叛逆性。

第三部分(第24～25段)故事的结尾，为林黛玉安排住处。

本文有三大写作特色。

1. 围绕中心事件描写人物

作品中的人物是围绕黛玉进贾府这一中心事件，通过黛玉的见闻来描写的。黛玉进府按照封建贵族家庭的礼规，必定要去拜望自己的长辈。同辈姊妹也都要见见面。作者选择这个机会使作品中的主要人物出场亮相，是行文的必需，也是事理的必然。

2. 人物的出场，先后适宜，详略得体，虚实兼用

对王熙凤、贾宝玉等主要人物详写，对贾母、邢夫人、王夫人、李纨和贾氏三姊妹则略写；对贾母、王熙凤等出场人物是实写，而对贾政、贾赦等未出场的人物则属于虚写；对贾宝玉、王熙凤等是单独写，而对邢夫人、王夫人、李纨、迎春、探春、惜春等只作集体介绍。这样描写不但笔法变化多姿，而且在众多人物中可使描写重点突出。

3. 典型的环境描写

小说中的典型环境——贾府，是通过林黛玉的眼睛来描写的。由外入内，由表及里地描绘出贾府的气派。主要表现在三个方面：宏伟的外观、讲究的布局、华贵的陈设。处于繁华街市、阜盛人烟之中的贾府建筑，在林黛玉的眼中，仅就外观，就突出地感觉到它“大”：门前蹲着两个大石狮子；门是三间兽头大门；正门之上有一匾，匾上写着五个大字。几个“大”字不但表现了贾府建筑的宏伟富丽，而且也暗示了贾府显赫高贵的社会地位。

【扩展练习】

一、基础知识。

1. 下列加点字注音全部正确的一组是(　　)。

A. 阜盛(fǔ)　敕造(chì)　规矩(ju)

B. 两靥(yè)　忖度(cǔn)　钗钏(chāi chuàn)

C. 怯弱(què)　纳罕(hǎn)　盥沐(guàn)

D. 憨顽(hān)　嬷嬷(pó po)　惫懒(bèi)

2. 下列各组词语中有两个错别字的一组是(　　)。

A. 轩峻壮丽　华冠丽服　鬓发如银

B. 腮凝新荔　鼻腻额脂　彩绣辉皇

C. 顾盼神飞　孽根祸胎　甜言密语

D. 浑世魔王　眉尖若蹙　鬓若刀裁

3. 下列句中画线词语解释全都正确的一项是(　　)。

① 第三个身量未足,形容(形体,容貌)尚小

② 身体面庞虽怯弱不胜,却有一段自然的风流态度(有才华且不拘礼节的样子)

③ 身量苗条,体格风骚(姿容俏丽)

④ 我带了外甥女过去,倒也便宜(不应得到的利益)

⑤ 可怜(这里指可惜)辜负好韶光

⑥ 莫效此儿形状(样子)

⑦ 因此他只说没有这个,不便自己夸张(夸说,张扬)之意

⑧ 这个宝玉,不知是怎生个惫懒(疲惫、懒惰)人物

A. ①②③④　　B. ⑤⑥⑦⑧　　C. ①③⑤⑦　　D. ②④⑥⑧

4. 下列四句外貌描写对应的人物依次是(　　)。

(1) 削肩细腰,长挑身材,鸭蛋脸面,俊眼修眉,顾盼神飞,文彩精华,见之忘俗。

(2) 年貌虽小,其举止言谈不俗,身体面庞虽怯弱不胜,却有一般自然的风流态度。

(3) 肌肤微丰,合中身材,腮凝新荔,鼻腻鹅脂,温柔沉默,观之可亲。

(4) 一双丹凤三角眼,两弯柳叶吊梢眉,身量苗条,体格风骚,粉面含春威不露,丹唇未启笑先闻。

A. 贾迎春　贾探春　林黛玉　王熙凤

B. 贾迎春　林黛玉　贾探春　王熙凤

C. 贾探春　林黛玉　贾迎春　王熙凤

D. 贾探春　王熙凤　贾迎春　林黛玉

5. 课文中用后人两首《西江月》揭示宝玉思想性格,分析这两首词。

无故寻愁觅恨,有时似傻如狂。纵然生得好皮囊,腹内原来草莽。潦倒不通世务,愚顽怕读文章。行为偏僻性乖张,那管世人诽谤!

富贵不知乐业,贫穷难耐凄凉。可怜辜负好韶光,于国于家无望。天下无能第一,古今不肖无双。寄言纨绔膏粱:莫效此儿形状!

(1) 选出对“膏粱”理解正确的一项(　　)。

A. 膏药和高粱

B. 肥肉和精米

C. 膏药和高粱,指身体不好的人。

D. 肥肉和精米,借指富贵子弟。

(2) 选出对“可怜辜负好韶光,于国于家无望”解释正确的一项(　　)。

A. 白白浪费了大好时光真是可怜,对国家对家庭都没有希望。

B. 对不起大好时光真是可怜,对国家对家庭都不存在什么希望。

C. 可惜对不起大好时光,对国家对家庭无指望。

D. 可惜白白浪费了大好时光,对国家对家庭都无希望。(没有大用处)

(3) 对《西江月》二词理解分析不准确的一项是(　　)。

A.《西江月》二词和对贾宝玉出场前的侧面勾勒、出场后的肖像描写,是课文中对贾宝玉性格描写的三个重点。

B.《西江月》似贬实褒,表面上是用世俗观念批判贾宝玉,而实际上却是贾宝玉叛逆性格的写照。

C. 贾宝玉是封建贵族子弟的一个代表,这两首词采用幽默含蓄的手法,揭露封建大家庭后继无人的事实,暗示封建社会必然灭亡。

D. 所谓"似傻如狂""草莽""不通世务""偏僻乖张",实际上是贾宝玉卓然独立,与世俗传统相背离的表现。

(4) 文中画横线的句子所使用的修辞手法是(　　)。

A. 对比　　B. 对偶　　C. 反语　　D. 借代

二、文学常识。

《林黛玉进贾府》节选自《________》的第________回,这部书又名《________》,是我国古典小说的最高峰,全书共________回,前八十回的作者是________朝的小说家________,字________,号________,后________回据说是________续写的。全书以________和________的爱情悲剧为线索,通过对________的兴衰过程的描写,揭露了________的荒淫、腐败,显示了________濒于崩溃和必然灭亡的命运。由于这部书的伟大成就,历代不少文人学者致力于对它的研究,并创立了一门学问,称之为"________"。

三、阅读题。

宝玉便走近黛玉身边坐下,又细细打量一番,因问:"妹妹可曾读书?"黛玉道:"不曾读,只上了一年学,些须认得几个字。"宝玉又道:"妹妹尊名是哪两个字?"黛玉便说了名。宝玉又问表字。黛玉道:"无字。"宝玉笑道:"我送妹妹一妙字,莫若'颦颦'二字极妙。"探春便问何出。宝玉道:"《古今人物通考》上说:'西方有石名黛,可代画眉之墨。'况这妹妹眉尖若蹙,用取这两个字,岂不两妙!"探春笑道:"只恐又是你的杜撰。"宝玉笑道:"除'四书'外,杜撰的太多,偏只我是杜撰不成?"又问黛玉:"可也有玉没有?"众人不解其语,黛玉便忖度着因他有玉,故问我有也无,因答道:"我没有那个。想来那玉是一件罕物,岂能人人有的。"宝玉听了,登时发作起痴狂病来,摘下那玉,就狠命摔去,骂道:"什么罕物,连人之高低不择,还说'通灵'不'通灵'呢!我也不要这劳什子了!"吓的众人一拥争去拾玉。贾母急的搂了宝玉道:"孽障!你生气,要打骂人容易,何苦摔那命根子!"宝玉满面泪痕泣道:"家里姐姐妹妹都没有,单我有,我说没趣;如今来了这么一个神仙似的妹妹也没有,可知这不是个好东西。"

1. 在宝黛初会这段文字中，主要从四点写了宝玉的言行，请各用两个字分别概括：

(1)________(2)________(3)________(4)________

2. 宝玉为何给黛玉取字“颦颦”？

(1)____

(2)____

3. 前文贾母问及黛玉念何书时，黛玉回答：“只刚念了‘四书’。”可这里回答宝玉同样的问题时却说：“不曾读，只上了一年学，些须认得几个字。”说说哪个回答是如实回答，这前后矛盾的说法又是什么？

____

____

4. 宝玉被探春讥笑说他“杜撰”时，他笑道：“除‘四书’外，杜撰的太多，偏只我是杜撰不成？”这反映了宝玉怎样的性格？

____

____

5. 宝玉骂“通灵宝玉”：“连人之高低不择……”这句话和文中哪句话相呼应？

____

____

6. 宝玉“摔玉”这一举动有何思想意义？

____。

第2课 苦 恼

【学习导航】

安东·巴甫洛维奇·契诃夫(1860—1904),莫斯科大学毕业,做过医生,1880年开始发表作品,是俄国世界级短篇小说巨匠和俄国19世纪末期最后一位批判现实主义艺术大师,世界三大短篇小说家之一。其主要作品有《变色龙》《乏味的故事》《决斗》《草原》《农民》《在峡谷里》《海鸥》《哀伤》《苦恼》《万尼亚舅舅》《套中人》《普里希别叶夫中士》《第六病室》《小公务员之死》。

《苦恼》写于1886年,是契诃夫早期创作中的名篇。契诃夫的创作生涯是从19世纪80年代初期开始的。这个时期,正是俄国沙皇统治最黑暗、最恐怖、最令人窒息的时期。革命者成批地被绞死和流放,知识分子普遍出现了绝望情绪,丧失了五六十年代的那种革命信念与斗争精神。悲观消极,对政治漠不关心,将社会问题置之度外,目光短浅,追求享乐和个人利益的市侩习气,像瘟疫一样迅速地蔓延着。此时的契诃夫,目睹社会之黑暗、环境之恶劣、群众思想之麻木,愤而诉诸笔端,除了创作大量的幽默讽刺小说以揭露社会庸俗与丑恶的一面外,作者开始越来越多地以同情的笔调反映、描绘受侮辱受损害的下层人民的形象。

小说描写一个老马夫姚纳儿子刚刚死去,他想向人们倾诉自己心中的痛苦,无奈偌大的一个彼得堡竟找不到一个能够听他说话的人,最后他只能对着他的小母马诉说。作品通过无处诉说苦恼的姚纳的悲剧,来反映当时社会的冷酷无情,这正是当时俄国社会生活的剪影。

本文的写作特色如下。

1. 善用对比映衬手法反映深刻的思想内容

在小说的整体艺术构思中,作者将"人与人","人与马"的关系鲜明对比。姚纳满腔的痛苦想向人倾诉。但无论是军人,寻欢作乐的青年还是看门人,青年车夫都对姚纳的痛苦无动于衷,毫不关心,一个个都极端冷漠、麻木、自私。而小母马却"听着,闻闻主人的手",这强烈的反差对比,控诉了当时的社会黑暗和人间的冷漠,读来令人惊愕震颤。

2. 运用对话表现人物的性格和内心活动

姚纳与军人、三个青年的对话,不但简洁生动,而且符合特定环境和场合下人物的身份、地位和性格特征,能恰当地映射出人物此时此地的内在心理活动。

姚纳与军人的对话,姚纳想向坐车的老爷诉说自己的苦恼时,总是吞吞吐吐语言不连贯。例如,他对军人说"老爷我的……嗯……嗯……我的儿子在这个星期死了。"语言吞吞吐吐,欲言又止,既符合他小人物的身份地位,又表现了他懦弱的性格。将他害怕冒犯军人又禁不住要诉说的心理表现得十分形象。军人的语言干脆利索，很符合军人的身份。同时也表现了他对姚纳的诉说心不在焉，很不耐烦，没有一点同情心。

3. 运用生动的细节描写来刻画人物

这篇小说既没有曲折的情节，又没有恢弘的场面，多用一些细节来描写人物。这些细节仿佛是作者从司空见惯的生活中信手拈来，而正是这日常生活中的细节，却折射出整个社会的状况和集体心态，揭示出社会黑暗与人际关系的自私冷漠的主题。

4. 用以小见大的手法反映现实生活的特色

这是一件发生在社会底层的微不足道的小事，作者借此揭示出社会下层小人物悲惨无援的处境和苦恼孤寂的心态，反映出当时社会的黑暗和人与人关系的自私、冷漠，体现了以小见大的特色。

【扩展练习】

一、基础知识

1. 给下面加点的字注音。

伛肩（　　）　瘦骨棱棱（　　）　喧嚣（　　）（　　）　笼罩（　　）

熙攘（　　）（　　）　诟骂（　　）　谄媚（　　）

2. 契诃夫小说《苦恼》中的主人公是（　　）。

A. 约翰　B. 姚纳　C. 米龙　D. 杰姆

3. 契诃夫《苦恼》中老车夫姚纳的苦恼是（　　）。

A. 风雪交加中拉不到乘客　B. 小马没有食物

C. 儿子突然病故　D. 无处诉说丧子之痛

4. 下列作品不属于契诃夫的是（　　）。

A.《第六病室》　B.《苦恼》

C.《小公务员之死》　D.《警察与赞美诗》

5. 契诃夫《苦恼》在整体构思上的特点是（　　）。

A. 以近说远　B. 以熟说生　C. 以小见大　D. 以古讽今

6. 契诃夫《苦恼》中，能够听姚纳诉说烦恼的是（　　）。

A. 军人　B. 青年　C. 马车夫　D. 小母马

二、阅读题。

1. 小说开头的景物描写起什么作用？

2. 联系全文看,小说中对马的描写起了什么作用?

3. 请从情节结构角度,谈谈小说构思的巧妙。

三、写作。

契诃夫的《苦恼》,虽然所写的是 19 世纪俄国沙皇统治下小人物悲惨的命运,但主人公所感受到的无处诉说的孤独却是 20 世纪以来现代文学的一个重要主题,城市生活节奏的加快,人与人距离的疏远,使现代人常常身陷孤独苦闷:空巢的老人,留守的儿童,疲惫的上班族……,你又有过什么样的苦恼呢?请以《苦恼》为题,写一篇 800 字的文章,除诗歌外,文体不限。

第3课　一碗清汤荞麦面

【学习导航】

栗良平，本名伊藤贡，1943年出生于日本北海道砂川市。在综合医院任职十年，高中时代曾翻译安徒生童话而引起对口述童话的创作兴趣。他利用业余时间，收集了四百多篇民间故事，以各地方言，亲自巡回讲述，并主办《栗子会》，以“大人对小孩说故事”为主题，展开全国性的说故事活动。其主要发表的作品有《纺织公主》《又听到二号汽笛》《穿越战国时代的天空》等多种作品。他以《一碗清汤荞麦面》（又名《一碗阳春面》）而成为日本儿童类畅销作家。

本文以“一碗清汤荞麦面”为线索，以北海亭面馆为背景，以母子三人四次在除夕夜到面馆吃面为主要情节，以非常洗练的文字完成了故事的交代和人物的刻画。一碗普普通通的清汤荞麦面，让我们看到了母子三人身处困境时所表现出的生活勇气，看到了他们自强不息、拼搏进取的精神，也让我们深切地感受到至纯至美的母子之情、兄弟之情和社会成员之间的关爱之情。

学习这篇文章要揣摩朴实的人物描写和细节描写等手法，思考小说情节结构安排的艺术性，品味朴素的语言，体会文中蕴藏的人性光辉。

【扩展练习】

一、基础知识。

（一）给下面加点的字注音。

香喷喷（　　）　　承蒙（　　）　　忙忙碌碌（　　）

打烊（　　）　　抚恤（　　）　　奢侈（　　）

摇曳（　　）　　白皑皑（　　）　　轶事（　　）　　胆怯（　　）

（二）解释下列词语。

1. 打烊：________________

2. 轶事：________________

3. 皑皑：________________

4. 摇曳：________________

5. 不亦乐乎：________________

6. 不知所措：________________

7. 手足无措：________________

二、文学常识。

（一）填空。

1. “一碗清汤荞麦面”是小说的________，同时也象征了________的精神。

2. 小说采用________描写的手法,在母子三人身上表现了团结奋进的精神,也从老板夫妇及店内其他人身上表现了________的思想品格。

3.《一碗清汤荞麦面》的题目,有实写和虚写双重含义,实写是指________,虚写指________。这篇小说的主题是________。

(二)选择。

1. 下面字形、注音全部正确的一项是(　　)。

A. 拮据(jù)　　蕴藏(yùn)　　打烊(yiàng)

B. 厄运(è)　　尴尬(gāngǎ)　　屏住(bǐng)

C. 传颂(sòng)　　板栗(lì)　　香喷喷(pènpèn)

D. 皑皑(ái)　　重叠(dié)　　摇曳(yè)

2. 加点词释义完全正确的一项是(　　)。

A. 款(诚恳、恳切)待　　款(叩、敲)塞入朝　　款款(缓慢)而来

B. 移风易(交换)俗　　轶(散失)事　　好逸(喜欢)恶劳

C. 一厝(放置)朔东　　错落(散乱)有致　　不知所措(安排、安放)

D. 承蒙(受)照顾　　欺上蒙(欺骗)下　　启蒙(聪明)

3. 对下列句中省略号的作用分析正确的是(　　)。

(1)"……唔……荞麦面……一碗……可以吗?"

(2)"欢……欢迎,请,请坐……孩子他爹,二号桌荞麦面三碗……"

A. (1)吞吞吐吐,欲言又止的样子;(2)断断续续,不知怎样说才好,拿不定主意。

B. (1)吞吞吐吐,欲言又止,表现了一家人正处于困境中的心情;(2)断断续续不连贯的语气反映出老板娘见到母子三人时激动的心情。

C. (1)(2)都表示语气的不连贯。

D. (1)表示语言断断续续;(2)表示语意的省略。

4. 下列语句不能够颠倒的一句是(　　)。

A. 对于面馆来说,最忙的时候,要算是大年夜了。

改为:最忙的时候,对于面馆来说,要算是大年夜了。

B. "妈妈也吃呀。"弟弟夹了一筷面,送到妈妈的口中。

改为:弟弟夹了一筷面,送到妈妈的口中:"妈妈也吃呀。"

C. (秋天的后半夜,)月亮下去了,太阳还没有出。(只剩下一片乌蓝的天。)

改为:太阳还没有出,月亮下去了。

D. "你多么傻呀! 去找你的朋友佛来思节夫人,向她借几样珠宝。"

改为:"去找你的朋友佛来思节夫人,向她借几样珠宝,你多么傻呀!"

(三)《一碗清汤荞麦面》的结尾写道:"皑皑白雪映着明净的窗子,那写着'北海亭'的布帘子,在正月的清风中,摇曳着,飘着……"请简述这段景物描写的含义。

答:____。

第六单元　练习与测试

一、选择题。

1. 下列词语中加点字的注音，完全正确的一组是(　　)。

A. 嗫嚅(rú)　抚恤(xù)　奢侈(chǐ)　寒碜(chen)

B. 打烊(yàng)　绾发(wǎn)　两靥(yè)　敕造(shè)

C. 忐忑(tè)　斟满(zhēn)　佳肴(yáo)　辍学(zhuì)

D. 惊骇(hài)　尴尬(gà)　忖度(cǔn)　摇曳(zhuài)

2. 下列各组词语中，没有错别字的一项是(　　)。

A. 邂逅　奚落　别出新裁　苦思冥想

B. 惦记　简练　错综复杂　发号施令

C. 花蕊　酝酿　眼急手快　偃旗息鼓

D. 打烊　契约　出神入化　老态龙肿

3. 依次填入下面四条横线上的关联词语，最恰当的一组是(　　)。

我________常见些但愿不如所料，以为未必如________所料的事，________每每恰如所料的起来，________很恐怕这事也一律。

A. 由于　却　竟　因为　　B. 因为　却　竟　所以

C. 由于　竟　却　因为　　D. 因为　竟　却　所以

4. 对林黛玉进贾府的环境描写解说不当的一项是(　　)。

A. 课文对贾府的环境的描写都是通过林黛玉的一双眼睛而描绘的，连林黛玉都为之惊奇，更能突出贾府“与别家不同”的典型环境。

B. 这篇课文的环境描写采用“登堂入室”法，一步步从外表深入内里，有层次地介绍宏伟的外观，豪华的布局，华贵的陈设，从而展现人物活动的典型环境。

C. 课文的环境描写揭示了贾府荣华富贵的来源和社会地位，特别是对“荣禧堂”的描写，更突出地表现了这一点。

D. 这篇课文的环境描写与人物描写交叉进行。因林黛玉初进贾府，自然要到处拜望，这才使环境描写和主要人物出场亮相有机结合，但没有让封建统治者的代表贾政及时出场是一个败笔。

5. 下列空缺处应填的词语是(　　)。

(1) “……唔……荞麦面……一碗……可以吗?”那女人________地问。

(2) 热腾腾香喷喷的荞麦面放到桌上，母子三人立刻围着这碗面，________地吃了起来。

(3) 从九点半开始，老板和老板娘虽然谁都没说什么，但都显得有些________。

(4) 老板娘把他们领到二号桌，________地将桌上那块“预约席”的牌子藏了起来。

A. ①怯生生　②头碰头　③心神不安　④若无其事

B. ①怯生生　②头碰头　③心神不安　④若无其事

C. ①小心翼翼　②兴高采烈　③六神无主　④煞有介事

D. ①小心翼翼　②兴高采烈　③心神不定　④煞有介事

二、文学常识填空。

1. 小说的三要素是________、________、________。《一碗清汤荞麦面》的线索是________。

2.《红楼梦》原名《________》,是我国古典小说的最高峰。全书以________和________的爱情悲剧为线索,通过对“________”四大家族兴衰过程的描写,显示了封建社会濒于崩溃和必然走向灭亡的趋势。

3.《红高粱》是中国当代作家________的成名作,发表于________年。作品描写了抗日战争期间,“我”的祖先在________东北乡轰轰烈烈,英勇悲壮的人生故事。据此改编的电影《________》获第38届柏林电影节金熊奖。

4. 中国古代小说发展的历史大体是：________以前,是文言短篇小说单线发展;宋元时代,________、________两种短篇小说双线发展;________开始,文言、白话、长篇、短篇多线发展,呈现出多姿多彩的状态。

三、阅读题。

比较下面两段文字,完成1～7题。

甲

我走过街头……一个老态龙钟的乞丐把我拦住。

红肿的、泪水迷糊的眼睛,青紫的嘴唇,褴褛的衣衫,污秽的伤口……啊,贫穷把这个不幸的生命噬啮得多么丑陋!

他向我伸来一只通红的、浮肿的、肮脏的手……他喃喃地乞求帮助。

我摸遍了全身的口袋……没有钱包,没有怀表,甚至连手绢也没有……我身边一无所有,而乞丐在等待……他那只向我伸来的手微微摇晃和颤抖着。

窘急、惶恐之下,我紧紧地握住这只肮脏的颤抖的手……“不要见怪,兄弟,我什么也没带,兄弟。”

乞丐用他红肿的双眼注视着我;那青紫的嘴唇流出一丝笑意——于是他也同样握紧了我那冰凉的手。“没关系,兄弟,”他吃力地哝哝着,“这也多谢了,这也是施舍,兄弟。”

我明白,我也得了我兄弟的施舍。(俄　屠格涅夫《乞丐》)

乙

我走过繁华的闹市,四通八达的人行天桥上,一个戴着墨镜的并不十分衰老的女乞占去了大半边人行道。

她的头埋在两膝之间。身边放着一帧相片，是一个穿军装的男人头像，只是四边打着墨框。地上一张皱巴巴的纸上写着：自幼眼盲，父母双亡。戍守边关，丈夫阵亡……读着，读着，我的心紧紧地向她倾斜了。

“过路君子，抬手一帮。”我想做一回“君子”，可囊中羞涩，只摸出了一个五分硬币，丢进她身前的杯中。她听到声音，向我磕了一个头，嘴里喃喃地说了些话，大概是“祝你发财”之类吧。

我并不理会这些话，照样走我的路。忽然听到一声金属的撞击声，一回头，正看见那位盲女瞄准离她一尺远的硬币，用手撮起，然后准确无误地投入杯中。

我呆住了。我感到悲哀，为自己，为照片上的军人，更为那位戴墨镜的妇女。

我头也不回地走开了，但我的希望却留在了她身边。我等待着……(《乞丐》)

1. 甲、乙两文的体裁是(　　)。

A. 甲文是写人的散文，而乙文是小小说。

B. 甲文是小小说，而乙文是散文。

C. 甲文和乙文都属于写人的散文。

D. 甲文和乙文都是小说。

2. 甲、乙两文都写乞丐，在对人物的描写上，两文使用了(　　)。

A. 甲文：外貌、动作、语言；乙文：外貌、动作、语言和环境。

B. 甲文：外貌、动作、语言和环境；乙文：外貌、动作、语言、心理和环境。

C. 甲文：外貌、动作、语言、心理及环境；乙文：外貌、动作、语言、心理及环境。

D. 相同的描写：外貌、动作、语言和心理描写。

3. 甲、乙两文都写了乞丐乞讨，但两人乞讨的内容却不相同，对其分析正确的是(　　)。

A. “乞丐”向路人乞讨的是兄弟般的尊重；而“女乞”向路人乞讨的只是金钱。

B. “乞丐”向路人乞讨的是兄弟般的尊重与施舍；而“女乞”向路人乞讨的只是金钱。

C. “乞丐”向路人乞讨的是施舍；“女乞”向路人乞讨的是金钱。

D. “乞丐”向路人乞讨的是兄弟般的尊重与施舍；而“女乞”向路人乞讨的却是欺骗与金钱。

4. 甲文中“啊，贫穷把这个不幸的生命噬啮得多么丑陋！”的句式及其含义是(　　)。

A. 感叹句，揭示“乞丐”值得同情的根源是因为他年老、多病和贫穷。

B. 感叹句，揭示沙皇反动统治势力是造成“乞丐”年老多病和贫穷的社会根源。

C. 陈述句，陈述值得同情的“乞丐”年老多病和贫穷的下场及造成这种现象的社会根源是沙皇反动统治势力。

D. 陈述句,揭示沙皇反动统治势力是造成"乞丐"年老多病和贫穷的社会根源。

5. 乙文"我感到……妇女"一句的修辞手法及其含义是( )。

A. 排比,"为自己悲哀"是因为轻信了表面,未看到实质;"为军人悲哀"是因为他被当做骗人的幌子;"为那个妇人悲哀"是因为她有能力去赚取合法收入却不劳而获。

B. 对比,我的同情心和军人的无私奉献都与那个有能力用自己的双手赚取合法收入却不劳而获、骗取他人同情和施舍的"女乞"相比。

C. 排比,我的同情心和军人的无私奉献都被那个不劳而获骗取他人的同情和施舍的"女乞"所利用,因而"悲哀"。

D. 对比,将无私奉献的军人和那个不劳而获骗取同情与施舍的"女乞"联系在一起,从而揭示"女乞"灵魂的肮脏。

6. 乞丐与路人不相识,也不相关,只是通过乞求与施舍而形成一种转瞬即逝的金钱物质关系。甲文将冷冰冰的金钱物质关系,转化升华为________的交流;乙文却将同情深化为希望,希望她________。

7. 甲文的感情交流是________的;乙文则是________的。两篇短文从不同角度告诉我们一个共同的道理,即________。

四、口语交际训练。

材料:徐凡,男,江苏南京人,东方大学文学院教授,系我国红学界后起之秀,尤以考证作者身世见长。其专著《曹雪芹家世考》《大观园人物论》《〈红楼梦〉导读》(获优秀教育图书奖)在海内外享有盛誉。

学校邀请徐教授为同学们作报告,试以主持人的身份介绍徐教授(要求:表达得体;符合口语特点)

____

____

____

____

五、写作。

人生就是生命的一次行走。回首一路走来的历程,总有些人、事、物一直伴随。那或是亲人的关爱、或是师友的支持、或是知识的引领、或是美丽的憧憬、或是挫折的磨砺……

请以"一路有你"为题写一篇不少于700字的文章,除诗歌外文体不限。

第七单元

辩证思维

第1课　中国人失掉自信力了吗

【学习导航】

鲁迅(1881—1936),我国伟大的文学家、思想家和革命家,原名周树人,字豫才,"鲁迅"是他1918年发表《狂人日记》时开始使用的笔名。他的白话短篇小说《狂人日记》,以其彻底不妥协的反封建的战斗精神,被人们称为新文学的"第一声春雷",在当时起到振聋发聩的社会作用。从此他"一发而不可收拾"地接连写了《孔乙己》《药》等短篇小说和大量匕首投枪式的杂文,显示了文学革命的实绩。

本文就是他写的一篇著名的杂文,选自《且介亭杂文》,文章以鲜明的无产阶级的观点,驳斥了"中国人失掉自信力了"这个谬论,揭露了国民党反动派投降卖国、自欺欺人的反动本质,满腔热情地歌颂了中国共产党领导的工农红军和革命群众,称赞他们是"中国的脊梁"。

本文是一篇驳论文。这种文体一般是先指出对方错误的实质,或直接批驳,或间接批驳;继而,针锋相对地提出自己的观点并加以论证。

本文的批驳很有特点。所列对方论据都是真实的,但由此推出的对方论点却是荒谬的,因此作者没有在对方论据上多费笔墨,而是根据作为论据的这些事实,指出反动统治者其实早已失掉了自信力,而现在连他信力也失掉了,并且正在发展着自欺力,深刻地揭露了反动统治者在外敌入侵之际惊慌悲观又自欺欺人的丑恶本质。

课文结合批驳对方的谬论,针锋相对地立论证明"我们有并不失掉自信力的中国人在",并主要以事实论据展开论证,指出我们"从古"就有各种并不失掉自信力的人,"就是现在也何尝少呢?"以大量的事实充分证明了论点,令人无可置辩。

课文的批驳分两层。第一层指出反动统治者失掉了他信力,发展着自欺力;第二层指出我们有并未失掉自信力的中国人在,说中国人失掉了自信力,用以指一部分人则可,倘若加于全体,那简直是诬蔑。从两个角度揭示了所谓"中国人失掉自信力了"的论断虚妄不实,使本文批驳有力,立论坚实。

【扩展练习】

一、选择题。

1. 下列词语中,读音、字形、释义全部正确的是(　　)。

A. 前仆(pū,倒下)后继　　仆(pǔ)人

B. 搽(chā,涂抹)　　玄虚(xū,不真实)

C. 诓(kuāng,欺骗)骗　　仆(pú)人

D. 脊(jí)梁　　宰(zhǎi)相

2. 读下列句子。

(1) 于是有人慨叹曰:"中国人失掉自信力了。"

(2) 假使这也算一种"信",那也只能说中国人曾经有过"他信力"。

(3) 中国人现在是在发展着"自欺力"。

(4) 然而,在这笼罩之下,我们有并未失掉"自信力"的中国人在。

下列判断不正确的是(　　)。

A. (2)(3)句中的"中国人"相同。

B. (1)(4)句中的"中国人"相同。

C. (2)(3)句中"中国人"意为一小部分人,即统治者及御用文人;(1)(4)句中的"中国人"指广大人民。

D. (1)(2)(3)(4)句中"中国人"意义相同,意为全体中国人。

3. 判断下列语句中没有运用仿词的一项是(　　)。

A. 假使这也算一种"信",那也只能说中国人曾经有过"他信力"。自从对国联失望后,便把这他信力失掉了。

B. 孔府家酒"圣气灵人"。

C. 这是有钱的"阔人"们的游戏,我们这些不名一文的"狭人"只好远远走开了。

D. "状元宰相"的文章是不足为据的,要自己去看地底下。

4.《中国人失掉自信力了吗》这个标题运用了什么修辞方法?(　　)

A. 反问　　B. 设问　　C. 呼告　　D. 仿词

5. "这一类的人们,就是现在也何尝少呢?"对这句话判断错误的两项是(　　)。

A. 运用了设问的修辞手法。

B. 运用了反问的修辞手法。

C. 这一类的人们指的是那些"埋头苦干的人,拼命硬干的人,为民请命的人,舍身求法的人"。

D. 这一类的人们代指失掉了"自信力"的中国人。

二、填空题。

1.《中国人失掉自信力了吗》选自________。按照论证方式看其属于________文。

2. 本文的批驳很有特色，作者没有在对方论据上多费笔墨，而是根据作为论据的这些事实，指出反动派统治者早已失掉了________，而现在连________也失掉了，并且发展着________。

3. 根据解释，写出相应的成语。

(1) 为民众的利益向上级、政府提出意见和要求。(　　)

(2) 舍弃自己的肉体而去寻求佛法。本指佛教徒不惜牺牲自身，远道求取佛经，后比喻为真理而不惜牺牲个人一切。(　　)

(3) 前面的人倒下了，后面的人继续跟着上，形容英勇奋斗，不怕牺牲。(　　)

(4) 欺骗自己，也欺骗别人。(　　)

三、阅读理解。

(一)

要论中国人，必须不被(　　)在表面的自欺欺人的脂粉所(　　)，(　　)看看他的筋骨和脊梁。自信力的有无，状元宰相的文章是不足为据的，要自己去看地底下。

1. 文中括号内应填入的词语是(　　)。

A. 涂　欺骗　却　　B. 涂　诓骗　却

C. 搽　诓骗　但　　D. 搽　诓骗　却

2. 本文运用了什么论证方法？

____

(二)

从公开的文字上看起来(　　)两年以前，我们总自夸着“地大物博”，是事实(　　)不久就不再自夸了，只希望着国联，也是事实(　　)现在是既不夸自己，也不信国联，改为一味求神拜佛，怀古伤今了(　　)却也是事实。

1. 文中括号处的标点符号，正确的一组是(　　)。

A. ，　；　；　，　　B. ：　；　；　——

C. ：　，　，　——　　D. ，　；　；　——

2. 文中“公开的文字”蕴含了什么意思？

____

3. 文中有“是事实”“也是事实”“却也是事实”，作者反复强调的用意是什么？

____

第2课　不求甚解

【学习导航】

邓拓(1912—1966),福建闽侯人,原名邓子健、邓云特,笔名马南邨、向阳生等。曾任《人民日报》总编辑、社长、中共北京市委书记处书记等职,"文化大革命"初期遭迫害致死。其主要著作有《中国救荒史》《燕山夜话》等,并与吴晗、廖沫沙合写《三家村札记》。

课文选自邓拓的《燕山夜话》,属于札记。札记就是平时读书、思考所记的要点和心得。

课文的中心思想为:东晋时陶渊明说自己"好读书,不求甚解,每有会意,便欣然忘食"。但是,有很多人对"不求甚解"颇多微辞,认为所谓"不求甚解",是一种浅尝辄止、马马虎虎的读书态度,太过浮躁。究竟应该怎样正确认识"不求甚解"的读书态度,邓拓写的《不求甚解》谈了自己的看法。

课文思路如下:

第1段首先摆出错误认识,并且针锋相对地提出了自己与之相反的观点。

第2段开始展开反驳论证,指出不求甚解的完整意思,指出了一些人的片面理解,是因为割裂了"不求甚解"的原意。

第3段指出陶渊明提出"不求甚解"读书法的原因。

第4段揭示"不求甚解"本身所包含的两层意思。

第3、4段是用恢复不求甚解的正确含义来反驳对方误解。

第5、6、7、8段阐述了这种读书态度在实际生活中的意义。主要采用各种事实论证,围绕两个方面,一是从态度上;一是从方法上。又引用陆象山的话进一步进行了阐述。

第9段是结论"重要的书必须常常反复阅读"。

本文的写作特点如下:

(1) 作者对人们习以为常的观点,不是采取人云亦云的盲从态度,而是进行深入分析,其求思之深的治学态度是值得我们认真学习的。

(2) 文章说理辩证,分析透彻,逻辑严密。作者既强调"不求甚解"的合理性,又强调读书认真的重要性。论述一丝不苟,不偏执一端。

(3) 广泛占有材料,表现出丰富的知识性。作者引用《五柳先生传》《英雄记钞》、陆象山语录、列宁与普列汉诺夫等材料,来论证自己的观点,使文章具有无可辩驳的力量。

(4) 文章语言风格始终是采取平心静气的态度,娓娓道来,循循说理。

学习本文，厘清作者的思路，掌握作者从一个易被人忽视的角度入手，将批驳错误认识与阐述自己的认识融为一体的论证技巧。此外，还要求掌握本课的论证方法。

【扩展练习】

一、选择题。

1. 选出下列加点字注音全部正确的一项（　　）。

A. 抠(kōu)　　好(hǎo)读书　　曲(qū)解

B. 滥(làn)　　凝滞(zhì)　　要诀(jué)

C. 豁(huò)然　　粲(chàn)　　庶(sù)民

D. 咬文嚼(jué)字　　固执(zhí)　　钞(chǎo)票

2. 选出对加点字解释全错误的一项（　　）。

A. 曲解(不合理的解释)　　豁(明亮)然

B. 滞(不流通)　　要诀(关键)

C. 好(喜爱)读书　　粲(鲜明)

D. 固(坚固)执　　滥(多)竽充数

3. 对于札记的特点叙述不准确的是（　　）。

A. 文章短小，内容集中

B. 一事一议，来自生活感受

C. 驳立结合，知识丰富，旁征博引

D. 属于杂文，切中人们思想状况

4. 对于"不求甚解"读书法，符合陶渊明原意的是（　　）。

A. 马马虎虎，了解大意，不求深入

B. 浅尝辄止，不死抠字眼，省心省事

C. 抓大放小，了解大意，不求深解

D. 态度虚心，方法灵活，不抠字眼，前后贯通，了解大意

5. 对"好读书，不求甚解，每有会意，便欣然忘食。"解释准确的是（　　）。

A. 读书要读名著，但不要太深入理解；每当看到精彩，便忘记了吃饭。

B. 读书宜读好书，这样便不会走弯路，每当领会了作者的意图，便高兴地忘记了吃饭。

C. 读书要读容易的书，这样理解起来容易，也更能领会作者思想，又方便边吃饭边读。

D. 喜欢读书，但不一定要求完全理解（书中的意思），每当对书中的意思有一点领会，就高兴得忘记了吃饭。

6. "这样说来，陶渊明主张读书要会意，________真正的会意又很不容易，________只好说不求甚解了。________这不求甚解四字……"

填入句中横线处的关联词语正确的一组是(　　)。

A. 而　因此　所以　　　　B. 而　所以　可见

C. 但　因此　所以　　　　D. 但　所以　因此

二、填空题。

1. 本文选自________,作者________,原名________,笔名________。他还和________、________合著过杂文集________。

2.《________》是陶渊明托名________而作的一篇________。因其旁边有五株柳树,所以他自号为"________"。他是________朝的杰出的________诗人。他的诗句"采菊东篱下,________。"是千古名句。

3. "读书且平平读,未晓处且放过,不必太滞。"这句话是________朝________家________讲的。

4. 本文中作者批驳的读书观点是________。

5. 陶渊明说:"好读书,不求甚解;________,________。"

三、阅读理解。

列宁就曾经多次批评普列汉诺夫,说他自以为熟读马克思的著作,而实际上对马克思的著作做了许多曲解。我们今天对于马克思列宁主义的经典著作,也应该抱虚心的态度,切不可以为都读得懂,其实不懂的地方还多得很哩!要想把经典著作读透,懂得其中道理,(1)还必须不断努力学习,要学习得好,就不能死读,而必须活读,就是说,不能只记住经典著作的一些字句,而必须理解经典著作的精神实质。

在这一方面,古人的确有许多成功的经验。诸葛亮就是这样读书的。据王粲的《英雄记钞》①说诸葛亮与徐庶、石广元、孟公威等人一道游学读书②三人务于精熟③而亮独观其大略④(2)因为观其大略的人,往往知识更广泛,了解问题更全面。

当然,这也不是说,读书可以马马虎虎,很不认真。绝对不应该这样。观其大略同样需要认真读书,只是不死抠一字一句,不因小失大,不为某一局部而放弃了整体。

宋代理学家陆象山的语录中说:"读书且平平读,未晓处且放过,不必太滞。"这也是不(3)的意思。所谓未晓处且放过,与不求甚解提法很相似。放过是暂时的,最后仍然会了解它的意思。

1. 给下列字注音。

曲:________　粲:________　抠:________　滞:________

2. "三人务于精熟……""于"在这里的作用是____

3. (1) 处应填入的一句话是(　　)。

A. 而正确地用来指导我们的工作。

B. 而用来正确地指导我们的工作。

C. 并且正确地用来指导我们的工作。

D. 并且用来正确地指导我们的工作。

4. (2)处应填入的一句话是(　　)。

A. 看来诸葛亮比徐庶等人确实要高明得多。

B. 看来诸葛亮确实比徐庶等人要高明得多。

C. 所以诸葛亮比徐庶等人确实要高明得多。

D. 所以诸葛亮确实比徐庶等人要高明得多。

5. (3)处应填入的词语是(　　)。

A. 马马虎虎　　B. 不死抠字眼　　C. 因小失大　　D. 曲解

6. 文中①②③④处的标点正确的是(　　)。

A. ①:"②,'③,④'"　　B. ①,②,"③,④"。

C. ①,②;"③;④。"　　D. ①,②,'③;④。"

7. "在这一方面……"中"这"指代的内容是什么?

____

8. 指出这段文字运用的论证方法。

____

第 3 课　论　骄　傲

【学习导航】

本文是一篇思想评论，主要是批驳社会上的一种错误现象，即用“骄傲”为罪名指责青年的积极主动创造精神，从而阻碍了青年聪明才智的发挥，影响了社会的发展和进步。

文章可分为三部分：

第一部分（第 1 段），指出有一种用“骄傲”的罪名指责崭露头角青年的思想观念，为下文反驳树起靶子。

第二部分（第 2～10 段），具体反驳分析，主要是区分骄傲与锐意创新的不同，指出后者是体现时代精神的宝贵品质。

第三部分（第 11 段），揭示错误观念的历史根源，并联系现实，照应开头，结束全文。

本文的论证思路非常清晰，开头先摆出这样一种错误现象：一大批崭露头角的青年人遭到莫名其妙的责难，其罪名便是“骄傲”。这就好比树起了靶子，使下文批驳有了目标，接着作者先指明何为“真正的骄傲”，这种“真正的骄傲”的危害。但有一些别有用心的人却任意扩大了所谓“骄傲”的外延，把一些本来是正常的或可贵的个人表现斥为骄傲。而这些人的真实目的无非是要求青年“做惟命是从，做毕恭毕敬”的“谦谦君子”，养成世故、虚伪、圆滑、庸俗的作风和习气。这无疑是危害极大的。然后，作者从正面肯定了青年人富有自信心、锐意创新精神的可贵，应该大力发扬、鼓励。最后，作者还分析了形成错误观念的历史根源，明确了自己的态度。

【扩展练习】

一、选择题。

1. 选出下列加点字注音全错的一项（　　）。

   A. 崭露（lòu）头角　　步履（lǚ）艰难

   B. 挑剔（tì）　　紧箍（gǔ）咒

   C. 瑟（sè）瑟发抖　　宁馨（xīn）儿

   D. 指摘（zhé）　　翘（qiáo）首

2. 选出下列成语中字形只有一处错误的一组（　　）。

   A. 颠扑不破　天高地厚　气冲霄汉　良辰美景

   B. 无可厚非　义不容词　幅员广大　老态龙钟

   C. 规行据步　一步一趋　黄粱美梦　弱不经风

D. 毕恭毕敬　畏首畏尾　千军一发　永往直前

3. 选出下列词语加点字解释完全正确的一组(　　)。

A. 莫名(说出)其妙　　一名(占有)不文

B. 颠(颠簸)扑(扑到)不破　　亦步亦趋(快走)

C. 唯命(命运)是从　　挑剔(剔除)

D. 苟(随意)同　　请缨(命令)

4. 下列句子中成语使用不当的一项是(　　)。

A. 地球围着太阳转,这是一个颠扑不破的真理。

B. 小家伙跟在爸爸后面亦步亦趋,惹得众人哈哈大笑。

C. 他这个人天生胆小,做什么事都畏首畏尾。

D. 大熊猫弥足珍贵,我们都非常喜欢它。

5. 下列句子有语病的一句是(　　)。

A. 一大批锐意求新的青年人已崭露头角。

B. 因为这顶帽子,使得奋然前行的青年们步履艰难。

C. 这珍贵的创新精神,又便会招致一些人的讥笑"太狂了!"。

D. 其实,青年们在工作中自信心强,是非常宝贵的。

6. 下列文学常识不正确的是(　　)。

A. 请缨:出自《汉书·终军传》

B. 亦步亦趋:出自《庄子·田子方》

C. "宁馨儿":出自《宋书·王衍传》

D. 中庸之道:出自《论语·雍也》

二、填空题。

1.《论骄傲》一文,从论证方式上看是一篇________文。

2. 议论文中批驳的方式主要有________、________、________三种。本文是通过揭示对方________的虚妄进行反驳,属于批驳方式中的________。

3.《西游记》的作者是________朝的________。

4. 本文批评的是____________________的现象。

三、阅读理解。

那么,照一些同志的看法,怎样做才算不骄傲呢?就是青年们都应该俯首低眉,唯唯诺诺,即使自己能够办到的事情,也只能说"试试看吧"。①最好惟命是从,不要有独立见解,更不能锐意创新,跟在别人后面亦步亦趋就是了。取得了成绩,即使拿了世界冠军,也得笑不露齿。逢事需毕恭毕敬,做个谦谦君子。想表达一种意见,只能旁敲侧击,九曲十八弯,不能单刀直入。然而,这无疑是让青年变得(　　),是对青年乐于进取、勇于创新这种宝贵精神的压抑和扼杀,是束缚青年的"紧箍咒"。②

1. 给下面的字注音。

唯：________ 诺：________ 趋：________ 扼：________ 箍：________

2. 文中①②两处的引号用法是否相同?

____

3. 文中加横线处有两处错别字,找出来。

____

4. 文中括号处应填入的词语是(　　)。

A. 世故　虚伪　圆滑　　B. 庸俗　空虚　滑头

C. 无能　心虚　油滑　　D. 奸诈　狡猾　狠毒

5. 文中一处用了归谬法,请找出来,说说它的好处是什么?

____

6. “那么,照一些同志的看法,怎样做才算不骄傲呢?”一句是什么句式?

____

第七单元　练习与测试

一、选择题。

1. 选出下列加点字注音有两个以上错误的一项（　　）。

A. 诀(jué)　　妪(yù)　　前仆(pū)后继

B. 搽(cā)　　挑剔(tī)　　锐(ruì)意求新

C. 苟(kē)同　　廓(guō)清　　颠(diàn)扑不破

D. 亦步亦趋(qū)　　唯唯(wěi)诺诺　　步履(lǚ)艰难

2. 选出字形全部正确的一项（　　）。

A. 无事生非　无可厚非　妄自非薄

B. 毕恭毕敬　中庸之道　义不容辞

C. 规行矩步　欢心鼓舞　畏首畏尾

D. 展露头角　喜形于色　唯命是从

3. 选出下列词语中加点字解释全错的一项（　　）。

A. 苟(苟且)同　　请缨(帽子上的带子)　　张目(助长声势)

B. 弥(满)足珍贵　　滥(多)竽充数

C. 为(替)民请命　　滞(不流通)　　曲解(不合适的理解)

D. 豁(明亮)然　　死抠(挖)　　大略(大概)

4. 选择合适的词填空（　　）。

世界各国发展水平之间的不平衡，________表现为一种经济差距和技术差距，同时也表现为一种知识和教育差距，________两者之间日趋表现出互为因果的关系。缩小和消灭经济差距和技术差距，________需要从经济本身着眼，________需要长远的目光，从消灭知识差距和教育差距入手。

A. 既　并且　不仅　更　　　　B. 因为　所以　不仅　更

C. 即　并且　如果　那　　　　D. 因为　所以　如果　那

5. 依次填入下列横线上的词语最恰当的一组是（　　）。

(1) 形势的发展十分快，________使许多人出乎意料。

(2) 我国政府制定了保障残疾人________的相应政策和规定。

(3) 报考高等院校学习者需具备高中毕业或同等________的文化程度。

(4) 每次“全国人民代表大会”召开之前，中共中央都要同各民主党派的负责人一起共商________。

A. 以至　权益　学力　国是　　　　B. 以致　权利　学力　国事

C. 以至　权益　学历　国是　　　　D. 以致　权利　学历　国事

6. 选出下列句子中没有语病的一句(　　)。

A. 这一点,对于陶渊明尤其有独到的见解。

B. 因此,重要的书必需常常反复阅读,每读一次都会觉得开卷有益。

C. 其实,在青年们工作中自信心强,是非常宝贵的。

D. 假使这算一种"信",那也只能说中国人曾经有过"他信力",自从对国联失望之后,便把这"他信力"都失掉了。

7. 伏尔泰说,使人疲惫的不是远方的高山,而是鞋子里的一粒沙子,在人生的道路上,我们很有必要学会随时倒出鞋子里的那颗小小的沙子。

根据上句话可以提炼出什么观点?不准确的一项是(　　)。

A. 小问题可以酿成大祸害。

B. 要随时清除"小"的坏习惯。

C. "小"和"大"是可以转化的。

D. 勿以善小而不为,勿以恶小而为之。

二、填空题。

1. 按照论证方式的不同,议论文可分为________文和________文,按照反驳方式的不同,驳论文可分为________、________、________三种形式。

2.《中国人失掉自信力了吗》的体裁是________,选自鲁迅的________。《不求甚解》从体裁来看也是________,选自________。

3. ________是东晋陶渊明所写的一篇散文,因其住宅旁边有五棵柳树,作者自号________,作品篇名由此而来。陶渊明________的读书方法,与诸葛亮________的读书方法有异曲同工之妙。

4. 诸葛亮是________时期人,他的名言"________,宁静致远"广为流传。

三、阅读理解。

(一)

我们中国历来有崇奉"中庸之道"的习惯。正像鲁迅所说,(　　)有谁显得稍微特殊一点,(　　)会有人去把他削平(　　)那削平的口实之一,就是①"骄傲"。一个人不求进取庸庸碌碌,很少有人说他骄傲。而如果有人敢于创新,作出成就,并冒了尖,便很难逃脱②"骄傲"的罪名,这实在是一种陈腐的观念。而对蓬勃发展的改革事业,需要青年一代具有充满自信的勇气和开拓创新的精神,如果说,这也算是③"骄傲",老实说吧,这正是时代的需要,人民的需要。因此,廓清思想,明辨是非,为那些被种种毫无根据的责难而压抑的青年张目,是每个关心四化大业和青年未来的同志义不容辞的责任。

1. 文中括号内应填入的词语为(　　)。

A. 只要　就　而　　　　B. 只要　才　而

C. 只有　才　却　　　　　　D. 只要　便　而

2. 对文中①②③处"骄傲"的意义判断准确的是(　　)。

A. ①②③相同　　　　　　B. ①②③完全不同

C. ①②同　　　　　　　　D. ②③同

3. 文中这①、这②、这③分别指代什么?

____

(二) 小议"多一事不如少一事"

现在有人赞成"多一事不如少一事"。这要看多什么事,少什么事。

也许有人这样想①少管一件事麻烦就会少一点,何苦给自己添麻烦呢?如果我们的社会每个人都这样想,这样做,人和人之间的关系又将变成什么样子呢?也许你出门问路无人理睬②也许有人突发重病倒卧街头无人搭救③也许那些需要社会帮助的残疾人④孤寡老人只能生活在绝望中……持这种"少一事"观点的人,你愿意生活在这样________世界上吗?

事实上并非每个人都持以上观点。雷锋可以说是"多一事"的典型,他把一样的热情温暖送给需要帮助的人,人们感叹"雷锋"少了,不正是说明社会需要这样"多一事"的人吗?徐洪刚勇斗歹徒,用自己的生命换来他人的幸福,这种________的"多一事"不正是日渐缺少,而我们却是赞美和需要的吗?

我们赞美有益的"多一事",也必须反对那种________的"多一事"。有的人喜爱传播小道消息,把老鼠说成大象,唯恐天下不乱;有的人专爱东家长西家短,________……对这些有害的"多一事",不仅要反对,还应当制止它。

"多一事不如少一事"是在漫长封建社会形成的消极观点,是为了苟活于世,________而发出的感叹。即使如此,也不乏为了正义、为了社会进步的"多一事"之人。明代顾炎武说,"君子不耻恶衣恶食,而耻匹夫匹妇不被其泽"。这是典型的有益的"多一事"观。就是说,做人要有高尚的情操,自然会关心他人。今天的社会经济发展了,更需要我们继承文化传统,精神文明的建设需要我们多做有益的"多一事"。

1. 本文从论证方式上看是一篇________文,它批驳的观点是________,而在批驳对方论点过程中建立起自己的论点________。

2. 文中①②③④处需填入的标点符号是(　　)。

A. ，　；　；　，　　　　　B. ，　；　；　、

C. ：　；　；　、　　　　　D. ：　，　，　、

3. 文中横线处依次填入的词语应是(　　)。

A. 冷漠无情　见义勇为　无事生非　挑拨离间　明哲保身

B. 明哲保身　见义勇为　挑拨离间　无事生非　冷漠无情

C. 冷漠无情　见义勇为　明哲保身　无事生非　挑拨离间

D. 明哲保身　见义勇为　冷漠无情　无事生非　挑拨离间

4. 本文运用了哪些论证方法?

____

5. “人们感叹‘雷锋’少了”一句运用的修辞方法是(　　)。

A. 借喻　　B. 比喻　　C. 借代　　D. 夸张

四、作文。

有一个伐木工人,老板给他一把利斧,他第一天砍了 18 棵树,老板说:“不错,就这么干!”工人很受鼓舞。第二天,他干得更加起劲,但是只砍了 15 棵树;第三天,他加倍努力,可是只砍了 10 棵树。

工人觉得很惭愧,跑到老板那道歉,说自己也不知道怎么了,好像力气越来越小了。老板问他:“你上一次磨斧子是什么时候?”

“磨斧子?”工人诧异地说,“我天天忙着砍树,哪里有功夫磨斧子!”

要求:阅读以上材料,以“生活要注意‘磨斧子’”为话题,写一篇文章,文体不限,不少于 700 字。

第八单元

花木寄情

第1课　荷塘月色

【学习导航】

朱自清(1898—1948)，原名自华，字佩弦，号秋实，是我国著名的散文家、诗人、学者和民主战士。毛泽东称赞他"饿死不领美国的救济粮"，"表现了我们民族的英雄气概"。其主要作品有诗文集《踪迹》，散文集《背影》《欧游杂记》等。

《荷塘月色》是一篇以写景为主的抒情散文。写于1927年7月，作者当时在清华大学任教，住清华园西院。文章里描写的荷塘就在清华园。当时中国发生了"四·一二"事变，白色恐怖笼罩中国，朱自清也处于苦闷彷徨中。面对社会的黑暗，他非常不满和苦闷，希望寻求精神上的解脱，《荷塘月色》正是作者想超然物外而又无法解脱的矛盾心情的体现。

本文在写作方面有以下特点。

1. 借景抒情，情景交融

本文把景物描写和感情抒发有机融合在一起，文章情景相生，情随景迁。文章赞美荷花晶莹娇美，讴歌月亮高洁清白，也寄寓着作者洁身自好，不与黑暗势力同流合污的情怀。赏景时的淡淡喜悦与内心的淡淡哀愁完全融合在一起。

2. 语言清新隽永，富有诗意

文章运用大量叠词，增强了语言的表现力、音乐性和感情色彩。同时运用比喻、拟人、排比等修辞方法，增强了语言的生动性、形象性。

学习时要加强朗读，厘清"行踪"和"情感"两条线，学习作者描绘景物的手法。熟读成诵，体会散文的神韵，把握作者的内心情感。

【扩展练习】

一、选择题。

1. 下列加点字注音有错误的一项是(　　)。

A. 煤屑(xiè)　　幽僻(pì)　　参差(cēn cī)

B. 宛然(wǎn)　　嬉戏(xī)　　点缀(zhuì)

C. 仿佛（fú）　　眠歌（mián）　　乘凉（chèng）

D. 脉脉（mò）　　颤动（chàn）　　袅娜（nuó）

2. 选出修辞格的选用与其他三项不同的是（　　）。

A. 红杏枝头春意闹

B. 寺多红叶烧人眼

C. 绿茸茸的草坂，像一支充满幽情的乐曲。

D. 叶子出水很高，像亭亭的舞女的裙。

3.《荷塘月色》中有一段联想江南采莲风俗的文字，对这段文字理解最确切的是（　　）。

A. 作者在夜晚闲着没事，沿着荷塘漫步而浮想联翩，这段可删去。

B. 作者触景生情，由眼前的荷塘想到家乡的荷塘，流露出思乡之情。

C. 对古代采莲盛况的向往，对故乡的惦念，是想把自己从"颇不宁静"的心情中解脱出来。

D. 为了充实作品内容而附加的。

4."采莲南塘秋，莲花过人头；低头弄莲子，莲子清如水"的诗体是（　　）。

A. 绝句　　B. 古风　　C. 乐府　　D. 散曲

5. 选出下列表述有错误的一项（　　）。

A. 朱自清是文学研究会的重要成员，该会是1921年成立的我国最早的文学社团。

B.《背影》《温州的踪迹》《欧游杂记》均为朱自清的散文集。

C.《西洲曲》是南朝乐府中的诗，描写一个女子思念情人的痛苦。

D."莲叶何田田"，"田田"，形容荷叶相连的样子，出自《西洲曲》。

6. 为下面的句子填写关联词语，正确的一项是（　　）。

(1) 今晚却很好，（　　）月光也还是淡淡的。

(2) 采莲是江南的旧俗，（　　）六朝时为盛。

(3) 树色一例是阴阴的，乍看像一团烟雾；（　　）杨柳的风姿，便在烟雾里也辨得出。

(4)（　　）是满月，天上（　　）有一层淡淡的云。

A. 但是　而　而　尽管　却　　B. 即使　但　但　因为　就

C. 虽然　而　但　虽然　却　　D. 可是　但　而　虽然　还

7."塘中的月色并不均匀，但光与影有着和谐的旋律，如梵婀玲上奏着的名曲"的修辞特点与下列相同的一项是（　　）。

A. 微风过处，送来缕缕清香，仿佛远处高楼上渺茫的歌声似的。

B. 叶子出水很高，像亭亭的舞女的裙。

C. 月光如流水一般，静静地泻在这一片叶子和花上。

D. 树缝里也漏着一两点路灯光，没精打采的，是渴睡人的眼。

二、填空题。

1.《荷塘月色》的作者是________，字________，号________，我国著名的________、________、________、民主战士、爱国知识分子，主要作品有散文集________，诗文集________，长诗集________等。

2. 文中与“轻轻地推门进去”相呼应的句子是________。

3. 本文作者的思想感情是____________________。

4. 接天莲叶无穷碧，____________________。

三、阅读理解。

这几天心里颇不宁静。今晚在院子里坐着乘凉，忽然想起日日走过的荷塘，在这满月的光里，总该另有一番样子吧。月亮渐渐地升高了，墙外马路上孩子们的欢笑，已经听不见了；妻在屋里拍着润儿，迷迷糊糊地哼着眠歌，我悄悄地披了大衫，带上门出去。

沿着荷塘，是一条曲折的小煤屑路。这是一条幽僻的路；白天也很少有人走，夜晚更加寂寞。荷塘四周，长着许多树，蓊蓊郁郁的。路的一旁，是些杨柳，和一些不知道名字的树。没有月光的晚上，这路上阴森森的，有些怕人。今晚却很好，虽然月光也还是淡淡的。

路上只我一个人，背着手踱着。这一片天地好像是我的；我也好像超出了平常的自己，到了另一个世界里。我爱热闹，也爱冷静；爱群居，也爱独处。像今晚上，一个人在这苍茫的月下，什么都可以想，什么都可以不想，便觉是个自由的人。白天里一定要做的事，一定要说的话，现在都可不理。这是独处的妙处，我且受用这无边的月色好了。

1. 对“这几天心里颇不宁静”理解有误的一项是（　　）。

A. 开篇点明夜赏荷塘的理由。

B. “不宁静”之后避而不谈其原因，和月下荷塘的“朦胧”有相关处。

C. “不宁静”与月下荷塘宁谧、恬静、朦胧的意境相冲突，显得突兀。

D. “不宁静”是本篇感情基调的一个组成部分。

2. 此三段话中有一句话是本文的文眼，请找出来，写在下面的横线上。

____

3. “沿着荷塘，是一条曲折的小煤屑路。这是一条幽僻的路；白天也很少有人走，夜晚更加寂寞”此处极力写静，是为了（　　）。

A. 反衬自己心里的不宁静。

B. 说明这荷塘的荒凉。

C. 说明荷塘在荒郊外。

D. 说明作者喜欢静,性格孤僻。

4. “像今晚上,一个人在这苍茫的月下,什么都可以想,什么都可以不想,便觉是个自由的人”对这句话理解正确的是(　　)。

A. 作者描写宁静的月夜,表现这时的我与白天的我判若两人。

B. 在宁静的月色中,作者可以摆脱白天人世的扰乱,得到自己追求的一时的自由。

C. 在宁静的月色中,作者可以挥洒自己的性格,想说就说,想做就做。

D. 作者描写月夜的美丽,自己也进入了另一个世界。

第2课　故都的秋

【学习导航】

郁达夫于1913年9月随长兄赴日留学，1914年7月考入东京第一高等学校预科，开始接触西洋文学，并尝试小说创作。1945年9月被日本宪兵秘密杀害。其代表作有短篇小说《沉沦》《春风沉醉的晚上》《薄奠》等。

1934年7月，郁达夫从杭州经青岛去北平，再次饱尝了故都(当时的首都在南京，因此“北平”被称为“故都”)的秋“味”，并写下了优美的散文——《故都的秋》。这是他在这段时期创作的主要收获。本文通过对北平秋色的描绘，赞美了故都的自然风物，抒发了向往、眷恋故都之秋的真情，流露了深远的忧思和孤独感。

全文按“总—分—总”的方式安排结构。总写部分写作者对北国、江南之秋的不同感受，表达对北国之秋的向往之情；分写部分从记叙和议论两个方面记叙故都纷繁多彩的秋天景象，赞美北国之秋；最后总括全文，与开头照应，再次强调南国之秋的色味不及北国之秋，直抒作者对故都之秋的无比眷恋之情。

本文有以下写作特点。

1. 以景显情，情景交融

郁达夫所处的环境，在他内心投下了忧虑和阴冷的阴影，他追求“清”“静”，并笼罩着淡淡的“悲凉”。本文五幅秋景图皆著“我”之色，自然地流露作者忧郁、孤寂的心态。“清”“静”“悲凉”是作者对故都之秋自然风物特点的概括，更是作者内心的独特感受。例如，写秋雨，都市闲人那缓慢悠长的“一层秋雨一层凉啦”的感叹，形象地道出了秋天的萧索凄凉，流露出作者的感伤之情。客观的景物与作者的心情自然地交融在一起。

2. 突出运用对比手法

作者除了直接描写故都的秋外，还着意以南方的秋为对照，烘云托月地映衬出故都的秋的浓度与特色。例如，课文许多地方将南北的秋姿、秋色、秋味、秋意进行对比，写出北国的秋和江南的秋的不同，更鲜明地表达了对北国之秋的眷恋之情。

学习本文要把握故都秋天的特点，感受作者的独特情怀，体会文章的语言风格。通过反复诵读，揣摩体会景物描写中渗透的浓浓情意，深入理解作者的思想感情。对文中优美的语句、段落，最好能熟读成诵。

【扩展练习】

一、选择题。

1. 下列词语中字形、注音正确的是(　　)。

A. 一椽(chuán)破屋　　潭柘(zhè)寺　　颓(tuí)废
B. 点缀(zhuì)　　椭圆(tuō)　　空气来得润(rùn)
C. 点缀(zhuì)　　椭(tuó)圆　　一椽(chuán)破屋
D. 潭柘(zhé)寺　　颓(tuí)废　　空气来得润(ruì)

2. 下列有关郁达夫的文学常识,不正确的一项是(　　)。

A. 郁达夫,原名郁文,浙江省富阳县人,现代著名小说家、散文家。
B. 1922 年,从日本回国,参与组织“创造社”;1930 年参加中国左翼作家联盟。
C. 他的主要作品有短篇小说《沉沦》《春风沉醉的晚上》《薄奠》《出奔》等。
D. 其散文《故都的秋》《茫茫夜》等情景交融,文笔优美,自成一家。

3. 作者对北国之秋的整体感受是(　　)。

A. 看不饱　尝不透　玩不足
B. 清　静　悲凉
C. 中国秋天,非要在北方,才感受得到底。
D. 北国之秋比南国之秋更深沉,幽远,严厉,萧索。

4. 下列语句能衬托秋之静的一组是(　　)

①秋蝉衰弱的残声　②西山的虫唱　③潭柘寺的钟声　④缓慢悠闲的声调
⑤青天下驯鸽的飞声　⑥上郊外或山上才听得到秋蝉的嘶叫

A. ①②③　　B. ①④⑥　　C. ①④⑤　　D. ①③⑥

5. 秋,是季节,是天气渐凉的季节,作者写秋是抓住了哪些景物的特征来表现北国之秋的深沉、幽远、严厉、萧索的?下列说法不正确的是(　　)。

A. 写牵牛花主要用其“蓝朵”的冷调。
B. 写槐树,主要用其“落蕊”的落寞。
C. 写秋蝉,主要用其衰弱的残声,以暗示环境的衰败、冷寂。
D. 写秋雨,主要用其“奇”“有味”“像样”。

6. 下列说法错误的一句是(　　)。

A. 陶然亭的名字取于白居易的“更待菊黄家酿熟,与君一醉一陶然”诗。
B.《故都的秋》“故都”二字指明描写的地点,含有深切的眷恋之意,题目明确又深沉。
C. 本文的结构是“总—分—总”。
D. “梧桐一叶而天下知秋”语出《太子预览》。

二、填空题。

1.《故都的秋》的作者是________,原名________,我国著名的________、________,主要作品有小说________、________等。

2.《故都的秋》中“故都”指________,表明描写的地点,含有深切的眷恋之意,“秋”字确定描写的________。

三、阅读理解。

不逢北国之秋，已将近十余年了。在南方每年到了秋天，总要想起陶然亭的芦花，钓鱼台的柳影，西山的虫唱，玉泉的夜月，潭柘寺的钟声。在北平即使不出门去吧，就是在皇城人海之中，租人家一(　　)破屋来住着，早晨起来，(　　)碗浓茶，(　　)院子一坐，你也能看到很高很高的碧绿的天色，听得到青天下驯鸽的飞声。从槐树叶底，朝东细数着一丝一丝漏下来的日光，或在破壁腰中，静对着像喇叭似的牵牛花的蓝朵，自然而然地也能感到十分的秋意。说到了牵牛花，我以为蓝色或白色者为佳，紫黑色次之，淡红者最下。最好，还要在牵牛花底，叫长着几根疏疏落落的尖细且长的秋草，使作(　　)。

1. 在文中括号内填上恰当的词语。

2. 概括上段文字的大意，最恰当的是(　　)。

A. 牵牛花的蓝朵　　B. 清晨院中所见的景象

C. 回忆北国之秋的清晨　　D. 北国之秋的秋色

3. 下列关于“朝东细数着一丝一丝漏下来的日光”中关于“漏”字的正确理解是(　　)。

A. 细腻而传神地写出了浓荫下日光的倩影，突出了秋的“清”和“静”。

B. 细腻而传神地写出了浓荫下日光的倩影，突出了秋的“悲凉”。

C. 用明白如话的口语，道出了秋日树叶的渐渐疏落。

D. 用“漏”与“一丝一丝”搭配目的是为了突出日光的细腻、温和、令人回味。

4. 上段文字中作者浓墨重彩地写牵牛花是因为(　　)。

A. 作者喜欢牵牛花。

B. 牵牛花是秋季盛开的花，它让人感到十分的秋意。

C. 写牵牛花是为了突出秋日清晨的“清”“静”。

D. 写牵牛花是为了衬托作者心中的“悲凉”意味。

5. 为什么“最好，还要在牵牛花底，叫长着几根疏疏落落的尖细且长的秋草”？

____

第3课 陶然亭的雪

【学习导航】

俞平伯的散文得益于晚明张岱、王思任等名士派的小品，但不是着意去模仿和沿袭，主要是两者间一种异代同声的感应共鸣。其成因在于各自所处的时代、家庭环境的影响，作为名士在心理特征、生活趣味和行为方式上的相近，以及文化传统的铸造，庄谐杂出、充满清高绝俗的静雅闲适之趣，是他们散文创作共同的审美情趣和文化品格。

文章由回忆导入，表现出作者对年前一次观雪经历的深刻记忆，蕴涵着作者对自然美的向往和怀念之情。然后，文章记述了具体的游历过程，在简单自然中体现出平淡的琐细，其中有游历中的小见闻和小感触，也有对陶然亭雪景的精细描述。结尾又回到现实中，在怀念往事的怅惘中再次深化怀念自然、亲近自然的主题。

本文的艺术特色为：俞平伯受传统思想的浸染比较深，对人生又持有浮生若梦的见解，将朦胧和梦幻当做是艺术美来追求，把惆怅感伤当做是珍贵的趣味来抚摩赏玩，他爱写梦，写月，写夜，喜欢自寻烦恼、自伤情地重温旧梦，乐于在文章里议论如梦人生和生死之道。这些构成了他的散文，特别是抒情散文的思想艺术上的特色。

禅理之思：漫步俞平伯散文之间，禅宗哲学那种“我心是佛—我心清静—依心行动—适意自然”的宇宙观、时空观、生活情趣，点点滴滴从先生笔下渗出，自成一片满蕴着人间气息的洒脱自如之境。行进其间，我们当看到身处中国多事之秋的俞平伯是如何努力以平常心对待人生种种变故：“近来时序的迁流，无非逼我换了几回衣裳；把夹衣迭起，把棉衣抖开，这就是秋尽冬来的唯一大事。至于秋之为秋，我之为我，一切之为一切，固依然自若，并无可叹可悲可怜可喜的意味，而且连那些的残痕也觉无从觅呢。千条万派活跃的流泉似全然消释在无何有之乡土，剩下‘漠然’这么一味来相伴了。”仔细品嚼，其间不乏苦涩，但更多不为物喜、不为己悲，随缘即应的淡然出世之心。

【扩展练习】

一、选择题。

1. 下面哪篇散文不是俞平伯的作品（　　）。

   A.《故都的秋》　　　　B.《清河坊》

   C.《西湖的六月十八夜》　　　　D.《桨声灯影里的秦淮河》

2. 下列选项中对《陶然亭的雪》特点的描述的项是（　　）。

   A. 本文不仅是一种情绪的抒发，还寄托了作者的理想。

B. 文章采用了“以小见大”的写法。

C. 本文笔触细腻、文风清丽。

D. 文章语言既具口语化之自然，又形象雅致。

3. 以下都是古人描写雪景的诗句，不属于唐代作品的是（　　）。

A. 云横秦岭家何在，雪拥蓝关马不前。

B. 忽如一夜春风来，千树万树梨花开。

C. 梅须逊雪三分白，雪却输梅一段香。

D. 才见岭头云似盖，已惊岩下雪如尘。

二、填空题。

文章由回忆导入，表现出作者对年前一次________经历的深刻记忆，蕴涵着作者对________的向往和怀念之情。然后，文章记述了具体的游历过程，在简单自然中体现出平淡的琐细，其中有游历中的小见闻和小感触，也有对________的精细描述。结尾又回到现实中，在怀念往事的怅惘中再次深化________的主题。

三、简答题。

俞平伯先生兼诗人、散文家和学者于一身，他的散文也兼有诗人、散文家和学者的长处，收在这本书中的作品，既有诗的韵致，又有散文的冲淡恬美，同时还兼有学者的理性与绵密。请从书中找一两个例子，细细品味。

四、研习与思考。

1. 体会作品所传达的人与自然相亲和、相依恋的感情。

2. 将本文与你所学过的杨朔的散文比较，指出它们在立意上有何显著不同。

3. 你认为本文的语言成功吗？可选择朱自清、冰心、何其芳等任一作家的作品进行比较。

第八单元　练习与测试

一、选择题。

1. 加点字注音全部正确的一项是(　　)。

A. 倩(qìng)影　　窈窕(tiǎo)　　疏(shū)落

B. 颓(tuí)废　　酣(hān)眠　　脉脉(mǎi)

C. 斑(bān)驳　　落蕊(lěi)　　宛(wàn)然

D. 细腻(nì)　　袅娜(nuó)　　弥(mí)望

2. 下面句子的横线上,依次填入的一组词句是(　　)。

月光如流水一般,________地________在这一片叶子和花上,________的轻雾________起在荷塘里。

A. 轻轻　泻　淡淡　升　　　　B. 轻轻　泻　薄薄　浮

C. 静静　照　淡淡　升　　　　D. 静静　泻　薄薄　浮

3. 依次填入横线处的关联词是(　　)。

江南,秋________也是有的,________草木调得慢,空气来得润,天的颜色显得淡,________又时常多雨而少风。

A. 虽然　可是　而且　　　　B. 当然　但　并且

C. 当然　但是　并且　　　　D. 虽然　但　并且

4. 对下列句子的修辞手法判断正确的一组是(　　)。

(1) 太阳一出来,地下已经像下了火。

(2) 当面不说,背后乱说;开会不说,会后乱说。

(3) 只能感到一点点清凉,秋的味,秋的色,秋的意境与姿态,总是看不饱,尝不透,赏玩不到十足。

(4) 那又浓又翠的绿色,简直是一幅青绿山水画。

A. 夸张　对比　排比　暗喻　　　　B. 比喻　对比　排比　暗喻

C. 夸张　反衬　排比　比喻　　　　D. 夸张　排比　排比　比喻

5. 定语后置的一句是(　　)。

A. 没有月光的晚上,这路上阴森森的。

B. 荷塘四周,长着许多树,蓊蓊郁郁的。

C. 秋并不是名花,也不是美酒,那一种半开半醉的状态,在领略秋的过程上,是不合适的。

D. 北方的果树,到秋来,也是一种奇景。

6. 下列句中的横线上,依次填入的词语最恰当的一项是(　　)。

(1) 最好,还要在牵牛花底,叫长着几根________的尖细且长的秋草,使作陪衬。

(2) 足见有感觉的动物，有情趣的人类，对于秋，总是一样的能特别引起深沉，幽远，________，萧索的________来的。

A. 稀稀落落　严厉　感慨　　B. 疏疏朗朗　严厉　感触
C. 疏疏落落　严厉　感触　　D. 疏疏落落　严肃　感叹

7.《荷塘月色》一文的文眼是(　　)。

A. 什么都可以想。　　B. 便觉是个自由人。
C. 这几天心里颇不宁静　　D. 我到底惦着江南了。

8. 散文的特点是(　　)。

A. 篇幅较长　　B. 篇幅短小
C. 形式自由　　D. 形散而神不散

二、填空题。

1. 朱自清，原名________，字________，号秋实，我国著名________、________、学者、民主战士，我们曾经学过他的文章有________、________。

2.《故都的秋》作者________，原名________，我国著名小说家、散文家，代表作有小说________、________等。

3.《故都的秋》一文中故都秋的特点是________________。

4.《陶然亭的雪》作者________，原名________，现代________、________、________，与胡适并称________的创始人。

三、阅读理解。

(一)

(1) 曲曲折折的荷塘上面，弥望的是田田的叶子。①叶子出水很高，像亭亭的舞女的裙。层层的叶子中间，零星地点缀着些白花，有袅娜地开着的，有羞涩地打着朵儿的；正如一粒粒的明珠，又如碧天里的星星，又如刚出浴的美人。②微风过处，送来缕缕清香，仿佛远处高楼上渺茫的歌声似的。这时候叶子与花也有一丝的颤动，像闪电般，霎时传过荷塘的那边去了。叶子本是肩并肩密密地挨着，这便宛然有了一道凝碧的波痕。叶子底下是脉脉的流水，遮住了，不能见一些颜色，而叶子却更见风致了。

(2) 月光如流水一般，静静地(　　)在这一片叶子和花上。薄薄的青雾(　　)起在荷塘里。叶子和花仿佛在牛乳中(　　)过一样；又像笼着轻纱的梦。________是满月，天上________有一层淡淡的云，________不能朗照；________我以为这恰是到了好处——酣眠固不可少，小睡也别有风味的。月光是隔了树照过来的，高出丛生的灌木，落下参差的斑驳的黑影，峭楞楞如鬼一般；弯弯的杨柳的稀疏的倩影，却又像画在荷叶上，塘中的月色并不均匀，但光与影有着和谐的旋律，如梵婀玲上奏着的名曲。

1. 这两段文字出自朱自清的________________。

2. 填入括号中的词语正确的是(　　)。

A. 流　浮　洗　　　　　　　　　　B. 泻　浮　洗

C. 淌　漂　洗　　　　　　　　　　D. 淌　浮　洗

3. 依次填到横线上的关联词语，正确的一组是（　　）。

A. 虽然　但　所以　却　　　　　　B. 虽然　却　所以　但

C. 即使　却　因为　但　　　　　　D. 因为　但　所以　但

4. 文中画线的①②句运用的修辞方法是（　　）。

A. 比喻　通感　　　　　　　　　　B. 排比　比喻

C. 夸张　通感　　　　　　　　　　D. 比喻　对偶

5. “正如一粒粒的明珠，又如碧天里的星星”一句中的“明珠”“星星”指的是（　　）。

A. 荷叶　　B. 荷花　　C. 流水　　D. 荷塘

6. “曲曲折折的荷塘上面，弥望的是田田的叶子”一句中“田田”的意思是（　　）。

A. 形容荷叶层层相连的样子

B. 形容荷叶舒展的样子

C. 形容荷叶很大

D. 形容荷叶很漂亮

7. 第(1)段文字依次写了哪些景物？写景顺序是什么？

景物：________________________________

写作顺序：______________________________

8. 用四字短语概括这两段文字的主要内容。

(1) ________________________________

(2) ________________________________

(二) 希　望

人生被一串的希望支配着，希望成全了人生。因为一个人有希望，生命就有了交代，活着才有意义，才感到有趣味；希望如一颗太阳，有了它就有了光，有了光就有了热，有了热才能发出勃勃生机；希望又如一泓溪水，流到了河，流到了江，流到了汪洋大海，将生命的一切发挥到极致。一个忠实于希望的追求者，不知道什么是“老之将至”。

希望决不是一个吝啬的给予者，但也不是一个慷慨的孟尝君。你流汗就有流汗的代价；流血就有流血的收获，只是你的眼睛有时看的太近了，才一迈步，便妄想得到希望的光芒。试问：没有黑暗怎会有光明？没有恒心，怎会有成功的一天？

由希望到达最终的目的，这期间有着相当的距离，希望的目标愈大，所走的路愈曲折，所遭遇的困难也愈多；因此更需要有坚强的意志，耐心的努力，迈着英雄的步子，向着希望的前途，不停歇地走去，这样终有一日会尝到希望的东西。

1. 这篇文章的主要表达方式是（　　）。

A. 记叙　　B. 说明　　C. 抒情　　D. 议论

2. “试问：没有黑暗怎会有光明？没有恒心，怎会有成功的一天？”这一句话说明的道理是（　　）。

A. 只要有希望，懂得目标，就会有希望成功。

B. 要实现希望就需付出代价。

C. 有了希望，人就活得有意义。

D. 希望的目标愈大，所遇到的困难也愈多。

3. “希望又如一泓溪水，流到了河，流到了江，流到了汪洋大海，将生命的一切发挥到极致”这一句话使用的修辞手法是（　　）。

A. 比喻、借代　　B. 比喻、排比

C. 借代、比喻　　D. 比拟、排比

4. 这篇文章的主旨是（　　）。

A. 由希望到达最终的目的，其间有很多困难。

B. 人有了希望才活的有意义，要达到最终目的，就需要坚持不懈的努力。

C. 一个忠实于希望的追求者，不知道什么是“老之将至”。

D. 希望的目标愈大，所遇到的困难愈多。

四、写作。

感恩是人类永恒的话题，那我们为什么要感恩，怎样感恩？以《学会感恩》为题，写一篇作文，字数在800字左右。

第九单元

人生哲理

第1课　我若为王

【学习导航】

聂绀弩(1903—1986)，原名聂国棪，笔名有耳耶、萧令度等。湖北京山人。现代诗人、散文家。1924年入黄埔军校，1925年进莫斯科中山大学学习。1927年回国，曾任中央通讯社副主任。1932年参加左联，1934年编辑《中华日报》副刊《动向》。1938年到延安，不久到新四军编辑《抗敌》杂志。1940年参加《野草》编辑部。1945—1946年任重庆《商务日报》和《新民报》副刊编辑。新中国成立后，任香港《文汇报》总主笔，人民文学出版社副总编辑兼古典文学部主任。杂文集有《关于知识分子》(1938)、《历史的奥秘》(1941)、《蛇与塔》(1941)、《血书》(1949)、《二鸦杂文》(1950)、《寸磔纸老虎》(1951)、《聂绀弩杂文选》(1956)、《聂绀弩杂文集》(1981)。另有《中国古典小说论集》《聂绀弩诗全编》等。对于聂绀弩的战斗杂文，人们早就给予很高的评价。1947年林默涵在评论聂绀弩的杂文《往星中》时说："绀弩先生是我所敬爱的作家，他的许多杂文，都是有力的响箭，常常射中了敌人的鼻梁。"(《天上与人间》，刊于《野草》新四号)他是中国现代杂文史上继鲁迅、瞿秋白之后，在杂文创作上成绩卓著、影响很大的战斗杂文大家。

这篇课文不是一般地批判皇权意识和奴才思想，而是由对皇权意识的形象化批判转入对奴才思想的抨击，正是从一般人思想止步的地方起步的，因而课文的中心思想显得尖锐、深刻、不同凡响。

文章先假定"我若为王"以后如何，这是开。作者在四个段落中用铺排的方式，层层推进，把势蓄得很足。然而，"我"若为王以后，"感到单调、寂寞和孤独"。"我"终于醒悟到："我生活在这些奴才们中间"，"而我自己也不过是一个奴才的首领"而已。这一段是过渡。作者接着对皇权意识和奴才思想表示了强烈的憎恶和愤慨："生活在奴才们中间，作奴才们的首领，我将引为生平的最大的耻辱，最大的悲哀。"这里是合。上文假设"我若为王"的情景都是虚写，为下文做铺垫，到这里才落到实处。

文章写到这里，作者又宕开一笔。因为对"奴才的首领"地位的反省和痛恨，"我将变成一个暴君，或者反而正是明君：我将把我的臣民一齐杀死，连同尊长和师友，不准一个奴种留在人间。我将没有一个臣民，我将不再是奴才们的君主。”表示了铲除王权、奴才的强烈愿望。这又是一合，是全文的收束。

作者虚拟自己如果是“王”，则妻就是“王后”，儿子就是“太子或者王子”，女儿就是“公主”，亲眷都是“皇亲国戚”，他的每一句话都是“圣旨”，他的任何欲念都将“实现”，他将“没有任何过失”，所有的人都将对他“鞠躬”“匍匐”，都变成他的“奴才”，作为民国国民的他又为此感到“单调、寂寞和孤独”。于是课文结尾来个大转折：“我若为王，将终于不能为王，却也真地为古今中外最大的王了。‘万岁，万岁，万万岁！’我将和全世界的真的人们一同三呼。”这虚拟性的奇思异想和戏剧性的突转，把对皇权意识和奴才思想的否定巧妙地表达出来了。

【扩展练习】

一、给下列加点的字注音。

呵斥（ ）　憎恶（ ）　娼妓（ ）　谄媚（ ）（ ）

帽盔（ ）　乞求（ ）　畏葸（ ）　鞠躬（ ）（ ）

二、解释下列词语。

1. 光景：________　2. 残物：________

3. 指摘：________　4. 乞求：________

5. 恍然：________　6. 敬畏：________

三、指出并改正下列词语中的错别字。

1. 想像（ ）　2. 丑漏（ ）　3. 顽烈（ ）　4. 喝斥（ ）

5. 柔宛（ ）　6. 畏思（ ）　7. 面像（ ）　8. 原故（ ）

四、本文是一篇杂文。杂文的特点是以小见大，联系课文理解下列句子蕴含的哲理。

1. 没有在我之上的人了，没有和我同等的人了，我甚至会感到单调、寂寞和孤独。

2. 我将变成一个暴君，或者反而正是明君：我将把我的臣民一齐杀死，连同尊长和师友，不准一个奴种留在人间。

3. 我若为王，将终于不能为王，却也真地为古今中外最大的王了。“万岁，万岁，万万岁！”我将和全世界的真的人们一同三呼。

五、文章运用了“反复”的修辞手法,找出来并说说它的作用。

六、阅读下面文段,回答问题。

① 为什么人们要这样呢?为什么要捧我的妻,捧我的儿女和亲眷呢?因为我是王,是他们的主子,我将恍然大悟:我生活在这些奴才们中间,连我所敬畏的尊长和师友也无一不是奴才,而我自己也不过是一个奴才的首领。

② 我是民国国民,民国国民的思想和生活习惯使我深深地憎恶一切奴才或奴才相,连同敬畏的尊长和师友们。请科学家不要见笑,我以为世界之所以还大有待于改进者,全因为有这些奴才的缘故。生活在奴才们中间,作奴才们的首领,我将引为生平的最大的耻辱,最大的悲哀。我将变成一个暴君,或者反而正是明君:我将把我的臣民一齐杀死,连同尊长和师友,不准一个奴种留在人间。我将没有一个臣民,我将不再是奴才们的君主。

③ 我若为王,将终于不能为王,却也真地为古今中外最大的王了。“万岁,万岁,万万岁!”我将和全世界的真的人们一同三呼。

1. 第一段文字运用了什么修辞方法?

2. 从第二段文字中找出表明文章核心的句子来。

3. 怎样理解文章中的王权和奴才?

七、写作。

文中所讲的王权意识和奴才思想在现实生活中还存在吗?围绕这一话题写一篇两三百字左右的文章。

第 2 课　剃光头发微

【学习导航】

何满子，1919 年生，浙江富阳人。新中国成立前曾任报纸编辑，并从事文学艺术理论和现代文学的研究。新中国成立后，历任大众书店总编辑、上海震旦大学中文系教授、古典文学出版社编辑、上海古籍出版社编审。1955 年胡风事件中受到株连。何满子治学领域较广，主要着力于中国古典文学，特别是古代小说的理论探索，同时也研究历史，特别是学术思想史。著有《艺术形式论》《论〈儒林外史〉》《论金圣叹评改〈水浒传〉》《论蒲松龄与〈聊斋志异〉》《文学呈臆编》《汲古说林》《文学对话》《古代小说艺术漫画》《中国爱情小说与两性关系》等。除学术论著之外，何满子还创作了不少杂文作品，出版有杂文集《画虎十年》《中古文人风采》《五杂侃》等。

杂文一般是千字文，因此要求内容特别集中、精粹。这就决定了杂文选材要大中取小。所谓大中取小，不是把大问题压缩成小问题，而是要求作者高屋建瓴，从重大社会问题中选取最能反映事物本质的那一点。同时，杂文的立意要因小见大。这就是要求作者从平凡小事着笔，触类旁通，举一反三，透过最本质的一点，上升到一定高度，收到一目能传神的艺术效果。

本文选材，就做到了大中取小。本文实际上讲的是掌权者应该如何用好手中的权的大问题，但作者重点谈的却是剃光头者如何用好剃头刀的问题。这是大中取小。试想，如果正面铺开论述如何用权的问题，写几十万字也不一定够，一篇杂文如何容纳得下？本文立意，又做到小中取大。谈剃光头问题，不是就事论事，最后水到渠成地说到掌权问题。试想，如果局限于剃光头问题，说一千道一万，至多也只是纠正行业不正之风问题，与掌权问题相比就小得多了。

杂文的一大特点就是“杂”，表现在材料的运用上，发挥丰富联想，从剃光头联想到古今中外，各种材料信手拈来，随意挥洒。请看，作者从剃光头联想到清代“留发不留头”，清末留学生回国后要装一根假辫子，联想到鲁迅的《头发的故事》，联想到旧社会理发工人被开除宗籍，联想到石达开关于理发师的对联；进而又联想到古代一种刑法叫“髡”，联想到许多国家的罪犯也剃光头，等等。这些联想文字看来似谈天说地、道古论今，似是闲笔，实质上是进一步丰富作品的内容，开掘作品的内涵，同时也为最后从剃光头联想到掌权做好铺垫。有了古今中外这些具有鲜明政治色彩的种种关于剃光头的材料，再由剃光头说到掌权，就水到渠成、自然贴切了。如果没有这些材料，从剃光头直接说到掌权，作品的内容不免单薄，结构是直线式的，整篇杂文的说服力和感染力势必大打折扣。

课文用绝大部分篇幅，铺陈古今中外关于理发的种种掌故，似乎真要做一篇《剃光头发微》了。文章到最后，才点明主题是嘲讽那些滥用职权者，卒章显志。既放得开，又收得拢，构思十分精巧。

【扩展练习】

一、给下列加点的字注音。

发髻（　　）　髡钳（　　）　磨砺（　　）（　　）　鞭笞（　　）

濯濯（　　）　悻悻（　　）　睥睨（　　）（　　）　诡奇（　　）

二、解释下列词语。

睥睨：________________

物与民胞：________________

牛山濯濯：________________

差池：________________

三、标题中的"发微"是什么意思？

四、在下面横线上填写适当的字或词。

联语的对仗既工______，造意又豪迈，用之于理发师，更是想象诡______，出于意表，妙不可言。一面惊叹这位太平天国将领的不______之才，一面也想到这位王爷对理发师的感情，不但没有旧社会上层人物那样的卑视，而且还将自己睥睨人______的豪情寄托在他们的职业丰姿上，真是______与民胞，平等亲切极了。

五、阅读测试题。

时至今日，剃光头既不是在政治上或人格上有什么差池的象征，也肯定不会是因为"身体发肤，受诸父母，不敢毁伤"，才舍不得剃光。无非是保护头颅和美观上的讲究，这才有人不愿剃。那封读者来信中的"乡下佬"便正是为了怕剃光头太冷，才要求剃平头的。但从认为"乡下佬剃平头，没门"的理发师看来，似乎是"乡下佬"的"模样"不够格，所以才只配剃光头。倒是从美观这面着眼的。当然，问题不在于什么标准，也不在于这位城里人的理发师为什么瞧不起"乡下佬"（那里面当然大有文章的），而在于为什么他可以任意决定谁该剃平头，谁只能剃光头，可以这样为所欲为？

1. 解释下列词语的含义。

① 差池：________________

② 受诸父母：________________

③ 为所欲为：________________

2. “那封读者来信中的‘乡下佬’便正是为了怕剃光头太冷，才要求剃平头的。”作者凭什么说“乡下佬”是为了怕冷才不愿剃光头的，是推断吗？

答：____

3. “那里面当然大有文章的”，有什么“文章”？

答：____

六、写作训练。

本文从平凡的生活小事（剃光头）入手，引发对社会问题（有权就要）的思考，立意深刻。以小见大，由现象到本质，由具体事件到分析原因，这是杂文常用的写法。请仿照这种方法写一个片段，先叙写平凡的生活小事，再由此展开联想，反映较大的社会问题。250 字左右。

第3课　哲学家皇帝

【学习导航】

陈之潘，英国剑桥大学博士，曾在美国一些大学任教，现在是香港中文大学电子科学中心教授，但乃属于在美国做科学研究的科学家。有《剑河倒影》等散文集问世。他的散文既有科学家的风格，清楚明晰，干脆利落，条理分明；又富于诗意，清淡超逸，冷静洒脱，犹如北极光，给人一种冷冷的美感；语言简洁文雅，清秀温柔，流畅自然，幽默风趣，且富于哲理。

这篇文章虽然篇幅很短，但内涵丰富，哲理性很强。

课文的命题就富有哲理色彩：应该以希腊哲人“训练皇帝”的办法训练青年，使青年成为“哲学家皇帝”。正是通过“作苦力”“作苦工”，使学生懂得了“生活”，懂得了“人生”，具有了“独立，勇敢，自尊”的品格，像“哲学家皇帝”一样。

作者对这个命题的阐述也充满哲理性的思辨。作者由远及近，由理论及事实，由希腊哲人及美国青年，步步深入地加以论证。在论证这个命题之后，作者又不满足于希腊哲人“训练皇帝”的办法，认为“哲学家皇帝”不仅要勤苦自立，还要具有“雄伟的抱负”“远大的眼光”，具有人文的素养。而美国教育对青年学生的人文训练太缺乏了。这就深化了“哲学家皇帝”的哲理性内涵。

这篇课文的说理充满了形象性，说理、写景、抒情完全统一，熔于一炉。作者是在说理，也是在向读者描述、评析美国青年的“画幅”。

作者描述这幅画中的山水之美，在山水之间活动的人之美，评析人的精神的长处及其不足。读者在读这篇文章，也在读这幅画，在阅读中精神上得到了启示和提高。

它选用形象化的材料，例如，美国青年的作工，钢铁般的歌声；它的论证也是形象化的，语言更是形象化的，妙语惊人。

【扩展练习】

一、给下列加点的字注音。

遐想（　　）　脉搏（　　）　赚取（　　）　挫断（　　）　足胫（　　）

峥嵘（　　）　面颊（　　）　钦佩（　　）　卑微（　　）　叱咤（　　）

二、解释下列词语的意思并造句。

1. 我问他们，美国作工全这样紧张吗？他们异口同声地说：“这里可能是最轻闲的。”

2. 三笔的静静画幅中，半躺着一个下工后疲倦不堪的动物。

3. 青年们的偶像不是叱咤风云的流血家，而是勤苦自立的创业者。

4. 做卑微的工作，树高傲之自尊，变成了风气以后，峥嵘的现象有时是令人难以置信的。

三、根据课文内容回答下列问题。

1. 这篇文章的体裁是什么？有什么特点？

2. 在作者看来，“美国的山水人物画”是怎样的？请试作归纳。

3. 为什么说美国学生“送报而不看报，这是件令人不可思议的事”？请作简要分析。

4. 结合全文，说说作者引用诗人郎法罗的诗句的目的是什么？

5. 文章结尾两段的写景着色鲜明而特别，这样写有什么作用？

四、文章赏析。

从下列角度任选一个，写300字左右的文章赏析。

(1) 赏析《哲学家皇帝》一文的哲理内涵；

(2) 赏析《哲学家皇帝》一文的说理技巧。

第九单元　练习与测试

一、选择题。

1. 下列加点词语读音全对的一组是(　　)。

   A. 磨砺(lì)　　濯濯(zhuó)　　睥睨(nì)　　诡奇(guī)

   B. 呵斥(hē)　　憎恶(zèng)　　娼妓(chāng)　　谄媚(xiàn)

   C. 帽盔(kuī)　　畏葸(sī)　　发髻(jì)　　髡钳(máo)

   D. 蹊径(xī)　　阉过(yān)　　剷掉(qiāo)　　阴霾(mái)

2. 下面词语书写有误的一组是(　　)。

   A. 豁然开朗　泛善可陈　特立独行　豁口

   B. 卓有成效　炯炯有神　惊世骇俗　卓绝

   C. 功败垂成　切肤之痛　牛山濯濯　垂死

   D. 不绝如缕　昂首阔步　恍然大悟　缕陈

3. 下列加点成语使用不恰当的一组是(　　)。

   A. 在这篇文章中,作者旁征博引,穿凿附会,充分显露了他的才华。

   B. 读鲁迅先生的杂文往往会惊叹他入木三分的剖析。

   C. 他是个新手,工作做到这份上也说得过去了,咱可不能求全责备。

   D. 齐白石画的虾蟹和徐悲鸿画的骏马,可谓异曲同工,各有千秋。

4.《剃光头发微》标题中的“微”的意义是(　　)。

   A. 细小、轻微。指剃光头不过是一件小事而已。

   B. 稍微,略微。指自己不过略微说说这一件事。

   C. 精深,奥妙。指剃光头这一件小事有它深奥的道理。

   D. 卑贱,社会地位低下。指乡下佬受社会贱视只能剃光头。

5. 对下列加点词语的解释,不正确的一项是 (　　)。

   A. 牛山濯濯：濯濯,光秃秃的样子。

   B. 受诸父母：诸,兼词,之于。

   C. 睥睨人世：睥睨,眼睛斜着看,表示高傲的样子。

   D. 悻悻而去：悻悻,高兴的样子。

6. 下列各句没有语病的一句是(　　)。

   A. 朦胧的思想是零零碎碎不成片断的语言,清晰的思想是有条理、有组织完美的语言。

   B. 他现在学习成绩不错,但能否考上大学,要看今后的情况：一是要有毅力;二是要改进学习方法。

   C. 老人在 90 岁的时候,还清楚地记得哥哥参加学生运动会时对自己的评价：

一个温情主义者。

D. 华西村能有今天的面貌，靠的是村民们艰苦创业取得的。

二、填空题。

1. 杂文是短小的文艺性________，它是说理的，又具有________的因素。它短小精悍，以________、________的文笔，针砭时弊，鞭挞黑暗，求索真理，感悟人生。好的杂文，被誉为________或________。

2.《我若为王》一文的作者是________，本文选自________。课文从假定“我若为王”入手，痛斥了种种丑恶现象，表达了作者________的思想。

3.《剃光头发微》中“发微”的意思是________。

三、阅读理解

剃光头发微

……

不料，3月2日读到《人民日报》一封读者来信，却使我大大不舒服了一阵，那封来信正是关系到理发工人的。说是济南市一家理发店的理发工人，拒绝给一个“乡下佬”剃平头，认为乡下佬只配剃光头。当“乡下佬”碰了壁跑掉以后，一对男女理发师还说：“乡下佬还想理平头，没门！”“也不瞧瞧自己那模样！”……

“乡下佬”是不是只配剃光头，以及什么模样的人才配剃平头，这问题是够深奥的，我答不上来。既答不上，也只好避开，置之勿论。我只记得古代有一种刑法，叫“髡”，那办法就是把古圣人所说的“身体发肤，受诸父母，不敢毁伤”的诸种东西之一的头发给去掉；而且似乎是和罚做苦役结合起来的，那就是“髡钳为城旦”。但那是秦制，沿用了千把年，至少到隋唐以后就废止了。现在许多国家的罪犯也剃光头，但那并非是刑罚，恐怕多半出于习惯，或便于辨识之类；如果容许用胡适博士的考据方法，来一下“大胆假设”，还可能是由于旧社会监狱里卫生条件不好，怕犯人头发里生虱子，所以干脆让他们牛山濯濯也说不定；但要我“小心求证”却求不到。这很抱歉，胡适博士的考据方法只能学到一半。

时至今日，剃光头既不是在政治上或人格上有什么差池的象征，也肯定不会是因为“身体发肤，受诸父母，不敢毁伤”，才舍不得剃光。无非是保护头颅和美观上的讲究，这才有人不愿剃。那封读者来信中的“乡下佬”便正是为了怕剃光头太冷，才要求剃平头的。但从认为“乡下佬剃平头，没门”的理发师看来，似乎是“乡下佬”的“模样”不够格，所以才只配剃光头，倒是从美观这面着眼的。当然，问题不在于什么标准，也不在于这位城里人的理发师为什么瞧不起“乡下佬”(那里面当然大有文章的)，而在于为什么他可以任意决定谁该剃平头，谁只能剃光头，可以这样为所欲为？

原因简单之至：剃头刀在他手里。

这就是权。虽然仅仅是一把剃刀，但掌握在手里，就有那么一点剃头权，在这点权限里,谁攥在他手里,就得看他的嘴脸,听他的发落。你要剃平头,没门!权在他手里,“乡下佬”只好悻悻而去,乃至悻悻也不敢悻悻。幸亏他只有这么点儿小权,如果他掌握了用人的权,分配房子的权,乃至更大的权,那就不仅“乡下佬”,更多的人在更多的事上也只好“没门”了。

希望少有、乃至没有这种有点权就要要的人。如果有权就想弄权,就想顺着自己的意思胡来,那么,至少要在“读者来信”栏里让他亮亮相,直到像剃光头那样地把他剃下去。这才叫做“试看剃头者,人亦剃其头”。

1. 标题是什么意思?

2. 作者说理发师不给乡下佬剃平头,“倒是从美观这面着眼的”,有什么意味?

3. “直到像剃光头那样地把他剃下去”用了什么样的修辞手法,表达了作者怎样的感情?

4. 括号中为什么说这里面“大有文章”?作者为什么不把这“文章”揭示出来呢?

5. 如果本文只保留关于剃光头的读者来信和结尾谈掌权这两部分文字,把其他内容全部删去,也能构成一篇文章,但这样对文章的主旨和结构有什么影响?

四、课外练笔。

针对本班或本校同学中近来关心的热门话题,写一篇短文,谈谈自己的看法。要有辩证分析。

第十单元

诗情画意

第1课　再别康桥

【学习导航】

徐志摩(1897—1931),浙江海宁人,现代诗人、散文家。著有诗集《志摩的诗》《翡冷翠的一夜》《猛虎集》《云游》,散文集《落叶》《巴黎的鳞爪》《自剖》《秋》,小说散文集《轮盘》,戏剧《卞昆冈》(与陆小曼合写),日记《爱眉小札》《志摩日记》,译著《曼殊斐尔小说集》等。

1920年,25岁的徐志摩"摆脱了哥伦比亚大学的博士衔的引诱",从美国动身,横渡大西洋,来到英国留学。第二年,进入剑桥大学王家学院。1922年学成回国。这一段的留学生活,特别是剑桥美丽的自然景色,给他留下了深刻印象,他说:"在星光下听水声,听近村晚钟声,听河畔倦牛刍草声,是我康桥经验中最神秘的一种:大自然的优美、宁静、调谐在这星光与波光的默契中不期然地淹入了你的性灵。"(《我所知道的康桥》)为此,他在1922年8月10日启程回国前夕,写下了《康桥再会罢》一诗,表达对康桥的眷恋。1928年,徐志摩重游英国。7月的一个傍晚,他一个人悄悄来到了久别的母校,漫步于寂静的校园,怀念逝去的美好岁月。但斗转星移,物是人非,没有人认识他,满腔的热情和对母校的眷恋之情无以倾诉。前来寻梦的诗人,怅然若失。乘船归国途中,诗人挥笔写下了这首诗。

《再别康桥》是一首优美的抒情诗,宛如一曲优雅动听的轻音乐。全诗以"轻轻的""走""来""招手""作别云彩"起笔,接着用虚实相间的手法,描绘了一幅幅流动的画面,构成了一处处美妙的意境,细致入微地将诗人对康桥的爱恋,对往昔生活的憧憬,对眼前的无可奈何的离愁,表现得真挚、浓郁、隽永。

这首诗表现出诗人高度的艺术技巧。诗人将具体景物与想象糅合在一起构成诗的鲜明生动的艺术形象,巧妙地把气氛、感情、景象融汇为意境,达到景中有情,情中有景。诗的结构形式严谨整齐,错落有致。全诗7节,每节4行,组成两个平行台阶;1、3行稍短,2、4行稍长,每行6至8字不等,诗人似乎有意把格律诗与自由诗二者的形式糅合起来,使之成为一种新的诗歌形式,富有民族化,现代化的建筑美。诗的语言清新秀丽,节奏轻柔委婉,和谐自然,伴随着情感的起伏跳跃,犹如一曲悦耳徐缓的散板,轻盈婉转,拨动着读者的心弦。

学习时,要反复诵读,体味诗歌之美,如精心选择的意象美(包括色彩美),情景交融的意境美,表现在音韵、节奏上的韵律美,新颖贴切的比喻美,清新典雅的语言美等。

【扩展练习】

一、基础知识。

1. 填空。

撑一支________,向青草更青处________。

我________衣袖,不带走________。

2. 体会加点词表现的意境。

① 油油的在水底招摇________________________________

② 满载一船星辉________________________________

3. 书写完全正确的一项是(　　)。

A. 轻手蹑脚　水波荡漾　飘浮　　B. 柔声细语　波光艳影　破锭

C. 力挽狂澜　招摇过市　回溯　　D. 悄无生息　沉默寡言　沉淀

二、诗文感悟。

1. 诗人在诗中选取了几个意象来渲染和表现对康桥的眷恋?

2. 在最后一节,诗人说“悄悄的我走了”,为什么要“悄悄的”?

三、课文阅读。

阅读第2~6节,回答问题。

1. 选文可划分两层,第一层是________;第二层是________。

2. 由诗中内容可看出,诗人寻不着梦而流露出________的内心感受。

3. “揉碎在浮藻间,沉淀着彩虹似的梦”。这里的“梦”是指________(当时、昔日)的梦。

4.《再别康桥》是徐志摩的名篇之一,多年来被人们所欣赏,试从中举例简析诗歌融情于景的特点。

四、阅读题。

雪花的快乐

徐志摩

假若我是一朵雪花，
翩翩的在半空里潇洒，
我一定认清我的方向——
飞飏，飞飏，飞飏，——
这地面上有我的方向。

不去那冷寞的幽谷，
不去那凄凉的山麓，
也不上荒街去惆怅——
飞飏，飞飏，飞飏，——
你看，我有我的方向！

在半空里娟娟的飞舞，
认明了那清幽的住处，
等着她来花园里探望——
飞飏，飞飏，飞飏，——
啊，她身上有朱砂梅的清香！

那时我凭借我的身轻，
盈盈的，沾住了她的衣襟，
贴近她柔波似的心胸——
消溶，消溶，消溶——
溶入了她柔波似的心胸！

1. 给加点字注音。

翩（　　）　　麓（　　）

2. 诗人把自己比作雪花，借此去追求________。

3. 文中反复出现“飞飏，飞飏，飞飏”表现出一种________的执着。

4. “她”是诗人美的理想的代称，那么最后一句“溶入了她柔波似的心胸”如何理解？

第 2 课　致大　海

【学习导航】

亚历山大·谢尔盖耶维奇·普希金(1799—1837),是俄国著名诗人、作家,及现代俄国文学的创始人,19 世纪俄国浪漫主义文学主要代表,同时也是现实主义文学的奠基人,现代标准俄语的创始人。普希金被称为“俄国文学之父”“俄国诗歌的太阳”。代表作有诗歌《自由颂》《致大海》《致恰达耶夫》等;诗体小说《叶甫盖尼·奥涅金》;中篇小说《上尉的女儿》等。

《致大海》是普希金的浪漫主义代表作。这首诗气势豪放、意境雄浑、思想深沉,是诗人作品中广为传诵的名篇。它以大海作为自由精神的象征,表达了诗人与大海相通的自由精神。诗人借大海自由奔放的壮美形象,生发联想,尽情抒怀,表达了渴求自由的愿望。

这首诗的写作特色如下。

1. 借景抒情,融情于景

诗人借大海自由奔放的壮美形象,生发联想,尽情抒怀,表达了渴求自由的愿望。大海广阔的胸怀、惊人的威力、壮丽的景色,容易勾起诗人失去自由的“苦恼心伤”,联想起与大海有关的英雄。面对坦荡多姿、无拘无束、傲岸不羁的大海,诗人把自己内心的感受化为诗的情绪,融合在大海的形象中,竭力渲染,达到了融情于景的目的。

2. 强烈浓郁的抒情气氛

这首诗有着浓厚的抒情色彩。全诗有一个感情的变化过程,从临别的忧郁、眷恋,到回忆时相对的沉静和郁郁不平,从追忆拿破仑、拜伦时的热烈、激昂,到最后一次告别时的悲壮、决绝,诗人的感情炽热而又深沉。诗人把大海人格化,对大海以“你”相称,直接向大海告别,直接向大海倾诉衷情,形成了浓郁的抒情氛围,使全诗具有哀歌式的忧郁美。

3. 首尾呼应

诗的开篇,诗人与大海道别,“再见吧,自由奔放的大海!”最后,诗人再次深情地对大海告别,“哦,再见吧,大海!”这种反复的吟咏呼唤,既深化了全诗的情感,又使得结构上首尾呼应,形式上更加完整、完美。

学习时,要结合诗人的生平和背景来赏析。通过查阅普希金的有关生平资料及写作本诗的背景去领会诗歌蕴含的感情,体会诗人真挚的情感与高贵的品格,从中获得独特的情感体验。

【扩展练习】

一、给加点的字注音。

魅惑（　　）　蔚蓝（　　）　汹涌（　　）　喧响（　　）

徘徊（　　）　暴虐（　　）　絮语（　　）　慰藉（　　）

二、解释词语。

反复无常

如愿以偿

无忧无虑

三、阅读《致大海》，回答问题。

1. 诗人为何如此热爱眷恋大海？

2. 诗人面对汹涌澎湃的大海，抒发了怎样的情感？

四、阅读下面的诗句，回答问题。

那是一处峭岩，一座光荣的坟墓……
在那儿，沉浸在寒冷的睡梦中的，
是一些威严的回忆；
拿破仑就在那儿消亡。

在那儿，他长眠在苦难之中。
而紧跟他之后，正像风暴的喧响一样，
另一个天才，又飞离我们而去，
他是我们思想上的另一个君主。

为自由之神所悲泣着的歌者消失了，
他把自己的桂冠留在世上。
阴恶的天气喧腾起来吧，激荡起来吧：
哦，大海呀，是他曾经将你歌唱。

你的形象反映在他的身上，
他是用你的精神塑造成长：

正像你一样,他威严、深远而深沉,
他像你一样,什么都不能使他屈服投降。

世界空虚了,大海呀,
你现在要把我带到什么地方?
人们的命运到处都是一样:
凡是有着幸福的地方,那儿早就有人在守卫:
或许是开明的贤者,或许是暴虐的君王。

1. 诗句联想到哪些葬身于大海的英雄?

2. 诗人为何称赞"另一个天才"为"我们思想上的另一位君王"?

3. 诗句"世界空虚了,大海呀,你现在要把我带到什么地方?"表达了诗人怎样的心声?

4. 下面说法不正确的一项是(　　)。

A. 诗人抒发了对拿破仑和拜伦的追念,尤其表达了对拜伦的无比钦佩。

B. 诗句"一处峭岩,一座光荣的坟墓"和"拿破仑就在那儿消亡",流露出诗人对拿破无情解剖、冷峻批评的意味。

C. 诗人高度赞扬拜伦,无比钦佩拜伦的大海般的自由精神。

D. 诗人深感前途渺茫,壮志难酬,哀叹了人们的不幸命运。

五、阅读下面的诗句,回答问题。

我愿意是急流,
山里的小河,
在崎岖的路上、
岩石上经过……
只要我的爱人
是一条小鱼,
在我的浪花中
快乐地游来游去。

我愿意是荒林,
在河流的两岸,

对一阵阵的狂风，
勇敢地作战……
只要我的爱人
是一只小鸟，
在我的稠密的
树枝间做窠，鸣叫。

1. 找出文中两两相对的意象？

2. 在第一节中，诗人表达了自己对爱人怎样的情感？

3. 诗人是怎样诠释自己的爱情的？

4. 诗中的“我”是一个怎样的形象？

第3课 雨 巷

【学习导航】

戴望舒(1905—1950),男,祖籍南京祖洪成谷村,浙江省杭州人。诗人,翻译家。名承,字朝安,小名海山。后曾用笔名梦鸥、梦鸥生、信芳、江思等。戴望舒的诗继承和发展了后期新月派与20世纪20年代末象征诗派的诗风,开启了现代诗派的时代,因此被视为现代诗派“诗坛的首领”,他也因为诗作《雨巷》一度被人称为“雨巷诗人”。其代表作有《我的记忆》《望舒草》《望舒诗稿》等。

《雨巷》是戴望舒的成名作和前期的代表作。这首诗写于1927年夏天。当时全国处于白色恐怖之中,戴望舒因曾参加进步活动而不得不避居于松江的友人家中,在孤寂中咀嚼着大革命失败后的幻灭与痛苦,心中总充满了迷惘的情绪和朦胧的希望。《雨巷》一诗就是他的这种心情的表现,其中交织着失望和希望、幻灭和追求的双重情调。

富于音乐性是《雨巷》的一个突出的艺术特色。诗中运用了复沓、叠句、重唱等手法,造成了回环往复的旋律和宛转悦耳的乐感。因此叶圣陶先生称赞这首诗为中国新诗的音节开了一个“新纪元”。

【扩展练习】

一、基础知识。

1. 下列各组中加点字注音无误的一项是(　　)。

   A. 撑(zhǎng)着　　彷(páng)徨　　凄(qī)清　　巷(xiàng)

   B. 彳亍(chìchù)　　凄婉(wǎn)　　颓圮(pǐ)　　迷茫(méng)

   C. 河畔(pàn)　　荡漾(yàng)　　青荇(xìng)　　长篙(gāo)

   D. 斑斓(lán)　　沉淀(dìng)　　似(sì)的　　泥(nì)古

2. 下面四项中,诗歌节奏划分错误的一项是(　　)。

   A. 轻轻的/我走了,//正如我/轻轻的来

   B. 波光里的/艳影,//在我的/心头荡漾

   C. 她//彷徨在/这寂寥的雨巷

   D. 一个/丁香一样的/结着愁怨的//姑娘

3. 下列解说不正确的一项是(　　)。

   A. 戴望舒是中国现代诗人,主要诗集有《我的记忆》《望舒草》《望舒诗稿》《灾难的岁月》。

B.《雨巷》是戴望舒早期的成名作和代表作，诗歌发表后产生了较大影响，诗人也因此被称为“雨巷诗人”。

C. 戴望舒早期的诗歌受西方印象派的影响，意象朦胧、含蓄。

D. 后期诗歌主要表现热爱祖国、憎恨侵略者的强烈感情和对美好未来的热烈向往，诗风明朗、沉挚。

4. 对《雨巷》的赏析不正确的一项是(　　)。

A. 诗人在《雨巷》中创造了一个丁香一样的结着愁怨的姑娘。这受中国古代诗词的启发，用丁香结即丁香的花蕾来象征人的愁心。

B.《雨巷》运用了象征的手法。诗中的“我”“雨巷”“姑娘”并非是对生活的具体写照，而是充满了象征意味的抒情形象。

C. 诗中借江南小巷的阴沉来象征当时社会的黑暗；“我”在黑暗中迷失了方向，找不到出路，充满了迷惘和绝望。

D.《雨巷》运用了复沓重唱手法，造成了回环往复的旋律，强化了音乐效果，替新诗的音节开了一个新纪元。

二、阅读题。

(一)

撑着油纸伞，独自
彷徨在悠长、悠长
又寂寥的雨巷，
我希望逢着
一个丁香一样的
结着愁怨的姑娘。

(二)

撑着油纸伞，独自
彷徨在悠长，悠长
又寂寥的雨巷，我希望飘过
一个丁香一样的
结着愁怨的姑娘。

1. 诗一开始用“悠长”“寂寥”的雨巷表明了居住地的________，以细雨表现了________的天气特点。

2. 结尾重复了开头，它的作用是________，但把“逢着”改为“飘过”，又说明了________的心态特征。

三、诗文赏析练习。

1. 对下面这首诗的赏析,不恰当的一项是(　　)。

偶　然

徐志摩

我是天空里的一片云,
偶尔投影在你的波心——
你不必讶异,
更无须欢喜——
在转瞬间消灭了踪影。
你我相逢在黑夜的海上,
你有你的,我有我的,方向;
你记得也好,最好你忘掉,
在这交会时互放的光亮!

A. 这首诗把"偶然"这样一个极为抽象的时间副词形象化,充满情趣,富有哲理,不但珠圆玉润,朗朗上口,而且余味无穷,溢于言外。

B. 此诗写的是两件比较实在的事情,一是天空里的云偶尔投影在水里的波心;二是"你""我"(都是象征性的意象)相逢在海上。

C. 如果我们用"我和你""相似"之类的标题,当会富有诗味。

D. "云""波""你""我""黑夜的海""互放的光亮"等意象及其之间的关系构成,都可以因为读者个人情感阅历的差异,及体验强度的深浅而进行不同的理解。

2. 对下面这首诗的分析不正确的一项是(　　)。

秋天的梦

戴望舒

迢迢的牧女的羊铃,摇落了轻的树叶。
秋天的梦是轻的,那是窈窕的牧女之恋。
于是我的梦是静静地来了,但却戴着沉重的昔日。
唔,现在,我是有一些寒冷,一些寒冷和一些忧郁。

A. 这首诗实际上写了两个"秋天的梦":"牧羊女的梦"和"我的梦"。是"我"听到牧羊女的诉说而引发了自己的梦。

B. 牧羊女的梦是"牧女之恋",从全诗的思路脉络看,能够判断"我的梦"也是"有关恋情的"。正是因情入梦,以梦抒情。

C. "牧羊女的梦"像羊铃那样迢遥,像落叶那样曼妙,是清纯而温暖的。"我的梦",则是沉重、寒冷、忧郁的。

D. 全诗四节,形成了一个对应式结构,许多信息就是从对应、对比中传达出来,显得简捷而又有蕴藉。

第十单元　练习与测试

一、基础知识。

1. 下列加点的字注音有误的一项是(　　)。

　A. 屏息(bǐng)　暴虐(lüè)　崎岖(qū)　珊瑚(shān)

　B. 霹雳(pī)　虹霓(ní)　戏谑(xuè)　诗行(háng)

　C. 喧响(xuān)　废墟(xū)　疲惫(bèi)　渺远(miǎo)

　D. 寂寞(jì)　絮语(xù)　慰藉(jiè)　狼藉(jí)

2. 下列各组词语没有错别字的一项是(　　)。

　A. 覆亡　反覆无常　倾诉　怨诉　　B. 魅惑　如愿以偿　蔚蓝　稠密

　C. 深渊　攀援上升　振惊　枉然　　D. 激荡　饱经风霜　芒然　桂冠

3. 下列有关文学常识表述错误的一项是(　　)。

　A. 新诗是1919年五四运动时期创始和发展起来的一种新诗体。新诗形式上采用白话文,打破了旧体诗格律的束缚,创造了不少样式。总的来说,旧体诗讲究格律,新诗比较自由。

　B. 朦胧诗是新诗发展到1979年、1980年出现的一种新的诗歌风格,其主要特点是表达的思想比较含蓄、感情比较隐秘、形式上颇多怪异。

　C. 普希金和裴多菲分别是俄国和荷兰的著名诗人,其代表作分别是《叶甫盖尼·奥涅金》《我愿意是急流》。

　D. 穆旦和舒婷是我国现代、当代著名诗人,分属九叶派和朦胧诗派,其代表作分别为《赞美》和《致橡树》。

4. 选出对《致大海》的语句解析不恰当的一项(　　)。

　A. 第一节中"这是你最后一次在我的眼前"表达了对大海的依恋。

　B. "好像是朋友的忧郁的怨诉"从大海的角度写诗人的感受,视大海为知己。

　C. "还因为那个隐秘的愿望而苦恼心伤!"表达了诗人对大海的歉意,不应该产生逃离大海的想法。

　D. 第一节至第四节为一个层次,抒发了对大海的热爱之情。

二、文学常识填空。

1.《再别康桥》是现代诗人________脍炙人口的诗篇,是________诗歌的代表作品。他的学生________,创造了不朽的诗作________。

2.《致大海》是________浪漫主义代表作。它以________作为自由精神的象征,表达了诗人与大海相通的自由精神。诗人借大海自由奔放的壮美形象,生发联想,尽情抒怀,表达了渴求的________愿望。

3.《雨巷》是________的成名作和前期的代表作。富于________是《雨巷》的一个突出的艺术特色。诗中运用了________等手法,造成了回环往复的旋律和宛转悦耳的乐感。

三、阅读诗歌,判断下列赏析的正误。

断　章

卞之琳

你站在桥上看风景,
看风景的人在楼上看你,
明月装饰了你的窗子,
你装饰了别人的梦。

1. 诗中形象地揭示了人与"风景"的关系:人不仅是"风景"(即大自然)的组成部分,还是"风景"的重要组成部分。"风景"里有了"人",才会有灵气,才能更生动。(　　)

2. 人不自觉地充当了景中的人而被他人欣赏,人也不自学地成了别人梦境的装饰,在人生的舞台上,人往往想成为主动者,孰料常处于被动地位。(　　)

3. 全诗四行,分为两个段落,分别静态地呈现一幅画面:一是白天的景象,一是夜晚的景象,诗歌在一种被分割而又体现出统一的生活时空上创造意象,这种构思方式取得了以少胜多,以简写繁的艺术效果。(　　)

4. 在"楼上人"的眼里,"你"比"风景"更美;在"楼上人"的心目中,"你"的皎洁妩媚胜过了"明月"。全诗虽无一个"美"字,而"美"的形象却从读者的想象中凸现出来。(　　)

四、阅读诗歌,完成各题。

面朝大海,春暖花开

海子

从明天起,做一个幸福的人
喂马,劈柴,周游世界
从明天起,关心粮食和蔬菜
我有一所房子,面朝大海,春暖花开
从明天起,和每一个亲人通信
告诉他们我的幸福
那幸福的闪电告诉我的
我将告诉每一个人
给每一条河每一座山取一个温暖的名字
陌生人,我也为你祝福
愿你有一个灿烂的前程

愿你有情人终成眷属
愿你在尘世获得幸福
而我只愿面朝大海，春暖花开

1. “幸福”的具体内容是什么？

2. 诗中的“面朝大海，春暖花开”象征着一种什么样的生活？

3. 诗人为什么说“从明天起，做一个幸福的人”？

4. “我只愿面朝大海，春暖花开”，表达了诗人怎样的思想感情？

五、写作。

人类的丰收成果，辉煌业绩，伟大事业，往往要历经磨难，走过痛苦征程才能取得。翻开昨日的历史：司马迁身受宫刑，身心承受着极大的痛苦，却奋发自励，搦笔数载，终于写出了“千古绝唱”——《史记》。曹雪芹写《红楼梦》，在贫穷和病痛中“披阅十载，增删五次”，呕心沥血10年，写了80回。直到现在，《红楼梦》一直被推崇，成为中国四大名著之一。历史上的例子多之又多，但从中我们也总结了许多：痛苦之后是什么？痛苦有着什么样的价值？以“痛苦”为话题，写一篇文章。立意自定，文体不限，题目自拟。

第十一单元

戏剧人生

第1课　窦　娥　冤

【学习导航】

关汉卿编写杂剧有六十余种，现仅存十八种，其中最著名的有《窦娥冤》《救风尘》《望江亭》《单刀会》《拜月亭》等。

作为中国古典悲剧的代表，《窦娥冤》讲述了窦娥蒙受的千古奇冤，反映了元代社会黑暗的现实，歌颂了窦娥美好的心灵和反抗精神。全剧共四折，课文是剧本的第三折，写窦娥被押赴刑场惨遭杀害的情景，是全剧矛盾冲突的高潮。这一折可分为三个部分，也就是三个场面：第一个场面——赴刑场，怨天。人物一出场，一个冤屈至深，怨愤至极的窦娥就呈现在读者面前。第二个场面——见婆婆，遗嘱。通过窦娥与婆婆的对白和窦娥的唱词，诉说了蒙冤的经过和希望婆婆在自己死后祭奠自己的遗愿。第三个场面——在刑场，誓愿。故事情节达到高潮。三桩誓愿由小到大，由弱到强，一步步递升，创造出浓厚的悲剧气氛。

剧本成功塑造了窦娥这个既有传统美德，又具有强烈反抗精神的社会底层劳动妇女形象。她善良勤劳、孝顺贤惠，同时又刚毅顽强，敢于与恶势力斗争到底。她处在严酷、腐败的封建统治之下，注定要走向悲剧的结局。窦娥的悲剧代表了当时社会底层人民的悲剧，有着震撼人心的力量。

剧本在写作上有以下特色。

1. 戏剧情节抑扬结合，高潮迭起

作为整出戏的高潮部分，课文在情节结构的设计上张弛结合，节奏鲜明，波澜起伏，颇具匠心。

2. 现实主义与浪漫主义自然结合

在深刻反映社会黑暗现实的基础上，作者运用浪漫主义的手法，借助感天动地的宏伟想象，让三桩誓愿一一兑现，在感情上满足了观众和广大人民群众的心理需求。

3. 曲词和对白个性鲜明、朴素自然

如三桩誓愿的场面，三次用对白提出誓愿，并三次用曲词强化感情，曲白相生，把窦娥为其冤屈而抗争的精神表达得深切而感人。

学习本文，要理清课文的结构，体会人物的情感，把握课文的主题，从而了解历史与人生，使思想境界得到净化与升华。同时还要了解和掌握相关的元杂剧知识，丰富自己的文学积累。

【扩展练习】

一、给下列词语中加点的字注音。

枷锁（ ） 顷刻（ ） 埋怨（ ） 盗跖（ ）

嗟怨（ ） 提防（ ） 罪愆（ ） 阡陌（ ）

二、解释下面的成语。

杳无音信________________

顺水推舟________________

有口难言________________

前合后偃________________

三、给下列形近字注音并组词。

{辩（ ）______ {暄（ ）______ {偃（ ）______
{辨（ ）______ {喧（ ）______ {堰（ ）______

四、找出课文中出现的杂剧术语并进行分类整理。

1. 宫调名：________________
2. 曲牌名：________________
3. 角色名：________________
4. 角色动作指令：________________

五、阅读课文第三个场面，回答问题。

1. 窦娥的三桩誓愿分别是什么？用简洁的词语概括出来。

2. 这三桩誓愿用了什么典故？

3. 这三桩誓愿的顺序可以颠倒吗？为什么？

4. 这三桩誓愿的提出，每一桩都是先用对白提出，再用曲词进一步强化，作者为什么要如此安排？

5. 这三桩誓愿有两桩即时应验，还有一桩在第四折中也得到验证。想一想，这在现实生活中是否可能实现？作者为什么要这样写？

六、阅读下面的文段，回答问题。

(外扮监斩官上，云)下官监斩官是也。今日处决犯人，着做公的把住巷口，休放往来人闲走。(净扮公人，鼓三通、锣三下科。刽子磨旗、提刀，押正旦带枷上。刽子云)行动些，行动些，监斩官去法场上多时了。(正旦唱)

【正宫】【端正好】没来由犯王法，不提防遭刑宪，(甲)。顷刻间游魂先赴森罗殿，怎不将天地也生埋怨。

【滚绣球】①有日月朝暮悬，有鬼神掌着生死权。②天地也！只合把清浊分辨，可怎生糊突了盗跖、颜渊？③为善的受贫穷更命短，造恶的享富贵又寿延。④天地也！(乙)，却原来也这般顺水推船！⑤地也，你不分好歹何为地！天也，你错勘贤愚枉做天！⑥哎，只落得两泪涟涟。

1. 将下面两句话分别填入文中甲、乙处，并体会其表达作用。

A. 做得个怕硬欺软　　　　B. 叫声屈动地惊天

甲：(　　)，表达作用是____________________

乙：(　　)，表达作用是____________________

2. 这折戏一开始，作者让监斩官、公人、刽子手陆续登场，击鼓鸣锣，摆旗提刀，吆三喝四；而所押解的是一位平民弱女。这段科白所渲染的气氛是________。

3. 请从【滚绣球】中找出符合下列分析的相应句子，将序号填入后面的括号中。

A. 用对比对偶修辞方式痛陈现实的不公道。(　　)

B. 惊天动地的呐喊，对整个封建社会的强烈抗议和愤怒声讨。(　　)

C. 对天地敬畏，抱有幻想。(　　)

D. 用呼告和反问句对天地悲愤地质问。(　　)

E. 丢掉幻想和敬畏，对天地公理、封建秩序发出大胆质问。(　　)

4. 把窦娥指斥天地，否定鬼神，表现其强烈反抗性格的重点词语找出来。

5.《窦娥冤》中的两句唱词，有以下两个不同版本的文字表述，说说哪一个版本的表述更好，为什么？

《古名家杂剧》本："地也，你不分好歹难为地；天也，我今日负屈衔冤哀告天！"

《元曲选》本："地也，你不分好歹何为地！天也，你错勘贤愚枉作天！"

七、阅读下面一段文字，简要分析"东海孝妇"和"窦娥"两个人物形象的不同，与同学交流。

东海有孝妇，少寡，亡子，养姑甚谨。姑欲嫁之，终不肯。姑谓邻人曰："孝妇事我勤苦，哀其亡子守寡。我老，久累丁壮，奈何？"其后，姑自经死，姑女告吏："妇杀我母。"吏捕孝妇。孝妇辞不杀姑。吏验治，孝妇自诬服。具狱上府，于公以为此妇养姑十余年，以孝闻，必不杀也。太守不听，于公争之，弗能得。乃抱其具狱，哭于府上，因辞疾去。太守竟论杀孝妇。郡中枯旱三年。

《汉书·于定国传》

第2课　雷雨（节选）

【学习导航】

曹禺的《雷雨》是中国话剧成熟的标志，他的代表作还有《日出》《原野》《北京人》等，有些作品被译成多国文字，在国外上演。

《雷雨》是四幕悲剧，通过周、鲁两个家庭八个人物前后30年间复杂的感情纠葛，塑造了周朴园这个虚伪、自私、冷酷的封建资本家形象，表现了鲁侍萍遭侮辱受损害的经历，揭示了工人与资本家之间的尖锐矛盾，反映了正在酝酿着一场大变动的20世纪30年代的中国社会现实。

阅读和鉴赏课文时，宜从课文的戏剧冲突和戏剧语言这两大角度进行。

1. 冲突是戏剧的主要特点之一

课文中出现的人物之间交织着多重矛盾：以周朴园为代表的资本家与以鲁侍萍为代表的下层劳动人民之间的矛盾冲突；周朴园同鲁大海父与子的矛盾冲突；资本家与工人之间的矛盾冲突；鲁大海与周萍兄弟之间的矛盾冲突；鲁侍萍与周萍母与子的矛盾冲突等。其中最主要的是周朴园与鲁侍萍、周朴园与鲁大海这两对矛盾冲突。作者借助于时间和空间的转换，分别以周朴园和鲁侍萍作为家庭矛盾的中心并以周朴园和鲁大海作为阶级矛盾的中心，来展开和推进故事情节。

2. 戏剧语言，即富有个性化、动作化的语言和戏剧中的潜台词

剧中每个人物在用词、语气上都因出身、地位、经历、个性不同而各有特色，而且随着剧情发展和人物思想感情的变化而变化。如周朴园简短、盛气凌人的话语，鲁侍萍和缓、抑郁悲痛的语调，鲁大海无畏、直截了当的语言，都与人物各自的身份相吻合。剧中的人物对话中，隐藏着十分丰富的潜台词，从中可以窥见人物丰富的内心世界，对于表现人物的性格起到了非常重要的作用。

学习本文，要理清本剧的情节结构和戏剧冲突，体会剧中个性化的人物语言和丰富的潜台词，以分析和把握剧中人物的性格特点，从而理解剧本深刻的社会意义。

【扩展练习】

一、给下列词语中的加点字注音。

沉吟（　　）　缜密（　　）　袖襟（　　）　惊愕（　　）

谛听（　　）　雪茄（　　）　咀嚼（　　）　汗涔涔（　　）（　　）

二、找出下列语句中的错别字并改正。

1. 午饭后，天气更阴沉，更郁热，潮湿的空气，低压着在屋内的人，使人异常烦燥。（　　）

2. 梅家的一个年轻小姐，很贤惠，也很规矩。（ ）

3. 你顺便去告诉四凤，叫她把我樟木箱子里的那件旧雨衣拿出来，顺便把那箱子里的几件旧衬衣也检出来。（ ）

4. 你这么只凭义气是不能交涉事情的。（ ）

5. 你以为一个人做了一件与心不忍的事就会忘了么？（ ）

三、理清《雷雨》剧中的人物关系，用简短的文字进行介绍。

主要人物：周朴园 鲁侍萍 繁漪 周萍 四凤 周冲 鲁大海 鲁贵

四、阅读课文，回答下列问题。

1. 课文一共有几场戏？共有哪些矛盾冲突？主要冲突是什么？

2. 在鲁侍萍讲述往事的过程中，周朴园经历了怎样的心理变化？

3. 从和鲁大海的激烈冲突中，可以看出周朴园哪些性格特征？

五、朗读下面的台词，体会主人公的心理和情感变化，在括号内填入相应的舞台提示。

周朴园　哦，侍萍！（低声）是你？

鲁侍萍　你自然想不到，侍萍的相貌有一天也会老得连你都不认识了。

［周朴园不觉地望望柜上的相片，又望侍萍。半晌。］

周朴园　（ ）你来干什么？

鲁侍萍　不是我要来的。

周朴园　谁指使你来的？

鲁侍萍　（ ）命，不公平的命指使我来的！

周朴园　（ ）三十年的功夫你还是找到这儿来了。

鲁侍萍　（ ）我没有找你，我没有找你，我以为你早死了。我今天没想到这儿来，这是天要我在这儿又碰见你。

(①愤怒　②冷冷地　③忽然严厉地　④悲愤)

六、揣测下列语句,回答括号中的问题,体会人物语言内涵的丰富性。

1. 鲁侍萍　可是她不是小姐,她也不贤惠,并且听说是不大规矩的。

(课文中鲁侍萍几次说到这样意思的话,表现了她怎样的心情?)

2. 周朴园　(忽然)好!痛痛快快的!你现在要多少钱吧!

鲁侍萍　什么?

(鲁侍萍的反问,表现了她怎样的感情?)

3. 周朴园　什么?鲁大海?他!我的儿子?

(将这四个短语改写成一个陈述句,体会改写后表达的感情有什么不同。)

4. 鲁侍萍　(大哭)这真是一群强盗!(走至周萍面前)你是萍,……凭——凭什么打我的儿子?

(第二句巧妙在哪里?表现了侍萍怎样复杂的感情?)

七、阅读下面的文段,回答问题。

周朴园　(忽然)好!痛痛快快的!你现在要多少钱吧?

鲁侍萍　什么?

周朴园　留着你养老。

鲁侍萍　(苦笑)哼,你还以为我是故意来敲诈你,才来的么?

周朴园　也好,我们暂且不提这一层。那么,我先说我的意思。你听着,鲁贵我现在要辞退的。四凤也要回家。不过——

鲁侍萍　你不要怕,你以为我会用这种关系来敲诈你么?你放心,我不会的。大后天我就带着四凤回到我原来的地方。这是一场梦,这地方我绝对不会再住下去。

周朴园　好得很,那么一切路费,用费,都归我担负。

鲁侍萍　什么？

周朴园　这于我的心也安一点。

鲁侍萍　你？（笑）三十年我一个人都过了，现在我反而要你的钱？

1. 鲁侍萍的台词中有两句“什么？”含义有什么不同？

2. 关于鲁侍萍的舞台提示有两处，一处是“苦笑”，一处是“笑”，说一说两处舞台提示反映了人物怎样的心理。

3. 在这段对话中，鲁侍萍的每一句话几乎都用了问句，这有什么用意？

4. 结合全剧，简要概括鲁侍萍这一人物形象。

5. 对《雷雨》中周朴园这一人物形象分析判断正确的两项是（　　）。

A. 周朴园是《雷雨》中各种矛盾的集合点，是官僚买办资产阶级的典型。

B. 他是带有浓厚封建性的资产阶级典型。他的罪恶发家史是残酷迫害工人的记录。

C. 他是具有一定进步性的民族资产阶级典型，他对儿子的教育体现了他的进步性。

D. 他的主要性格特点是冷酷、专横、虚伪。上述和鲁侍萍的对话充分显示了这些特点。

E. 他的主要特点是软弱、乖戾、孤独，在和鲁侍萍的对话中他是胆怯的。

八、阅读《雷雨》全剧，从中任选一个人物，写一段评述性文字。

第 3 课　威尼斯商人

【学习导航】

莎士比亚(1564—1616),文艺复兴时期英国伟大的剧作家和诗人。莎士比亚一生共创作了两部叙事长诗、154 首十四行诗和 37 部戏剧。代表剧作有《威尼斯商人》《罗密欧与朱丽叶》《哈姆莱特》《奥赛罗》《李尔王》等。他的作品形象地描绘了资本主义兴起时期英国的社会生活图画,充分表达了资产阶级人文主义者反封建、反教会、追求个性解放的理想和愿望。

《威尼斯商人》剧本的主题是谴责贪婪、仇恨和残忍,歌颂仁爱、友谊和爱情,反映了资本主义早期商业资产阶级和高利贷者之间的矛盾,表现了作者对资产阶级社会中金钱、法律和宗教等问题的人文主义思想。

在这部剧作中,作者塑造了一系列具有鲜明性格特点的文学形象。如贪婪残忍、老于世故、能言善辩、冷酷无情的犹太商人夏洛,博学多才、聪明机智、崇尚正义的人文主义妇女鲍西娅,慷慨大方、看重友谊、重义轻利的安东尼奥,稳重慈祥的公爵,暴躁易怒的葛莱西安诺等。

课文在写作上有如下特色。

1. 戏剧情节曲折生动,戏剧冲突紧张激烈

第一场戏,故事情节步步推进,一步步走向看似不可挽回的结局。第二场戏,故事情节峰回路转,人物命运发生出人意料的逆转,最后以喜剧收场。整个故事环环相扣,紧张曲折,扣人心弦,产生强烈的戏剧性效果。

2. 对比手法的成功运用

既有人物性格的对比,又有故事情节的对比,还有人物语言的对比。对比手法的运用,产生了强烈的喜剧效果,表现了作者匠心独具的构思。

3. 优美生动的个性化语言

莎士比亚的语言是诗剧的语言,既个性化而又丰富多彩、生动形象、精炼优美、富有诗意,给人以美的享受。剧中每个人物都有自己的语言特色。如公爵的话稳重委婉,与其身份相应;夏洛克固执残忍,能言善辩且鄙俗拜金;鲍西娅的语言明快简明,是诗与哲理的结合,既表现了人文主义者的思想,又符合其律师的身份。

学习时,要把握剧本的戏剧冲突,从而把握剧中的人物和主题;分析人物的性格特征和在剧中的独特地位;有意识地加强对本课语言的学习,对人物台词进行详细分析,体会莎剧的艺术风格,提高对语言文字的感受能力。

【扩展练习】

一、给下列词语中加点的字注音。

恻隐（ ） 豁免（ ） 告禀（ ） 癖性（ ）

袒露（ ） 祈祷（ ） 凛然（ ） 刽子手（ ）

二、将下面的成语与对应的释义连线。

置之死地 连鸡狗都不得安宁，指没有办法平静地过日子。

中流砥柱 罪恶多端不得饶恕。

鸡犬不宁 有意使人处于无法生存下去的境地。

万恶不赦 超出自己业务范围去处理别人所管的事。

越俎代庖 比喻在动荡艰难环境中能起支柱作用的力量。

三、阅读课文，回答下列问题。

1. 当巴萨尼奥提出加倍偿还借款的建议时，贪婪、爱财如命的夏洛克为什么反而坚持“照约处罚”呢？

2. 葛莱西安诺和夏洛克都赞美鲍西娅“一个博学多才的法官”，联系课文，分析这句赞美的表达效果。

3. 鲍西娅是在什么情况下出场的？与夏洛克的交锋过程表现了她怎样的性格特点？

四、判断下面的台词应出自哪个人物之口，将姓名写在后面的括号内。

1. “把我的生命连着财产一起拿了去吧，我不要你们的宽恕……你们夺去了我的养家活命的根本，就是活活要了我的命。”（ ）

2. “别忙！这犹太人必须得到绝对的公道。别忙！他除了照约处罚以外，不能接受其他的赔偿。”（ ）

3. “不要因为你将要失去一个朋友而懊恨，替你还债的人是死而无怨的。”（ ）

4. “我愿意丧失一切，把它们献给这恶魔做牺牲，来救出你的生命。”（ ）

五、仿写：仿照下面的例句，在下面给出的词语中任选一个，并以这个词语为开头，说一段话。

慈悲不是出于勉强，它是像甘霖一样从天上降下尘世；它不但给幸福于受施的人，也同样给幸福于施与的人；它有超乎一切的无上威力，比皇冠更足以显出一个帝王的高贵：御杖不过象征着俗世的威权，使人民对于君上的尊严凛然生畏；慈悲的力量却高出于权力之上，它深藏在帝王的内心，是一种属于上帝的德性。

词语：善良　　诚实　　友谊　　宽容

六、阅读下面的文段，回答问题。

夏 洛 克　我的意思已经向殿下告禀过了；我也已经指着我们的圣安息日起誓，一定要照约执行处罚；要是殿下不准许我的请求，那就是蔑视宪章，我要到京城里去上告，要求撤销贵邦的特权。您要是问我为什么不愿接受三千块钱，宁愿拿一块腐烂的臭肉，那我可没有什么理由可以回答您，我只能说我欢喜这样，这是不是一个回答？要是我的屋子里有了耗子，我高兴出一万块钱叫人把它们赶掉，谁管得了我？这不是回答了您吗？有的人不爱看张开嘴的猪，有的人瞧见一头猫就要发脾气，还有人听见人家吹风笛的声音，就忍不住要小便；因为一个人的感情完全受着喜恶的支配，谁也作不了自己的主。现在我就这样回答您：为什么有人受不住一头张开嘴的猪，有人受不住一头有益无害的猫，还有人受不住咿咿唔唔的风笛的声音，这些都是毫无充分的理由的，只是因为天生的癖性，使他们一受到刺激，就会情不自禁地现出丑相来；所以我不能举什么理由，也不愿举什么理由，除了因为我对于安东尼奥抱着久积的仇恨和深刻的反感，所以才会向他进行这一场对于我自己并没有好处的诉讼。现在您不是已经得到我的回答了吗？

巴萨尼奥　你这冷酷无情的家伙，这样的回答可不能作为你的残忍的辩解。

夏 洛 克　我的回答本来不是为了讨你的欢喜。

巴萨尼奥　难道人们对于他们所不喜欢的东西，都一定要置之死地吗？

夏 洛 克　哪一个人会恨他所不愿意杀死的东西？

巴萨尼奥　初次的冒犯，不应该就引为仇恨。

夏 洛 克　什么！你愿意给毒蛇咬两次吗？

安东尼奥　请你想一想，<u>你现在跟这个犹太人讲理，就像站在海滩上，叫那大海的怒涛减低它的奔腾的威力，责问豺狼为什么害得母羊由于失去它的羔羊而哀啼，或是叫那山上的松柏，在受到大风吹拂的时候，不要摇头摆脑，发出簌簌的声音</u>。要是你能够叫这个犹太人的心变软——世上还有什么东西比它更硬呢？——那么还有什么难事不可以做到？所以我请你不用再跟他商量什么条件，也不用替我想什么办法，让我爽爽快快受到判决，满足这犹太人的心愿吧。

1. 夏洛克对“为什么不愿接受三千块钱，宁愿拿一块腐烂的臭肉”这一问题的实质性回答是（　　）。

A.“我只能说我欢喜这样。”

B.“要是我的屋子里有了耗子，我高兴出一万块钱叫人把它们赶掉，谁管得了我？”

C.“天生的癖性。”

D.“因为我对于安东尼奥抱着久积的仇恨和深刻的反感。”

2. 你认为夏洛克同安东尼奥进行这一场诉讼有没有好处？他的真正意图是什么？

3. 夏洛克说：“你愿意给毒蛇咬两次吗？”中的“毒蛇”比喻谁？这句话表达了他怎样的思想感情？

4. 画横线部分运用了什么修辞方法？他有怎样的表达效果？

5. 从这一段可以看出夏洛克怎样的性格特征？

七、外国文学的人物画廊中，有四个著名的吝啬鬼，写出他们的名字，并说明出自哪部作品，作者是谁。课外了解这几个人物形象，和同学讨论他们吝啬的表现有什么不同。

八、世界上最重要的东西是什么？是金钱，还是地位、友情、亲情、爱情？在夏洛克的眼中，金钱是最重要的，在安东尼奥的心中，友情是最重要的。你认为是什么？

写一段文字,谈谈自己的看法。

九、由于社会环境、出身地位的不同,窦娥、鲁侍萍、鲍西娅这三个女性有着不同的命运,写一段话,对她们的命运进行简要分析。

第十一单元　练习与测试

一、选择题。

1. 下列词语中加点字的注音，完全正确的一项是（　　）。

   A. 缜密（zhěn）　江堤（dī）　栖身（qī）　咀嚼（jué）

   B. 伺候（sì）　铜臭（xiù）　埋怨（mán）　亢旱（kàng）

   C. 应验（yīng）　沏茶（qiè）　庖代（páo）　殒落（sǔn）

   D. 社稷（jì）　奸佞（niē）　校场（jiào）　诉讼（sòng）

2. 下列词语中，书写无误的一项是（　　）。

   A. 粉墨登场　兵荒马乱　无缘无故　相依为命

   B. 敲诈勒索　自食其利　惊慌失错　负曲衔冤

   C. 别出心裁　随机应变　下不违例　伤天害理

   D. 尽善尽美　乱七八糟　前合后堰　千真万确

3. 下列各句中成语使用恰当的一项是（　　）。

   A. 他从小就喜欢画画，常在纸上信笔涂鸦，现在他画的鸟已是栩栩如生。

   B. 政府要真正转变职能，非要对现有的政府机构进行彻底地改头换面不可。

   C. 他以作家、教授的身份、地位，洁身自好、有所不为，对国家的前途，忧心忡忡。

   D. 得了冠军，就对同伴侧目而视，颇有点老子天下第一的劲头。

4. 对下列各句运用的修辞手法，判断有误的一项是（　　）。

   A. 为善的受贫穷更命短，造恶的享福贵又寿延。（对偶）

   B. 慈悲不是出于勉强，它是像甘霖一样从天上降下尘世。（比喻）

   C. 改良！改良！越改越凉，冰凉！（双关）

   D. 明天见，明天还不定是风是雨呢！（夸张）

5. 下列关于戏剧知识的表述，正确的一项是（　　）。

   A. 在我国，戏剧一般是戏曲、话剧、歌剧的总称。在西方，戏剧专指话剧。

   B. 戏剧按题材分为悲剧、喜剧、正剧，按内容分为历史剧、现代剧，按结构分为独幕剧、多幕剧，按表演形式分为话剧、歌剧、舞剧、戏曲等。

   C. 戏剧是一种由文学、导演、表演、音乐、美术等各种艺术成分组成的综合艺术。

   D. 戏剧的“三一律”原则是指戏剧创作要在时间、地点、情节三者之间保持一致性。

6. 下列对作品和作者的表述，不正确的一项是（　　）。

   A.《雷雨》是五幕悲剧，反映了正在酝酿着一场大变动的上世纪三十年代的中国社会现实。

B.《威尼斯商人》是莎士比亚的喜剧,剧中人物寄托着莎士比亚的人文主义思想。

C.《窦娥冤》全剧共四折,作者是元代戏曲作家关汉卿。

D.《茶馆》通过写裕泰茶馆中的众生相,反映了不同时期的北京社会风貌,作者是现代作家老舍。

二、文学常识填空。

1. 曹禺,原名________,现代著名剧作家。其作品________是中国话剧成熟的标志。还有作品________等。曹禺擅长以________的笔触,深入挖掘人物的内心世界,展示紧张、尖锐的戏剧冲突。

2. 莎士比亚是________时期英国伟大的________和________。莎士比亚的四大悲剧是________、________、________和________。

3. 杂剧有三个构成部分:________、________、________。杂剧的角色分为三大类________、________、________。

三、仿照示例,在下列词语中任选三个,分别写出一句话。

示例:注射器——给人以疼痛感,却是出于善意。

词语:路标　木偶　镜子　蜡烛　卵石

四、阅读文段,回答问题。

[乡妇拉着个十来岁的小妞进来。小妞的头上插着一根草标。李三本想不许她们往前走,可是心中一难过,没管。她们俩慢慢地往里走。茶客们忽然都停止说笑,看着她们。]

小　妞　(走到屋子中间,立住)妈,我饿!我饿!

[乡妇呆视着小妞,忽然腿一软,坐在地上,掩面低泣。]

秦仲义　(对王利发)轰出去!

王利发　是!出去吧,这里坐不住!

乡　妇　哪位行行好?要这个孩子,二两银子!

常四爷　李三,要两个烂肉面,带她们到门外吃去!

李　三　是啦!(过去对乡妇)起来,门口等着去,我给你们端面来!

乡　妇　(立起,抹泪往外走,好像忘了孩子;走了两步,又转回身来,搂住小妞吻她)宝贝!宝贝!

王利发　快着点吧!

[乡妇、小妞走出去。李三随后端出两碗面去。]

王利发　(过来)常四爷,您是积德行好,赏给她们面吃!可是,我告诉您:这路事儿太多，太多了！谁也管不了！（对秦仲义）二爷，您看我说的对不对？

常四爷　（对松二爷）二爷，我看哪，大清国要完！

秦仲义　（老气横秋地）完不完，并不在乎有人给穷人们一碗面吃没有。小王，说真的，我真想收回这里的房子！

王利发　您别那么办哪，二爷！

秦仲义　我不但收回房子，而且把乡下的地，城里的买卖也都卖了！

王利发　那为什么呢？

秦仲义　把本钱拢到一块儿，开工厂！

王利发　开工厂？

秦仲义　嗯，顶大顶大的工厂！那才救得了穷人，那才能抵制外货，那才能救国！（对王利发说而眼看着常四爷）唉，我跟你说这些干什么，你不懂！

王利发　您就专为别人，把财产都出手，不顾自己了吗？

秦仲义　你不懂！只有那么办，国家才能富强！好啦，我该走啦。我亲眼看见了，你的生意不错，你甭再耍无赖，不长房钱！

王利发　您等等，我给您叫车去！

秦仲义　用不着，我愿意蹓达蹓达！

（《茶馆》）

1. 对待母女俩的不同态度分别表现了文中人物怎样的性格特点？

秦仲义：

常四爷：

王利发：

2. 秦仲义有什么雄心壮志？你认为在当时有可能实现吗？为什么？

3. 阅读王利发在这场戏中的台词，说说他在这个时期的性格特点。

五、口语交际训练。

从语言、表情、仪态等方面精心设计面试时的自我介绍，并以小组为单位，模拟招聘现场，进行自荐练习。

六、语文综合实践活动。

利用课余时间,选择合适的方式,与同学一起参与所在社区、街道或乡镇的文化建设。参与方式可以是问卷调查、合理化建议、办手抄报、文艺演出、趣味运动会等。

七、写作。

唐代著名的慧宗禅师常为弘法讲经而云游四方。有一回,他临行前吩咐弟子看护好寺院里的数十盆兰花。弟子们深知师父酷爱兰花,因此,十分殷勤地侍弄它。但一天深夜狂风大作,暴雨如注,弟子们一时疏忽,将兰花遗忘在外。第二天,弟子们望着眼前破碎的花盆后悔不迭。几天后,慧宗禅师返回寺院,众弟子忐忑不安地上前迎候,准备领受责罚。然而慧宗禅师却神态自若,宽慰弟子们说:"当初,我不是为了生气而种兰花的。"就是这一句平淡无奇的话,令在场的弟子们大彻大悟,如醍醐灌顶……

请以"学会快乐"为话题写一篇文章。

第十二单元

历史回声

第1课　鸿　门　宴

【学习导航】

公元前206年10月，刘邦入关，攻破咸阳后，还军霸上，并派兵把守函谷关；12月项羽破关而入，项、刘在鸿门会面，这是项羽、刘邦在推翻秦王朝后，为争夺胜利果实而展开的一场惊心动魄的较量。全文以“鸿门宴”为中心，以项羽杀不杀刘邦、刘邦能不能安然逃离为主要事件，按时间顺序展开故事情节，详细记叙了鸿门宴上项羽和刘邦双方紧张、惊险的斗争场面，揭示了项、刘两大势力间的矛盾，刻画出项、刘两人及双方主要人物不同的性格特点。

全文共七段，分为宴会前、宴会中、宴会后三部分。第一部分交代鸿门宴的由来。写宴会前项、刘两军驻地，力量对比，事件的起因及双方的幕后活动。第二部分写鸿门宴上双方的尖锐斗争。这是课文的高潮部分，其情节可概括为“三起三落”，“三起”：范增举所佩玉玦暗示项羽动手杀刘邦，为一起；范增叫项庄以舞剑为由，趁机刺杀刘邦，为二起；樊哙闯入军帐，怒斥项羽，为三起。“三落”：项羽面对樊哙闯帐，不仅不怒，反而称其为“壮士”，为一落；项羽对樊哙赐酒、赐彘肩，赐座，为二落；刘邦以“如厕”为由成功脱逃，为三落。第三部分叙述宴后余事。包括刘邦间道回营，张良留谢，项王受璧而范增破斗，刘邦诛杀曹无伤。这部分是故事的结局和尾声。

本文在写作上有如下特点。

1. 善于在错综复杂的矛盾斗争中通过典型的细节和个性鲜明的对话来刻画人物性格。如文中通过刘邦入关后“籍吏民封府库”“遣将守关”等行为及他和项羽之间“戮力而攻秦”的对话等，刻画了刘邦工于心计、能言善辩的性格特点。

2. 故事情节曲折、完整，结构严谨。如项羽“旦日飨士卒，为击破沛公军”时，读者为沛公捏了一把汗，而项伯访张良后读者就松了一口气；课文开头写曹无伤告密，结尾就写刘邦诛杀曹无伤。情节张弛有度，有始有终。

3. 语言精练生动，人物形象个性鲜明。课文善于用符合人物身份特征的语言传达人物的神采与个性。如项羽在课文中虽只说了几句话，却可看出他的自矜功伐、寡谋轻信、委过于人的性格特点。

学习本文,要掌握文中重点实词的意义、一词多义和词类活用等。要通过反复诵读,感知人物的性格及其对人物命运的影响,多角度分析人物的成与败,了解课文情节曲折、结构完整的特点,学习运用对话、行为、情态等描写人物的方法。

【扩展练习】

一、选择题。

1.《鸿门宴》矛盾发生的导火索是(　　)。

A. 沛公左司马曹无伤的告密。

B. 项羽军中项伯向刘邦告的密。

C. 刘邦欲王关中。

D. 项羽兵四十万,刘邦兵十万,项羽想凭借优势吞并刘邦。

2. 下列各句属于判断句式的是(　　)。

A. 此沛公之参乘樊哙者也。　　B. 沛公安在?

C. 为击破沛公军。　　D. 盖余之勤且艰苦若此。

3. 下列各句中省略了介词"于"的是(　　)。

A. 军中无以为乐。　　B. 竖子不相为谋。

C. 大王来何操?　　D. 将军战河南,臣战河北。

4. 下列各句中没有通假字的一句是(　　)。

A. 距关,毋内诸侯。

B. 吾入关,秋毫不敢有所近,籍吏民,封府库,以待将军。

C. 愿伯具言臣之不敢倍德也。

D. 旦日不可不蚤自来谢项王。

5."谁为大王为此计者"中先后两个"为"的注音注释正确的是(　　)。

A. wèi 给　wéi 给

B. wèi 替,给　wèi 制定,动词

C. wèi 为了,介词　wéi 做,动词

D. wèi 替,给　wéi 制定,动词

6. 下列各句与其他句子不同的是(　　)。

A. 蚓无爪牙之利,筋骨之强。

B. 谨使臣良奉白璧一双,再拜献大王足下。

C. 竖子不相为谋。

D. 举所佩玉玦以示之者三。

7."老谋深算,知人善任,随机应变"是对(　　)的性格刻画。

A. 沛公　　B. 张良　　C. 项羽　　D. 范增

二、填空题。

1.《鸿门宴》作者________，是________时期伟大的________家和________家，他开创了我国________体的史学，同时也开创了我国的________文学。

2.《鸿门宴》记叙了________和________在争夺天下斗争中的一个重要场面，出自本文沿用至今的成语有________、________、________。

三、阅读理解

沛公旦日从百余骑来见项王，至鸿门，谢曰："臣与将军戮力而攻秦，将军战河北，臣战河南，然不自意能先入关破秦，得复见将军于此。今者有小人之言，令将军与臣有郤。"项王曰："此沛公左司马曹无伤言之；不然，籍何以至此。"项王即日因留沛公与饮，(　　)东向坐，亚父南向坐。亚父者，(　　)也。(　　)北向坐，(　　)西向侍。范增数目项王，举所佩玉玦以示之者三，项王默然不应。范增起，出召项庄，谓曰："君王为人不忍，若入前为寿，寿毕，请以剑舞，因击沛公于坐，杀之。不者，若属皆且为所虏。"庄则入为寿。寿毕，曰："君王与沛公饮，军中无以为乐，请以剑舞。"项王曰："诺。"项庄拔剑起舞，项伯亦拔剑起舞，常以身翼蔽沛公，庄不得击。

1. 下列句子中加点字的用法与"沛公旦日从百余骑来见项王"中的"从"用法一致的是(　　)。

A. 项伯杀人，臣活之　　B. 寿毕，请以剑舞

C. 吾得兄事之　　D. 卒廷见相如

2. "将军战河北，臣战河南"一句是什么句式(　　)。

A. 省略句式　　B. 倒装句式

C. 被动句式　　D. 疑问句式

3. 出自本段中的成语是________________

4. 指出下列句中加点字的用法和意义。

(1) 常以身翼蔽沛公

用法________　　意义________

(2) 范增数目项王

用法________　　意义________

5. "籍何以至此"一句中的"籍"是指(　　)。

A. 户籍　　B. 名词用作动词，登记

C. 项籍　　D. 安慰

6. 在文中括号处填入合适的人名。

7. 翻译文中画横线的一句话。

____

第2课 六　国　论

【学习导航】

苏洵(1009—1066),北宋散文家。与其子苏轼、苏辙合称“三苏”,均被列入“唐宋八大家”。字明允,号老泉,眉州眉山人(今四川)。据说27岁才发奋读书,经过十多年的闭门苦读,学业大进。仁宗嘉佑元年(1056),他带领苏轼、苏辙到汴京,拜谒翰林学士欧阳修。欧阳修很赞赏他的《权书》《衡论》等文章,认为可与贾谊、刘向相媲美,于是向朝廷推荐。一时公卿士大夫争相传诵,文名因而大盛。其散文论点鲜明,论据有力,语言锋利,纵横恣肆,具有雄辩的说服力。

作者在课文中用六国灭亡的历史事实论证了“六国破灭,弊在赂秦”的观点,警告北宋统治者不要屈辱苟安,要并力却敌。

本文的写作特点如下。

1. 借古讽今,切中时弊

本文从历史与现实结合的角度,依据史实,抓住“六国破灭,弊在赂秦”这一点来立论,针砭时弊,切中要害。并联系北宋现实,点出全文主旨,表现了很强的现实针对性。

2. 论点鲜明,论证严密

文章开头即提出中心论点“六国破灭,弊在赂秦”。这一中心论点贯穿始终。第一部分区别两种情况,从道理上论证“弊在赂秦”;第二部分分别就两种情况,以六国破灭的史实论证“弊在赂秦”;第三部分,借古讽今,告诫北宋王朝不要走六国赂秦而灭亡的老路。每一部分都紧扣中心论点。各段之间彼此呼应,论证既深入又充分,逻辑严密,无懈可击。

语言生动,气势充沛。如六国诸侯的祖先“暴霜露,斩荆棘,以有尺寸之地”。他们的子孙却“视之不甚惜,举以予人,如弃草芥”,“今日割五城,明日割十城,然后得一夕安寝”,可是一觉醒来时,“起视四境,而秦兵又至”。这些对比性的形象描述,大大增强了文章的表达效果。

【扩展练习】

一、选择题。

1. 选出下列加点字的注音全部正确的一项(　　)。

A. 暴(bào)霜露　　洎(jì)牧以谗诛

B. 为(wèi)国者　　举以予人,如弃草芥(jiè)

C. 燕(yàn)赵之君　　犹抱薪(xīn)救火

D. 与嬴(yíng)而不助五国　　　　斩荆(jīng)棘

2. 下列加点字的解释全错误的一项是(　　)。

A. 六国互丧，率(全部)赂秦耶　暴秦之欲无厌(通餍，满足)

B. 终继五国迁(相继)灭　与(给予)嬴而不助五国也

C. 始速(迅速)祸焉　洎(以后)牧以(来)谗诛

D. 胜负之数(命运)　无使为(因为)积威之所劫哉

3. 选出与"其势弱于秦"中"于"的用法相同的一句(　　)。

A. 赵尝五战于秦　　　　B. 日削月割，以趋于亡

C. 青取之于蓝　　　　　D. 冰，水为之而寒于水

4. 与"而为秦人积威之所劫"中加点的"为"用法相同的一项是(　　)。

A. 为国者无使为积威之所劫哉　　B. 冰，水为之

C. 不者，若属皆且为所虏　　　　D. 洎牧以谗诛，邯郸为郡

5. 下列叙述有误的一项是(　　)。

A.《六国论》选自《嘉佑集·权书》，作者苏洵，号嘉佑，宋朝著名散文家。

B.《六国论》和《过秦论》一样都是史论。史论是作者从一定的立场观点出发，对某一史料进行研究而得出结论的一种文体。

C.《六国论》最后一节运用对比论证的方法，将六国与秦的关系同宋王朝与契丹、西夏的关系作对比，从爵位的高下、实力的强弱、地盘的大小、胜负的趋势几个方面作对比，说明宋王朝如果赂地而亡国实在是最下策的做法了。

D.《六国论》语言颇具特色，句子长短相同，句式丰富多彩，有正面说，有隐含说，相映成趣。

6. 下列句子中修辞手法与例句相同的一句是(　　)。

例句，古人云：以地侍秦，犹抱薪救火，薪不尽火不灭。

A. 子孙视之不甚惜，举以予人，如弃草芥。

B. 以赂秦之地封天下之谋臣，以事秦之心礼天下之奇才。

C. 夫六国与秦皆诸侯，其势弱于秦，而犹有可以不赂而胜之之势。

D. 则吾恐秦人食之不得下咽也。

7. 下列句子没有通假字的一项是(　　)。

A. 然则诸侯之地有限，暴秦之欲无厌　　B. 则知明而行无过矣

C. 虽有槁暴　　　　　　　　　　　　　D. 六国互丧，率赂秦耶

二、填空题。

1. 本文是一篇________文，作者是________，与其子________和________并称________。

2. 本文的论点是________。两个分论点是________和________。

3. 呜呼！________，________，并力西向，则吾恐秦人食之不得下咽也。

4. 作者通过论证得出的正面结论是________。

5. 苟以天下之大，________，是又在六国之下矣。

三、阅读理解。

(一)

然则诸侯之地有限，暴秦之欲无厌，(　　)奉之弥繁，(　　)侵之愈急。故不战而强弱胜负已判矣，至于颠覆，理固亦然。古人云："以地侍秦，犹抱薪救火，薪不尽，火不灭。"此言得之。

1. 括号内承前省略的内容是(　　)。

A. 诸侯国　秦国　　B. 六国　秦国

C. 诸侯国　土地　　D. 土地　秦国

2. 解释文中加点字。

(1) 厌：________________

(2) 判：________________

(3) 得：________________

3. 下面对"故不战而强弱胜负已判矣"分析准确的一句是(　　)。

A. 所以不用打仗强弱胜负要靠谈判来解决了。

B. 因为强弱胜负已经分清，所以不用打仗了。

C. 所以强国和弱国不用打仗，至于胜负就很清楚了。

D. 所以不用作战，谁强谁弱就已经清清楚楚了。

(二)

阅读苏辙《六国论》中的一段，回答后面的问题。

尝读六国世家，窃怪天下诸侯，以五倍之地，十倍之众，发愤西向，以攻山西千里之秦，而不免于灭亡。常为之深思熟虑，以为必有可以自安之计，盖未尝不咎其当时之士，虑患之疏，而见利之浅，且不知天下之势。

1. 对词语解说不正确的一项是(　　)。

A. "怪"是形容词的意动用法。

B. "西向"意即"向西"，指抗秦。

C. "千里"作"秦"的定语，意指秦国幅员辽阔，实力雄厚。

D. "世家"指司马迁的《史记》中诸侯的传记。

2. "以为必有可以自安之计"一句译文正确的一项是(　　)。

A. 认为一定可以有自我安定的办法。

B. 认为一定会有能够用来保全自己的办法。

C. 认为一定有可以使自己安全的办法。

D. 认为一定有办法使自己的国家保全下来。

3. 苏辙认为六国灭亡的原因是

____

4. 苏洵认为六国灭亡的原因是

____

第 3 课　谏太宗十思疏

【学习导航】

唐太宗随其父李渊转战南北，艰苦创业，颇有作为。继位以后逐渐滋长了骄傲情绪，追求享乐，大修宫殿，政事荒怠。魏征对此极为忧虑，多次上书进谏，本文就是其中的一篇。因文中条陈十事，故名曰《谏太宗十思疏》。太宗看到本文后有所感悟。曾赐手诏，褒美魏征，并把这十思疏放在案上，经常对照。贞观十七年(公元 643 年)魏征病卒，太宗自制碑文，并为书石。对侍臣说："人以铜为镜，可以正衣冠；以古为镜，可以见兴替；以人为镜，可以知得失。魏征没，朕亡一镜矣！"可见太宗对魏征的信任。

课文分以下三部分。

第一段(提出问题)从正反两方面设喻，委婉而又明确地提出论点：要"居安思危，戒奢以俭"。——明之以理。

第二段(分析问题)在提出论点的基础上，进行深入剖析，指出"居安思危"的重要性。——晓之以利害。

第三段(解决问题)在有了认识的基础上，提出解决问题的办法——"十思"。——教之以方。

本文用语准确、凝练、鲜明，设喻贴切，运用了排比句、对偶句，音调铿锵，气势畅达，增强了文章的说服力。例如，第一段：第一句话共有三个排比句，前两个分句从正面设喻；第三个分句提出观点："思国之安者，必积其德义。"先设喻，后提观点，易于为帝王所接受。第二句，连用三个"不"字排比句，从反面设喻，以反诘句加以肯定："臣虽下愚，知其不可，而况于明哲乎！"在此基础上，第三句用否定句从反面强调，强化了观点：如果帝王将相不"居安思危，戒奢以俭"，那么，长治久安只能是梦想。三句话委婉含蓄，言浅意深，步步深入，击中了要害，太宗只好洗耳静听了。

【扩展练习】

一、选择题。

1. 下列加点字的注音释义不正确的一项是(　　)。

   A. 臣闻求木之长(cháng　生长)者

   B. 必浚(jùn　疏通，深挖)其泉源

   C. 盖在殷(yān　深)忧

   D. 虑壅(yōng　堵塞)蔽

2. 下列句子中加点词语解释正确的一项是(　　)。

   A. 而况于明哲(明智的人，指魏征自己)乎

B. 人君当神器(指帝位)之重

C. 居(居住)域中之大

D. 斯(句首语气词)亦伐根以求木茂,塞源而欲流长也

3. 下列各句式不同于其他三项的是( )。

A. 斯亦伐根以求木茂,塞源而欲流长也。

B. 臣虽下愚,知其不可,而况于明哲乎?

C. 岂取之易守之难乎?

D. 何必劳神苦思,代百思之职役哉?

4. "居域中之大"的"大"指宇宙中的( )。

A. 道大 B. 天大 C. 地大 D. 王大

5. 与"江海下百川"中的"下"用法相同的一项是( )。

A. 沛公军霸上 B. 虚心以纳下

C. 貌恭而心不服 D. 乃夜驰之沛公军

6. "貌恭而心不服"中的"而"的用法是( )。

A. 连词表并列,"并且" B. 连词表递进,"而且"

C. 连词表修饰,相当于"地" D. 连词表转折,"可是"

7. 与"戒奢以俭"一句句式相同的一句是( )。

A. 王语暴以好乐 B. 必竭诚以待下

C. 则思三驱以为度 D. 以此为治,岂不悲哉

二、填空题。

1. 魏征,字________,唐初________家、________家、________家。

2. 本文的中心论点是________。

3. 怨不在大,可畏惟人;________,________。

4. 忧懈怠,________;惧谗邪,________。

三、阅读理解。

臣闻求木之长者,必固其根本;欲流之远者,必浚其泉源;思国之安者,必积其德义。源不深而望流之远,根不固而求木之长,德不厚而思国之安,臣虽下愚,知其不可,而况于明哲乎!人君当神器之重,居域中之大,不念居安思危,戒奢以俭,斯亦伐根以求木茂,塞源而欲流长也。

凡百元首,承天景命,善始者实繁,克终者盖寡。岂取之易而守之难乎?盖在殷忧,必竭诚以待下,既得志,则纵情以傲物;竭诚则吴越为一体,傲物则骨肉为行路。虽董之以严刑,振之以威怒,终苟免而不怀仁,貌恭而心不服。怨不在大,可畏惟人;载舟覆舟,所宜深慎。

1. 下列加点虚词的含义相同的一组是(　　)。

A. 克终者盖寡　　盖在殷忧,必竭诚以待下

B. 根不固而求木之长　　而况于明哲乎

C. 岂取之易守之难乎　　臣闻求木之长者

D. 而况于明哲乎　　青取之于蓝

2. 下列句子理解不正确的一项是(　　)。

A. 人君当神器之重,居域中之大——帝王位高权重,处于天地间重大的地位。

B. 凡百元首,承天景命,善始者实繁,克终者盖寡——历代帝王,接受上天使命,刚开始人才兴旺,到后来却成了孤家寡人。

C. 竭诚则吴越为一体,傲物则骨肉为行路——竭尽诚心,就能联合敌对的势力;傲视别人,就会使亲人成为陌生人。

D. 苟免而不怀仁,貌恭而心不服——虽免于刑罚但不会感激,表面上恭顺但内心并不服气。

3. 下面对这两段文字的分析不正确的一项是(　　)。

A. 第一段提出了全文要阐明的人君必须"居安思危,戒奢以俭"的主旨。

B. 第一段用了两个比喻,先从正面喻证治国必积德,再从反面说明德不厚国不可长治久安。

C. 第二段以历代为例说明打天下容易,守天下难的道理。

D. 第二段指出了历代帝王不能善始善终的根本原因是忽视了人民的力量。

4. 辨析下面的文言句式。

(1) 岂取之易守之难乎________

(2) 虽董之严刑,振之以威怒________

5. 这两段文字采用了________和________的论证方法。主要论证的观点是________、________、________。

6. 第二段文字中有一个成语是________,最初出自________。

第十二单元　练习与测试

一、选择题。

1. 加点字注音全部正确的一项是(　　)。

A. 参乘(chéng)　　瞋(zhēn)目　　从百余骑(qí)

B. 樊哙(kuài)　　戮(lù)力　　飨(xiǎng)士卒

C. 贿赂(luò)　　下咽(yān)　　暴(bào)霜露

D. 互丧(sāng)　　明哲(zhí)　　虑(lǜ)壅蔽

2. 下列句中加点词的用法和例句中加点词的用法相同的一句是(　　)。

例句：项伯杀人，臣活之。

A. 沛公欲王关中。　　B. 籍吏民，封府库。

C. 买五人之头而函之。　　D. 安能屈豪杰之流。

3. 下列各句中的"之"与"项伯乃夜驰之沛公军"中的"之"字意义相同的是(　　)。

A. 为之奈何　　B. 佯狂不知所之者

C. 然五人之当刑也　　D. 所以遣将守关者，备他盗之出入与非常也

4. 下列句子加点词的用法属于意动用法的是(　　)。

A. 项伯杀人，臣活之。　　B. 沛公旦日从百余骑来见项王。

C. 且庸人尚羞之，况于将相乎？　　D. 籍吏民，封府库。

5. 下列各句中加点虚词含义和用法相同的一组是(　　)。

A. 无以怒而滥刑　　不以物喜，不以己悲

B. 何必劳神苦思，代百司之职哉　　岂人主之子孙则不必善哉

C. 恩所加，则思无因喜而谬赏　　山峦为晴雪所洗

D. 将有作，则思知止以安人　　此则岳阳楼之大观也

6. 下列四组句中加点的实词，含义相同的一组是(　　)。

A. 思国之安者，必积其德义 项王曰："沛公安在？"

B. 仁者播其惠，信者效其忠 明智而忠信，宽厚而爱人

C. 求木之长者，必固其根本 不求闻达于诸侯

D. 文武并用，垂拱而治 今治水军八十万众

7. 读下面文字，完成问题。

向使三国各爱其地，齐人勿附于秦，刺客不行，良将犹在，则胜负之数，存亡之理，当与秦相较，或未易量。

文中"三国""刺客""良将"所指正确的一项是(　　)。

A. 韩、魏、楚　荆轲　李牧

B. 韩、赵、魏　荆轲　李牧

C. 韩、魏、楚　燕太子丹　廉颇

D. 韩、赵、魏　燕太子丹　廉颇

二、填空题。

1.《鸿门宴》选自《史记》的________,《史记》分________、世家、________、________、________五个部分,前三个部分是________,具有文学价值,鲁迅先生评价《史记》是________。

2.《六国论》选自________,属于论辩类的史论,六国指战国时代的________、________、________、________、________、________,文章的主旨不是就史论史,而是________,论述六国灭亡的原因,目的在于________。

3.《谏太宗十思疏》作者________,字________,唐代文学家,史学家,政治家。标题中的________是古代一种特殊的文体,指古代大臣写给帝王的奏章。

三、阅读理解。

(一)

诚能见可欲,则思知足以自戒;将有作,则思知止以安人;念高危,则思谦冲以自牧;惧满溢,则思江海下百川;乐盘游,则思三驱以为度;忧懈怠,则思慎始而敬终;虑壅蔽,则思虚心以纳下;惧谗邪,则思正身以黜恶;恩所加,则思无因喜而谬赏;罚所及,则思无以怒而滥刑。总此十思,宏兹九德,简能而任之,择善而从之,则智者尽其谋,勇者竭其力,仁者播其惠,信者效其忠;文武并用,垂拱而治。何必劳神苦思,代百司之职哉?

1. 注音与解释无误的一组是(　　)。

A. 壅(yōng)蔽:耳被堵,眼被蒙。　简能:选择品德高尚的人。

B. 垂拱(gǒng):不理政务。　谦冲:谦虚。

C. 黜(chù)恶:罢斥奸邪小人。　谗邪:说坏话,造谣生事,陷害他人的人。

D. 谬(miū)赏:错误的赏识。　盘游:指狩猎。

2. 这段文字的中心要旨是(　　)。

A. 居安思危　B. 戒奢以俭　C. 积其德义　D. 宏兹九德

3. "十思"内容非常全面,但又嫌琐细,请选出最重要的几项(　　)。

①劳神苦思　②虚心纳下　③念高危　④谦冲自牧

⑤因怒滥刑　⑥惧满溢　⑦慎始敬终　⑧知人善任

A. ①③⑤⑦　B. ①③⑥⑦　C. ②④⑥⑧　D. ②④⑦⑧

4. 请说明作者的写作目的和语言特点。

(1) 魏征的写作目的是:________________

(2) 其语言特点为:________________

(二)

呜呼!以赂秦之地封天下之谋臣,以事秦之心礼天下之奇才,并力西向,则吾恐秦人食之不得下咽也。悲夫！有如此之势，而为秦人积威之所劫，日削月割，以趋于亡。为国者无使为积威之所劫哉。

夫六国与秦皆诸侯，其势弱于秦，而犹有可以不赂而胜之之势。苟以天下之大，而从六国破亡之故事，是又在六国下矣。

1. 指出句中的词类活用现象。

(1) 以事秦之心礼天下之奇才________________

(2) 并力西向________________

2. 翻译文中画横线的句子。

____

3. 对“苟以天下之大”一句分析不恰当的一项是(　　)。

A. 作者指的是北宋王朝　　B. 该句是定语后置句

C. 这里的“苟”意思是连词如果　　D. 此句为状语后置

4. 与“为国者无使为积威之所劫哉”一句句式不同的是(　　)。

A. 若属皆且为所虏　　B. 奉之弥繁，侵之愈急

C. 洎牧以谗诛　　D. 为天下人笑也

5. 翻译文中的“故事”，并指出在现代汉语中的意思。

文中的意思________________________________

现代汉语中的意思____________________________

6. 本段文字的结论是______________________________

四、阅读下面材料，按要求作文。

倾听是一种亲和的态度，倾听的内容可以是长者的教诲、朋友的诉说、他人的牢骚，可以是莺歌燕语、山风松涛、大海潮声等。

要求：请你以“倾听”为话题写一篇文章。立意自定，文体自选，题目自拟，800字左右。

模拟考试题

高职语文期中考试模拟试卷

（下册 1～3 单元）

本试卷分第Ⅰ卷（选择题）和第Ⅱ卷（非选择题）两部分。满分 100 分，考试时间 90 分钟。

第Ⅰ卷（选择题，共 50 分）

一、选择题。（1～14 题，每题 3 分；15～18 题，每题 2 分）

1. 下列词语中加点字的注音不正确的一项是（　　）。

   A. 寥落（liáo）　园扉（fēi）　桑梓（zǐ）　铩羽而归（shā）

   B. 饮啜（chuò）　褪色（shǎi）　搭讪（shàn）　情不自禁（jīn）

   C. 缴械（jiè）　蜕（tuò）变　眉梢（shāo）　低徊欷歔（huái）

   D. 祈祷（dǎo）　慰藉（jiè）　怡然（yí）　浪荡乾坤（qián）

2. 下列词语书写错误的一项是（　　）。

   A. 迷蒙　赏心悦目　童心未泯　安土重迁

   B. 朦胧　攸然自得　飘泼大雨　悲欢离和

   C. 搁浅　安然无恙　苍虬多筋　义愤填膺

   D. 笼罩　战战兢兢　唠唠叨叨　万里投荒

3. 下列句子中，加点的成语使用错误的一项是（　　）。

   A. 狼的嗥叫使那些在夜里听到声音，白天去察看狼的足迹的人毛骨悚然。

   B. 他向来以冷静著称，面对气势汹汹的对手，他依然面带微笑，无动于衷。

   C. 用这一点去衡量成就，似乎是很好的，而且大概也是客观的思考所不可或缺的。

   D. 对郊狼来说，是即将分得一份残羹剩饭的允诺。

4. 下列各句中，有语病的一句是（　　）。

   A. 这高原的精灵，是离太阳最近的绿树，百年才能长成小小的一蓬。

   B. 水生植物之所以能够生活在水里而不腐烂，是因为它们能在水中呼吸，有抗腐烂的能力。

   C. 这时需请来最有力气的男子汉，用利斧，将这活着的巨型根雕与大地最后的联系——斩断。

D. 我国鸟类工作者经过十余年的考察已查明，先后在贵州高原的鸟类多达417种。

5. 句中横线上应填入合适的词语是（　　）。

而有地炉、暖炕等设备的人家，不管它门外面是雪深几尺，或风大若雷，躲在屋里的两三个月的生活，却是一年之中最有劲的一段________异境。

A. 居住　　B. 居家　　C. 蛰居　　D. 寄居

6. 依次填入横线处最恰当的一项是（　　）。

① 我仿佛又看到那高大魁梧的躯干，鬈曲飘拂的长须和浓得化不开的（　　）绿云。

② 看到春天新长的嫩叶，迎着金黄的阳光，透明如片片碧玉，在（　　）的风中晃动如耳坠。

③ 逗得小儿子嘻嘻笑，粉白的脸颊上泛起（　　）的红晕。

④ 那（　　）的溪水流走了我童年的岁月。

A. 团团　袅袅　淡淡　汩汩　　B. 朵朵　柔柔　淡淡　哗哗

C. 朵朵　袅袅　浅浅　汩汩　　D. 团团　柔柔　浅浅　哗哗

7. 填入下面横线处与上下文衔接最恰当的一项是（　　）。

现在黑人社会充满着了不起的新的战斗精神，但是我们却不能因此而不信任所有的白人。________。我们不能单独行动。

A. 因为我们的许多白人兄弟已经认识到，我们的命运与他们的命运是紧密相连的，我们今天参加游行集会就是明证：我们的自由与他们的自由是息息相关的。

B. 因为我们的许多白人兄弟已经认识到，他们的命运与我们的命运是紧密相连的，我们今天参加游行集会就是明证：他们的自由与我们的自由是息息相关的。

C. 因为我们的许多白人兄弟已经认识到，他们的命运与我们的命运是紧密相连的，他们今天参加游行集会就是明证：他们的自由与我们的自由是息息相关的。

D. 因为我们的许多白人兄弟已经认识到，我们的命运与他们的命运是紧密相连的，他们今天参加游行集会就是明证：我们的自由与他们的自由是息息相关的。

8. 下列句子的修辞手法的判断，不正确的一项是（　　）。

A. 我梦想有一天，幽谷上升，高山下降，坎坷曲折之路成坦途。（明喻）

B. 一百年后的今天，黑人仍生活在物质充裕的海洋中一个穷困的孤岛上。（暗喻）

C. 有了这个信念，我们将能从绝望的山岭劈出一块希望之石。（暗喻）

D. 我们不要为了满足对自由的渴望而抱着敌对和仇恨之杯痛饮。(暗喻)

9. 下列各句中加点熟语使用不正确的是(　　)。

A. 不可拿进园去,叫人知道了,我就吃不了兜着走了。

B. 没有证据就是诽谤,我让她吃错药。

C. 因为资金紧缺的原因,将于今日开幕的第六届长春电影节走到了一个骑虎难下的境地。虽然开幕式闭幕式请来了不少港台明星撑场面,但真正唱主角的电影人却寥寥无几。

D. 就业问题时常困扰着大家。没工作的人找工作,有工作的人又存在着随时被炒鱿鱼的危险。

阅读下面的文字,完成10~14题。

就某种意义而言,今天我们是为了要求兑现诺言而汇集到我们国家的首都来的。我们共和国的缔造者草拟宪法和独立宣言的气壮山河的词句时,曾向每一个美国人许下了诺言,他们承诺给予所有的人以生存、自由和追求幸福的不可剥夺的权利。

就有色公民而论,美国显然没有实践她的诺言。美国没有履行这项神圣的义务,只是给黑人开了一张空头支票,支票上盖着"资金不足"的戳子后便退了回来。但是我们不相信正义的银行已经破产,我们不相信,在这个国家巨大的机会之库里已没有足够的储备。因此今天我们要求将支票兑现——这张支票将给予我们宝贵的自由和正义的保障。

我们来到这个圣地也是为了提醒美国,现在是非常急迫的时刻。现在决非侈谈冷静下来或服用渐进主义的镇静剂的时候。现在是实现民主的诺言的时候。现在是从种族隔离的荒凉阴暗的深谷攀登种族平等的光明大道的时候,现在是向上帝所有的儿女开放机会之门的时候,现在是把我们的国家从种族不平等的流沙中拯救出来,置于兄弟情谊的磐石上的时候。

如果美国忽视时间的迫切性和低估黑人的决心,那么,这对美国来说,将是致命伤。自由和平等的爽朗秋天如不到来,黑人义愤填膺的酷暑就不会过去。1963年并不意味着斗争的结束,而是开始。有人希望,黑人只要撒撒气就会满足;如果国家安之若素,毫无反应,这些人必会大失所望的。黑人得不到公民的权利,美国就不可能有安宁或平静,正义的光明的一天不到来,叛乱的旋风就将继续动摇这个国家的基础。

但是对于等候在正义之宫门口的心急如焚的人们,有些话我是必须说的。在争取合法地位的过程中,我们不要采取错误的做法。我们不要为了满足对自由的渴望而抱着敌对和仇恨之杯痛饮。我们斗争时必须永远举止得体,纪律严明。我们不能容许我们的具有崭新内容的抗议蜕变为暴力行动。我们要不断地升华到以精神力量对付物质力量的崇高境界中去。

10. 第二节提到的“空头支票”，其准确的含义是(　　)。

A. 指票面额超过存款额或透支限额因而不能兑现的支票。

B. 比喻说话不算数或不能实现的诺言。

C. 比喻美国政府至今未能实现的关于正义和自由的诺言。

D. 比喻美国政府对老百姓的不能实现的一切承诺。

11. 第一节说到“兑现诺言”，对“诺言”内容诠释准确的一项是(　　)。

A. 美国历届总统关于民权的许诺。

B. 林肯签署的《解放黑奴宣言》。

C. 美国宪法与独立宣言的基本内容。

D. 美国部分白人统治者的诺言。

12. 美国黑人对政府不能兑现诺言义愤填膺，下列陈述不正确的是(　　)。

A. 美国黑人不能进入各类高层机构，不能从事智力性较强的活动。

B. 美国黑人不能与白人享有同样的人格尊严与自由活动，不能参加投票与选举。

C. 美国黑人大部分都在社会底层挣扎，承受的是繁重的劳役、接连的迫害与生活的苦难。

D. 美国黑人生命与生活毫无保障，沦为白人的奴隶，没有一点人身自由。

13. 第三节说“现在是非常急迫的时刻”“决非侈谈冷静下来或服用渐进主义的镇静剂的时候”，其理由是(　　)。

A. 因为“侈谈冷静下来或服用渐进主义的镇静剂”对于推进美国的民主进程没有丝毫意义。

B. 因为美国黑人需要拥有和白人一样的民主、自由、正义、平等和尊严等作为人的最起码的权利。

C. 因为事实已经证明以前的“侈谈冷静下来或服用渐进主义的镇静剂”，对于美国黑人的解放无济于事。

D. 因为美国黑人已经期待了百年，被冷落了百年，受歧视了百年，而且贫穷了百年。

14. 第三节一共用了六个“现在”，下面分析最恰当的一项是(　　)。

A. 运用排比和借代的修辞手法，使得语言短促有力，增强了语势，加强了激情，表现了演讲者的风采。

B. 运用排比和比喻的修辞手法。一，使得抽象的说理形象化；二，增强了语势，加强了激情，表现了演讲者的风采。

C. 运用排比和比喻的修辞手法，使得语言短促有力，增强了语势，加强了激情，表现了演讲者的风采。

D. 运用排比和借代的修辞手法。一，使得抽象的说理形象化；二，增强了语势,加强了激情,表现了演讲者的风采。

阅读下面的文字,完成 15～18 题。

使人留恋的还有铺在榕树下的长长的石板条,夏日里,那是农人们的“宝座”和“凉床”。每当中午,亚热带强烈的阳光令屋内如焚、土地冒烟,惟有这两棵高大的榕树撑开遮天巨伞,抗拒迫人的酷热,洒落一地阴凉,让晒得黝黑的农人们踏着发烫的石板路到这里透一口气。傍晚,人们在一天辛劳后,躺在用溪水冲洗过的石板上,享受习习的晚风,漫无边际地讲“三国”、说“水浒”,从远近奇闻谈到农作物的长势和收成……高兴时,还有人拉起胡琴,用粗犷的喉咙唱几段充满原野风味的小曲,在苦涩的日子里寻一点短暂的安慰满足。

苍苍的榕树啊,用怎样的魔力把全村的人召集到膝下?不是动听的言语,也不是诱惑的微笑,只是默默地张开温柔的翅膀,在风雨中为他们遮挡,在炎热中给他们阴凉,以无限的爱心庇护着劳苦而淳朴的人们。

我深深怀念在榕树下度过的愉快的夏夜。有人卷一条被单,睡在光滑的石板上;有人搬几块床板,一头搁着长凳,一头就搁在桥栏杆上,铺一张草席躺下。我喜欢跟大人们一起在那里睡,仰望头上黑黝黝的榕树的影子;在神秘而________的气氛中,用________与天上微笑的星星________。要是有月亮的夜晚,如水的月华给山野披上一层透明的轻纱,将一切都变得不很真实,似梦境,似仙境。在睡意朦胧中,有嫦娥驾一片白云悄悄飞过,有桂花的清香自榕树枝头轻轻洒下来。而桥下的流水静静地唱着甜蜜的摇篮曲,催人在夜风温馨的抚摸中慢慢沉入梦乡……有时早上醒来,清露润湿了头发,感到凉飕飕的寒意,才发觉枕头不见了,探头往桥下一看,原来是掉到溪里,吸饱了水,涨鼓鼓的,搁浅在乱石滩上……

15. 选文第三段加点的句子是作者多角度描写朦胧睡意中的月夜景色,作者依次从哪些角度描写的(　　)。

A. 听觉　触觉　嗅觉　视觉　　B. 视觉　嗅觉　听觉　触觉

C. 听觉　触觉　视觉　嗅觉　　D. 视觉　触觉　嗅觉　听觉

16. 为第三段空格处选出切合文章情境的词语是(　　)。

A. 躺　宁静　心思　交换　　B. 挤　恬静　心灵　交流

C. 挤　恬静　心思　交换　　D. 躺　宁静　心灵　交流

17. 下列句子的修辞手法依次是(　　)。

① 那忽高忽低、时远时近的哨音,弥漫成一片浓浓的乡愁,笼罩我的周围。

② 苍苍的榕树啊,用怎样的魔力把全村的人召集在膝下?不是动听的言语,也不是诱惑的微笑,只是……

③ 唯有这两棵高大的榕树撑开遮天巨伞。

A. 通感　拟人和设问　夸张　　B. 明喻　拟人和反问　拟人

C. 明喻　拟人和设问　夸张　　D. 通感　拟人和反问　拟人

18. 作者不以《故乡的怀念》或《忆故乡》为题，而以《故乡的榕树》为题，以下分析不正确的是（　）。

A. 从标题的艺术性看，现题不落俗套，给人以新鲜感，更能吸引读者。

B. 从标题的合理性看，"故乡的榕树"是名词性偏正结构，又是五个音节，读起来朗朗上口。

C. 从内容上看，课文写的是故乡的两棵大榕树，榕树边的景物，作者所怀念的人、事、物莫不与榕树相关，对故乡的怀念是通过对榕树的怀念来表达的。因此，用"故乡的榕树"作标题准确、贴切。

D. 从选材方面看，故乡可回忆的东西太多了，一篇短文把什么都写进去不仅不可能，也过于繁杂。

第Ⅱ卷（非选择题，共 50 分）

二、填空和表达题。（本大题 3 个小题，共 8 分）

19. 补写下列名句的上句或下句。（任选三句 3 分）

(1) 借问酒家何处有，________。

(2) 亲有过，________；怡吾声，________。

(3) 知之者不如好之者，________。

(4) 前事不忘，________。

20. 根据提供的两句话，续写第三句话并仿写第四句话。（3 分）

(1) 不能左右天气，但可以改变心情。心情愉快，坏天气不也就和好天气一样吗？

(2) 不能预知明天，但可以利用今天。抓住今天，明天不也就被抓住了吗？

(3) 不能保证成功，________

(4) ________

21. 根据情境，设想发言。（2 分）

周末，田青的寝室不时传出欢声笑语，同学们正在给她庆祝 17 岁生日。田青热泪盈眶，来自大山里的她，从未经历过热闹的生日庆祝会。看着同学们送给她的各种生日礼物，听着同学们的声声祝福，田青按捺不住心中的激动，缓缓地站起来说了一段感人肺腑的话："________。"

三、阅读下面文字，完成后面的题（本大题 5 个小题，共 12 分）

3 月 14 日下午两点三刻，当代最伟大的思想家停止思想了。让他一个人留在房里还不到两分钟，当我们进去的时候，便发现他在安乐椅上安静地睡着了——但已经永远地睡着了。

这个人的逝世，对于欧美战斗的无产阶级，对于历史科学，都是不可估量的损失。这位巨人逝世以后所形成的空白，不久就会使人感觉到。

正像达尔文发现有机界的发展规律一样，马克思发现了人类历史的发展规律，即历来为纷繁芜杂的意识形态所掩盖着的一个简单事实：人们首先必须吃、喝、住、穿，然后才能从事政治、科学、艺术、宗教等等。所以，直接的物质的生活资料的生产，从而一个民族或一个时代的一定的经济发展阶段，便构成基础，人们的国家设施、法的观点、艺术以至宗教观念，就是从这个基础上发展起来的。因而，也必须由这个基础来解释，而不是像过去那样做得相反。

不仅如此。马克思还发现了现代资本主义生产方式和它所产生的资产阶级社会的特殊的运动规律。由于剩余价值的发现，这里就豁然开朗了，而先前无论资产阶级经济学家或社会主义批评家所做的一切都只是在黑暗中摸索。

一生中能有这样两个发现，该是很够了，即使只要能作出一个这样的发现，也已经是幸福的了。但是马克思在他所研究的每一个领域，甚至在数学领域，都有独到的发现，这样的领域是很多的，而且其中任何一个领域他都不是浅尝辄止。

他作为科学家就是这样。但是这在他身上远不是主要的。在马克思看来，科学是一种在历史上起推动作用的、革命的力量。任何一门理论科学中的每一个新发现——它的实际应用也许还根本无法预见——都使马克思感到衷心喜悦，而当他看到那种对工业、对一般历史发展产生革命影响的发现的时候，他的喜悦就非同寻常了。例如，他曾经密切地注视马赛尔·德普勒的发现。

22. “这位巨人逝世以后所形成的空白，不久就会使人感觉到。”中“空白”在文中的意思是什么？(2分)

23. “由于剩余价值的发现，这里就豁然开朗了，而先前无论资产阶级经济学家或者社会主义批评家所做的一切研究都只在黑暗中摸索。”句中“豁然开朗”有什么含义？(2分)

24. 马克思的两个发现是什么？(2分)

25. “当代最伟大的思想家停止思想了”“但已经是永远地睡着了”——加点词语换成“去世”或“逝世”，好不好？为什么？(2分)

26. “不仅如此。”“他作为科学家就是这样。”句中的“如此”和“这样”分别指代什么？（4 分）

四、作文（30 分）。

27. 阅读下面文字，根据要求写一篇不少于 800 字的文章。

古时候有个很有才能的人在朝里做官。一天，他接到皇帝旨意，安排他去放牛。这个人并不觉得委屈，而是一心一意地放养牛群。他早起晚睡，把牛喂得个个体格健硕，毛色顺亮。皇帝见他不计得失，不图名利，把养牛这样的小事都做得如此好，于是便委以大任，让他担任宰相。一下子从一个放牛的变为万人之上、一人之下的重臣，这个人依然全心为公，为人谦逊，一点架子也没有。他还常常深入民众中，了解民间疾苦，深得百姓爱戴，政绩非凡。

要求全面理解材料，但可以选择一个侧面、一个角度构思作文。自主确定立意，确定文体，确定标题；不要脱离材料的含意作文，不要套作，不得抄袭。

高职语文期末考试模拟试卷

（下册 1～6 单元）

本试卷分第Ⅰ卷（选择题）和第Ⅱ卷（非选择题）两部分。满分 100 分，考试时间 90 分钟。

第Ⅰ卷（选择题，共 50 分）

一、选择题。（1～14 题，每题 3 分；15～18 题，每题 2 分）

1. 下列词语中，加点的字注音不全正确的一组是（　　）。

A. 参差（cī）　寒蝉（chán）　骤雨（zhòu）　良辰美景（chén）

B. 繁华（fán）　凝噎（yē）　钓叟（diào）　天堑无涯（qiàn）

C. 豪奢（shē）　堤沙（dī）　珠玑（jī）　咏赏烟霞（shǎng）

D. 忖度（cǔn）　凄切（qiē）　怯弱（què）　兰舟催发（fà）

2. 下列词语中，书写有误的一组是（　　）。

A. 鬓若刀裁　顾盼神飞　染柳画桥　华冠丽服

B. 孽根祸胎　甜言密语　金璧辉煌　户盈罗绮

C. 鬓发如银　针砭时弊　十里荷花　破涕为笑

D. 浑世魔王　眉尖若蹙　山清水秀　三秋桂子

3. 下列空缺处应填的词语是（　　）。

(1) "……唔……荞麦面……一碗……可以吗？"那女人________地问。

(2) 热腾腾香喷喷的荞麦面放到桌上，母子三人立刻围着这碗面，________地吃了起来。

(3) 从九点半开始，老板和老板娘虽然谁都没说什么，但都显得有些________。

(4)老板娘把他们领到二号桌，________地将桌上那块"预约席"的牌子藏了起来。

A. ①怯生生　②头碰头　③心神无主　④煞有介事

B. ①怯生生　②头碰头　③心神不定　④若无其事

C. ①小心翼翼　②兴高采烈　③六神无主　④若无其事

D. ①小心翼翼　②兴高采烈　③心神不定　④煞有介事

4. 填入下面括号中的关联词依次是（　　）。

其次说到学习国际的革命经验，学习马克思列宁主义的普遍真理。许多同志的学习马克思列宁主义似乎并（　　）为了革命实践的需要，（　　）为了单纯的学习。所以（　　）读了，（　　）消化不了。（　　）会片面地引用马克思、恩格斯、列宁、斯大林的个别词句,(　　)不会运用他们的立场、观点和方法,来具体地研究中国的现状和中国的历史。

A. 不是　而是　虽然　但是　只　而

B. 不但　而且　虽然　可是　只　因

C. 不是　而且　既然　但是　只　并

D. 不但　而是　既然　可是　只　因

5. 下列四句外貌描写对应的人物依次是(　　)。

(1) 削肩细腰,长挑身材,鸭蛋脸面,俊眼修眉,顾盼神飞,文采精华,见之忘俗。

(2) 年貌虽小,其举止言谈不俗,身体面庞虽怯弱不胜,却有一般自然的风流态度。

(3) 肌肤微丰,合中身材,腮凝新荔,鼻腻鹅脂,温柔沉默,观之可亲。

(4) 一双丹凤三角眼,两弯柳叶吊梢眉,身量苗条,体格风骚,粉面含春威不露,丹唇未启笑先闻。

A. 贾迎春　贾探春　林黛玉　王熙凤

B. 贾迎春　林黛玉　贾探春　王熙凤

C. 贾探春　林黛玉　贾迎春　王熙凤

D. 贾探春　王熙凤　贾迎春　林黛玉

6. 下列诗句朗读节奏划分不正确的一项是(　　)。

A. 不知/天上/宫阙,今夕/是/何年

B. 我欲/乘风/归去,又恐/琼楼/玉宇。

C. 不/应有恨,何事/常向/别时/圆

D. 但愿/人长久,千里/共婵娟。

7. 下面有关宋词常识的说法,不正确的一项是(　　)。

A. 词最早起源于民间,后来文人依照乐谱声律节拍而写新词,叫做"填词"或"依声"。词又称曲子词、乐府、乐章、长短句、诗余、琴趣等。

B. 词有词牌,即曲调。词的结构分片或阕,不分片的为单调,分两片的为双调,分三片的称三叠。依其字数的多少,又有"小令""中调""长调"之分。

C. 宋词是中国古代文学皇冠上光辉夺目的一颗巨钻。她以姹紫嫣红、千姿百态的丰神,与唐诗争奇,与元曲斗妍,历来与唐诗并称双绝,都代表一代文学之胜。

D. 宋词是继唐诗之后的又一种文学体裁,基本分为婉约派和豪放派两大类。婉约派的代表人物有李清照、秦观等。豪放派的代表人物有辛弃疾、苏轼、柳永等。

8. 苏轼的《水调歌头·明月几时有》这首词中蕴含着人生哲理的词句是(　　)。

A. 不应有恨,何事长向别时圆?

B. 人有悲欢离合,月有阴晴圆缺。

C. 但愿人长久,千里共婵娟。

D. 我欲乘风归去。

阅读下面的这首词,完成 9~11 题。

永遇乐　京口北固亭怀古

千古江山,英雄无觅,孙仲谋处。舞榭歌台,风流总被,雨打风吹去。斜阳草树,寻常巷陌,人道寄奴曾住。想当年,金戈铁马,气吞万里如虎。

元嘉草草,封狼居胥,赢得仓皇北顾。四十三年,望中犹记,烽火扬州路。可堪回首,佛狸祠下,一片神鸦社鼓。凭谁问:廉颇老矣,尚能饭否?

9. 对"凭谁问:廉颇老矣,尚能饭否?"一句理解正确的一项是(　　)。

A. 作者怀念廉颇,感痛今天再也找不到廉颇那样的名将了。

B. 作者以廉颇自比,表达了恢复中原的热切愿望,抒发了不被朝廷重用、壮志难酬的愤懑之情。

C. 作者怀念廉颇,用追述赵国不重用廉颇而加速灭亡的事实来影响南宋统治者。

D. 作者以廉颇自比,指出朝廷若不重用主战的将领,必将重蹈历史上赵国灭亡的覆辙。

10. 对下列句子使用典故的作用理解不正确的一项是(　　)。

A. 千古江山,英雄无觅,孙仲谋处。(慨叹江山依旧,当年"坐断东南战未休"的孙仲谋,已无处寻觅了。)

B. 想当年:金戈铁马,气吞万里如虎。(赞扬当年刘裕北伐的英雄气概。)

C. 凭谁问:廉颇老矣,尚能饭否?(自比廉颇,功绩显赫,壮心不已。)

D. 元嘉草草,封狼居胥,赢得仓皇北顾。(借刘义隆不作充分准备,仓促北伐遭致失败,警告韩侂胄不要急于事功。)

11. 对这首词的赏析,不恰当的一项是(　　)。

A. 这首词写于 1205 年镇江(京口)知府任上。1204 年执政的韩侂胄欲以北伐巩固自己的地位,起用抗战派辛弃疾任镇江知府。镇江濒临前线,乃军事重镇,辛积极备战,并劝谏韩不可草率用兵。韩不但不听,反而将辛调职。若换个角度理解,本词堪称一篇"谏书"。

B. "怀古",即为伤今。然而,本词自始至终保持着豪迈的基调,不愧为豪放派辛词的代表作。其豪放的格调,可从两个角度折射出来:其一,选古代英雄事迹作为词的题材;其二,刻画侠肝义胆,抒发忠义之情。

C. 诗言志,词也言志。上片赞颂孙权、刘裕,旨在表明诗人自己抗金救国的雄图大略,同时也是对韩侂胄的期望;下片借对刘义隆草率北伐而招致失败史实的讥讽,警戒当权者:切勿急于求成,重蹈"元嘉草草"的覆辙。

D.《永遇乐》用典较多，且全围绕一个明确的中心，即借典故来表达词人对救国大业的深谋远虑。词人“怀古”的态度，不是以历史学家的眼光去评价史实，其用典原则是“古为今用”，即以艺术的眼光取材，调动历史人物为自己抒怀服务。

阅读下面的文字，完成12～14题。

住所左近的土坡上，有棵苍老蓊郁的榕树，广阔的绿阴遮蔽着地面。在铅灰色的楼房之间，________赏心悦目的青翠；在赤日炎炎的夏天，注一潭诱人的清凉。不知什么时候，榕树底下________一块小平地，建了儿童玩的滑梯和亭子，周围又种了薄葵和许多花卉，居然成了一个小小的儿童世界。也许是对榕树有一份亲切的感情罢，我常在清晨或黄昏带儿子来这里散步，或是坐在绿色的长椅上看孩子们________，自有种悠然自得的________。

那天特别高兴，动了未泯的童心，我从榕树上摘下一片绿叶，卷成一支小小的哨笛，吹出单调而淳朴的哨音。小儿子欢跳着抢过去，使劲吹着，引得谁家的一只小黑狗循声跑来，摇动毛茸茸的尾巴，抬起乌溜溜的眼睛望他。他把哨音停下，小狗失望地跑开去；他再吹响，小狗又跑拢来……逗得小儿子嘻嘻笑，粉白的脸颊上泛起淡淡的红晕。

而我的心却像一只小鸟，从哨音里展翅飞去，飞过迷蒙的烟水、苍茫的群山，停落在故乡熟悉的大榕树上。我仿佛又看到那高大魁梧的躯干，卷曲飘拂的长须和浓得化不开的团团绿云；看到春天新长的嫩叶，迎着金黄的阳光，透明如片片碧玉，在袅袅的风中晃动如耳坠，摇落串串晶莹的露珠。

我怀念故乡榕树旁清澈的小溪，溪水中彩色的鹅卵石，到溪畔洗衣的少女，在水面嘎嘎嘎追逐欢笑的鸭子；我怀念榕树下洁白的石桥，桥头兀立的刻字的石碑，桥栏杆上被人摸得光滑了的小石狮子。那汩汩的溪水流走了我童年的岁月，那古老的石桥镌刻着我深深的记忆，记忆里的故乡有榕树的叶子一样多……

12. 依次填入文中第1段横线上的词语，正确的一组是(　　)。

A. 摇曳　辟出　嬉戏　味道　　B. 摇曳　辟出　玩耍　气味

C. 释放　露出　嬉戏　味道　　D. 释放　露出　玩耍　气味

13. 下列对第1段中加点的“也许”的理解，正确的一项是(　　)。

A. 作者对自己的感情把握不准，意思是也可能有，也可能没有，所以说“也许”。

B. 作者对自己的感情把握不准，只是有点，不够浓郁，所以说“也许”。

C. 作者确实对榕树有一份亲切的感情，这样说是为了欲擒故纵，所以说“也许”。

D. 作者虽然对榕树有一定的感情，但时间久了也许已经淡忘了，所以说“也许”。

14. 下列不属于比喻句的一项是(　　)。

A. 要是有月亮的夜晚,如水的月华给山野披上一层透明的轻纱。

B. 我仿佛又看到那高大魁梧的躯干。

C. 看到春天新长的嫩叶,迎着金黄的阳光,透明如片片碧玉。

D. 在袅袅的风中晃动如耳坠,摇落串串晶莹的露珠。

阅读下面的文字,完成15~18题。

①中国共产党的二十年,就是马克思列宁主义的普遍真理和中国革命的具体实践日益结合的二十年。②如果我们回想一下,我党在幼年时期,我们对于马克思列宁主义的认识和对于中国革命的认识是何等肤浅,何等贫乏,则现在我们对于这些的认识是深刻得多,丰富得多了。③灾难深重的中华民族,一百年来,其优秀人物奋斗牺牲,前仆后继,摸索救国救民的真理,是可歌可泣的。④但是直到第一次世界大战和俄国十月革命之后,才找到马克思列宁主义这个最好的真理,作为解放我们民族的最好的武器,________。⑤马克思列宁主义的普遍真理一经和中国革命的具体实践相结合,就使中国革命的面目为之一新。⑥抗日战争以来,我党根据马克思列宁主义的普遍真理研究抗日战争的具体实践,研究今天的中国和世界,是进一步了,研究中国历史也有某些开始。⑦所有这些,都是很好的现象。

15. 文字第④句的空白处填入横线的语句,最恰当的一项是(　　)。

A. 而拿起这个武器的宣传者、倡导者和组织者是中国共产党

B. 而拿起这个武器的倡导者、宣传者和组织者是中国共产党

C. 而中国共产党则是拿起这个武器的倡导者、宣传者和组织者

D. 而中国共产党则是拿起这个武器的宣传者、倡导者和组织者

16. 文中第②句中加点的"这些"一词指代的对象是(　　)。

A. 马克思列宁主义

B. 中国革命

C. 马克思列宁主义和中国共产党革命

D. 对于马克思列宁主义的认识和对于中国革命的认识

17. 第③句中的"一百年来"是指(　　)。

A. 鸦片战争至延安整风运动时

B. 辛亥革命至延安整风运动时

C. 中国共产党成立至延安整风运动

D. 泛指我国新民主主义革命以来的革命岁月

18. 这段文字没有采用的论证方法是(　　)。

A. 类比论证　　　　B. 举例论证(概括事例)

C. 比喻论证　　　　D. 对比论证

第Ⅱ卷(非选择题　共 50 分)

二、填空和表达题。(本大题 3 个小题,共 8 分)

19. 补写下列名句的上句或下句。(任选三句 3 分)

(1) 枯藤老树昏鸦,小桥流水人家,__________________。

(2) 重湖叠岩清嘉,有三秋桂子,__________________。

(3) 不知天上宫阙,________________。

(4) ________________,千里共婵娟。

(5) 人有悲欢离合,________________。

20. 依照例句的格式,根据提供的开头,仿写两个句子。(3 分)

如果没有理想,人生就像一只无舵的航船,飘飘荡荡,没有方向。

如要没有理想,人生就像____________,____________,____________。

如要没有理想,人生就像____________,____________,____________。

21. 请根据文意补出结尾的一句机智妙语。(2 分)

在一次联合国会议休息时,一位发达国家的外交官问一位非洲国家的大使:贵国的死亡率一定不低吧?

非洲大使答道:________________________________

三、阅读下面文字,完成后题。(本大题 5 个小题,共 12 分)

宝玉便走近黛玉身边坐下,又细细打量一番,因问:“妹妹可曾读书?”黛玉道:“不曾读,只上了一年学,些须认得几个字。”宝玉又道:“妹妹尊名是哪两个字?”黛玉便说了名。宝玉又问表字。黛玉道:“无字。”宝玉笑道:“我送妹妹一妙字,莫若‘颦颦’二字极妙。”探春便问何出。宝玉道:“《古今人物通考》上说:‘西方有石名黛,可代画眉之墨。’况这妹妹眉尖若蹙,用取这两个字,岂不两妙!”探春笑道:“只恐又是你的杜撰。”宝玉笑道:“除‘四书’外,杜撰的太多,偏只我是杜撰不成?”又问黛玉:“可也有玉没有?”众人不解其语,黛玉便忖度着因他有玉,故问我有也无,因答道:“我没有那个。想来那玉是一件罕物,岂能人人有的。”

宝玉听了,登时发作起痴狂病来,摘下那玉,就狠命摔去,骂道:“什么罕物,连人之高低不择,还说‘通灵’不‘通灵’呢!我也不要这劳什子了!”吓的众人一拥争去拾玉。贾母急的搂了宝玉道:“孽障!你生气,要打骂人容易,何苦摔那命根子!”宝玉满面泪痕泣道:“家里姐姐妹妹都没有,单我有,我说没趣;如今来了这么一个神仙似的妹妹也没有,可知这不是个好东西。”

22. 在宝黛初会这段文字中,主要从四点写了宝玉的言行,请各用两个字分别概括。(4 分)

(1)________(2)________(3)________(4)________

23. 宝玉为何给黛玉取字“颦颦”?(2 分)

(1)____

(2)____

24. 前文贾母问及黛玉念何书时,黛玉回答:“只刚念了‘四书’。”可这里回答宝玉同样的问题时却说:“不曾读,只上了一年学,些须认得几个字。”说说哪个回答是如实回答,这前后矛盾的说法又是什么?(2 分)

____

25. 宝玉被探春讥笑说他“杜撰”时,他笑道:“除‘四书’外,杜撰的太多,偏只我是杜撰不成?”这反映了宝玉怎样的性格?(2 分)

____

26. 宝玉骂“通灵宝玉”:“连人之高低不择……”这句话和文中哪句话相呼应?(2 分)

____

四、作文。(30 分)

27. 阅读下面的文字,根据要求作文。

唐代著名的慧宗禅师常为弘法讲经而云游各地。有一回,他临行前吩咐弟子看护好寺院的数十盆兰花。

弟子们深知禅师酷爱兰花,因此侍弄兰花非常殷勤。但一天深夜,狂风大作、暴雨如注,由于一时疏忽,弟子们偏偏当晚将兰花遗忘在户外。第二天清晨,弟子们后悔不迭:眼前是倾倒的花架、破碎的花盆;棵棵兰花憔悴不堪、狼藉遍地。

几天后,慧宗禅师返回寺院。众弟子忐忑不安地上前迎候,准备领受责罚。得知原委,慧宗禅师泰然自若,神态依然是那样平静安详。他宽慰弟子们说:“当初,我不是为了生气而种兰花的。”

就是这么一句平淡无奇的话,在场的弟子们听后,肃然起敬之余,更是如醍醐灌顶,顿时大彻大悟……

请以“学会快乐”为话题,写一篇不少于 700 字的文章。题目自拟,文体不限(诗歌除外)。

高职语文期中考试模拟试卷

（下册7～9单元）

本试卷分第Ⅰ卷（选择题）和第Ⅱ卷（非选择题）两部分，满分100分，考试时间90分钟。

第Ⅰ卷（选择题，共50分）

一、选择题。（1～14题，每题3分；15～18题，每题2分）

1. 加点字注音全部正确的一项是（　　）。

A. 细腻（nì）　凝滞（zhì）　袅娜（nuó）　弥（mí）望

B. 颓（tuí）废　庶（sù）民　酣（hān）眠　脉脉（mǎi）

C. 斑（bān）驳　钞（chǎo）票　落蕊（lěi）　宛（wàn）然

D. 倩（qìng）影　要诀（jué）　窈窕（tiǎo）　疏（shū）落

2. 对加点字解释全错误的一项是（　　）。

A. 豁（明亮）然　玄虚（不真实）　曲解（不合理的解释）

B. 固（坚固）执　滥（多）竽充数　前仆（趴下）后继

C. 苟（随便）同　诓（欺骗）骗　亦步亦趋（快走）

D. 请缨（带子）　要诀（关键）　莫名（说出）其妙

3. 下列句子中成语使用不当的一项是（　　）。

A. 地球围着太阳转，这是一个颠扑不破的真理。

B. 小家伙跟在爸爸后面亦步亦趋，惹得众人哈哈大笑。

C. 他这个人天生胆小，做什么事都畏首畏尾。

D. 大熊猫弥足珍贵，我们都非常喜欢他。

4. 下面句子的横线上，依次填入的一组词句是（　　）。

月光如流水一般，________地________在这一片叶子和花上，________的轻雾________起在荷塘里。

A. 轻轻　泻　淡淡　升　　B. 轻轻　照　薄薄　浮

C. 静静　照　淡淡　升　　D. 静静　泻　薄薄　浮

5. 下列句子没有语病的一句是（　　）。

A. 一大批锐意求新的青年人已崭露头角。

B. 因为这顶帽子，使得奋然前行的青年们步履艰难。

C. 这珍贵的创新精神，又便会招致一些人的讥笑"太狂了！"

D. 其实，青年们在工作中自信心强，是非常宝贵的。

6. 对下列句子的修辞手法判断正确的一组是(　　)。

(1) 太阳一出来,地下已经像下了火。

(2) 当面不说,背后乱说;开会不说,会后乱说。

(3) 只能感到一点点清凉,秋的味,秋的色,秋的意境与姿态,总是看不饱,尝不透,赏玩不到十足。

(4) 那又浓又翠的绿色,简直是一幅青绿山水画。

A. 夸张　对比　排比　暗喻　　B. 比喻　对比　排比　暗喻

C. 夸张　反衬　排比　比喻　　D. 夸张　排比　排比　比喻

7. 对"好读书,不求甚解,每有会意,便欣然忘食。"解释准确的是(　　)。

A. 读书要读名著,但不要太深入理解;每当看到精彩,便忘记了吃饭。

B. 读书宜读好书,这样便不会走弯路,每当领会了作者的意图,便高兴地忘记了吃饭。

C. 读书要读容易的书,这样理解起来容易,也更能领会作者思想,又方便边吃饭边读。

D. 喜欢读书,但不一定要求完全理解(书中的意思),每当对书中的意思有一点领会,就高兴得忘记了吃饭。

8. 下列文学常识的表述不正确的是(　　)。

A. 朱自清,原名自华,号秋实,字佩弦。现代著名作家、诗人、学者、民主战士。他的散文有《桨声灯影里的秦淮河》《背影》《荷塘月色》《欧游杂记》。

B. 郁达夫,原名郁文,字达夫,幼名阿凤,浙江富阳人,中国现代著名小说家、散文家、诗人。代表作有短篇小说集《沉沦》,小说《迟桂花》《春风沉醉的晚上》等。

C. 按照论证方式的不同,议论文可分为立论文和驳论文,按照反驳方式的不同,驳论文可分为驳论点、驳论证、驳论据三种形式。《中国人失掉自信力了吗》的体裁是驳论文,选自鲁迅的《华盖集续篇》。

D. 聂绀弩(1903—1986),原名聂国棪,笔名有耳耶、萧今度等。湖北京山人,现代诗人、散文家。他是中国现代杂文史上继鲁迅、瞿秋白之后,在杂文创作上成绩卓著、影响很大的战斗杂文大家。人们比喻他的杂文是"有力的响箭,常常射中了敌人的鼻梁。"

阅读下面的文字,完成9~14题。

不逢北国之秋,已将近十余年了。在南方每年到了秋天,总要想起陶然亭的芦花,钓鱼台的柳影,西山的虫唱,玉泉的夜月,潭柘寺的钟声。在北平即使不出门去吧,就是在皇城人海之中,租人家一(　　)破屋来住着,早晨起来,(　　)一碗浓茶,(　　)院子一坐,你也能看得到很高很高的碧绿的天色,听得到青天下驯鸽的飞声。从槐树叶底,朝东细数着一丝一丝漏下来的日光,或在破壁腰中,静对着像喇叭似的牵牛花的蓝朵，自然而然地也能感到十分的秋意。说到了牵牛花，我以为蓝色或白色者为佳，紫黑色次之，淡红者最下。最后，还要在牵牛花底，叫长着几根疏疏落落的尖细且长的秋草，使作（　　）。

9. 在文中括号内填上恰当的词语，正确的是（　　）。

A. 幢　泡　在　陪衬　　　　B. 幢　喝　在　陪衬

C. 椽　泡　向　陪衬　　　　D. 幢　喝　向　陪衬

10. 概括上段文字的大意，最恰当的是（　　）。

A. 牵牛花的蓝朵　　　　B. 清晨院中所见的景象

C. 回忆北国之秋的清晨　　　　D. 北国之秋的秋色

11. “在破壁腰中，静对着像喇叭似的牵牛花的蓝朵”运用的修辞手法是（　　）。

A. 比喻　　B. 拟人　　C. 排比　　D. 对偶

12. 下列关于“朝东细数着一丝一丝漏下来的日光”中关于“漏”字的正确理解是（　　）。

A. 细腻而传神地写出了浓荫下日光的倩影，突出了秋的“清”和“静”。

B. 细腻而传神地写出了浓荫下日光的倩影，突出了秋的“悲凉”。

C. 用明白如话的口语，道出了秋日树叶的渐渐疏落。

D. 用“漏”与“一丝一丝”搭配目的是为了突出日光的细腻，温暖，令人回味。

13. 对上段文字中作者浓墨重彩地写牵牛花的分析不对的是（　　）。

A. 作者喜欢牵牛花。

B. 牵牛花是秋季盛开的花，它让人感到十分的秋意。

C. 写牵牛花是为了突出秋日清晨的“清”“静”。

D. 写牵牛花是为了衬托作者心中的“悲凉”意味。

14. 为什么“最好，还要在牵牛花底，叫长着几根疏疏落落的尖细且长的秋草，使作（　　）”？（　　）。

A. 这是秋天常见的景象　　　　B. 这是秋天应有的景色

C. 更能衬托秋的凉爽　　　　D. 更能衬托秋的“悲凉”

阅读下面的文字，完成 15～18 题。

这几天心里颇不宁静。今晚在院子里坐着乘凉，忽然想起日日走过的荷塘，在这满月的光里，总该另有一番样子吧。月亮渐渐地升高了，墙外马路上孩子们的欢笑，已经听不见了；妻在屋里拍着润儿，迷迷糊糊地哼着眠歌，我悄悄地披了大衫，带上门出去。

沿着荷塘，是一条曲折的小煤屑路。这是一条幽僻的路；白天也很少有人走，夜晚更加寂寞。荷塘四周，长着许多树，蓊蓊郁郁的。路的一旁，是些杨柳，和一些不知道名字的树。没有月光的晚上，这路上阴森森的，有些怕人。今晚却很好，虽然月光也还是淡淡的。

路上只我一个人,背着手踱着。这一片天地好像是我的;我也好像超出了平常的自己,到了另一个世界里。我爱热闹,也爱冷静;爱群居,也爱独处。像今晚上,一个人在这苍茫的月下,什么都可以想,什么都可以不想,便觉是个自由的人。白天里一定要做的事,一定要说的话,现在都可不理。这是独处的妙处,我且受用这无边的月色好了。

15. 对"这几天心里颇不宁静"理解有误的一项是(　　)。

A. 开篇点明夜赏荷塘的理由。

B. "不宁静"之后避而不谈其原因,和月下荷塘的"朦胧"有相关处。

C. "不宁静"与月下荷塘宁谧、恬静、朦胧的意境相冲突,显得突兀。

D. "不宁静"是本篇感情基调的一个组成部分。

16. 本文的文眼是(　　)。

A. 这几天心里颇不宁静。

B. 我悄悄地披了大衫,带上门出去。

C. 这一片天地好像是我的;我也好像超出了平常的自己。

D. 这是独处的妙处,我且受用这无边的月色好了。

17. "沿着荷塘,是一条曲折的小煤屑路。这是一条幽僻的路;白天也很少有人走,夜晚更加寂寞"此处极力写静,是为了(　　)。

A. 反衬自己心里的不宁静。

B. 说明这荷塘的荒凉。

C. 说明荷塘在荒郊外。

D. 说明作者喜欢静,性格孤僻。

18. "像今晚上,一个人在这苍茫的月下,什么都可以想,什么都可以不想,便觉是个自由的人"对这句话理解正确的是(　　)。

A. 作者描写宁静的月夜,表现这时的我与白天的我判若两人。

B. 在宁静的月色中,作者可以摆脱白天人世的扰乱,得到自己追求的一时的自由。

C. 在宁静的月色中,作者可以挥洒自己的性格,想说就说,想做就做。

D. 作者描写月夜的美丽,自己也进入了另一个世界。

第Ⅱ卷(非选择题 共50分)

二、填空和表达题。(本大题3个小题,共8分)

19. 补写下列名句的上句或下句。(任选三句3分)

(1) 事虽小,________;苟擅为,________。

(2) 物虽小,________;苟私藏,________。

(3) 曲曲折折的荷塘上面,弥望的是田田的叶子。叶子出水很高,________。

(4) 微风过处,送来缕缕清香,________。

20. 调整上联词语顺序,使上下联对仗工整。(2分)

上联:求学渐进应以宏博为贵

下联:读书必有基础次第而升

____

21. 阅读下面两则材料,回答问题。(3分)

材料一:近年来清明节祭奠亲友,一些地方从烧冥币、纸人、纸马,发展到烧纸电视机、纸数码相机、纸洗衣机,甚至烧纸汽车、纸别墅……

材料二:今年清明节前,某市首个在线祭祀网站开通。清明节未到,许多居民已经纷纷登录该网站,上传纪念图片,发表纪念文章,祭奠逝去的亲人,表达哀思。

你对上述现象有何看法?请简要阐述。(不少于30个字)

____

____

三、阅读下面文字,完成后题。(本大题6个小题,每题2分,共12分)

从公开的文字上看起来:两年以前,我们总自夸着"地大物博",是事实;不久就不再自夸了,只希望着国联,也是事实;现在是既不夸自己,也不信国联,改为一味求神拜佛,怀古伤今了——却也是事实。

于是有人慨叹曰:中国人失掉自信力了。

如果单据这一点现象而论,自信其实是早就失掉了的。先前信"地",信"物",后来信"国联",都没有相信过"自己"。假使这也算一种"信",那也只能说中国人曾经有过"他信力",自从对国联失望之后,便把这"他信力"都失掉了。

失掉了"他信力",就会疑,一个转身,也许能够只相信了自己,倒是一条新生路,但不幸的是逐渐玄虚起来了。信"地"和"物",还是切实的东西,国联就渺茫,不过这还可以令人不久就省悟到依赖它的不可靠。一到求神拜佛,可就玄虚之至了,有益或是有害,一时就找不出分明的结果来,它可以令人更长久的麻醉着自己。

中国人现在是在发展着"自欺力"。

"自欺"也并非现在的新东西,现在只不过日见其明显,笼罩了一切罢了。然而,在这笼罩之下,我们有并不失掉"自信力"的中国人在。

我们从古以来,就有埋头苦干的人,有拼命硬干的人,有为民请命的人,有舍身求法的人,……虽是等于为帝王将相作家谱的所谓"正史",也往往掩不住他们的光耀,这就是中国的脊梁。

这一类的人们,就是现在也何尝少呢?他们有确信,不自欺;他们在前仆后继的战斗,不过一面总在被摧残,被抹杀,消灭于黑暗中,不能为大家所知道罢了。说中国人失掉了自信力,用以指一部分人则可,倘若加于全体,那简直是诬蔑。

要论中国人,必须不被搽在表面的自欺欺人的脂粉所诓骗,却看看他的筋骨和脊梁。"自信力"的有无,状元宰相的文章是不足为据的,要自己去看地底下。

22. 语段的敌论点是:________;敌论据是________。

23. 上面语段中的"他信力"具体是指________;"自欺力"具体是指________。

24. 上文在"他信力"和"自欺力"上加引号,所起的作用是什么?

25. "这一类的人们,就是现在也何尝少呢?"改为陈述句。

26. 作者从正面提出的观点是________

27. "说中国人失掉了自信力,用以指一部分人则可,倘若加于全体,那简直是诬蔑。"一句指出敌方论证时犯了________的毛病。

四、作文。(30分)

28. 阅读下面的文字,根据要求写一篇不少于700字的文章。

一个海难的幸存者漂流到一个荒无人烟的小岛上,两天过去了,也不见有船只的影子。不得已,他好不容易在岛上建了一个简易窝棚安身。当他从树林里兜着一大堆果子回来时,却发现他的窝棚起火了,浓烟滚滚,他的心血全被熊熊的大火吞没了。他禁不住仰天长叹,沮丧地坐在海滩上,一直到黄昏。在夕阳的余晖下,一艘轮船的轮廓越来越清晰。他得救了,因为船上的人看见了岛上升起的浓烟,并把它当成了求救信号。

要求全面理解材料,但可以选择一个侧面、一个角度构思作文。自主确定立意,确定文体,确定标题;不要脱离材料的含意作文,不要套作,不得抄袭。

高职语文期末考试模拟试卷

（下册 7～12 单元）

本试卷分第Ⅰ卷（选择题）和第Ⅱ卷（非选择题）两部分，满分 100 分，考试时间 90 分钟。

第Ⅰ卷（选择题，共 50 分）

一、选择题。（1～14 题，每题 3 分；15～18 题，每题 2 分）

1. 下列各组中加点字注音无误的一项是（　　）。

A. 撑(zhǎng)着　　彷(páng)徨　　凄(qī)清　　雨巷(xiàng)

B. 应验(yīng)　　沏茶(qiè)　　庖代(páo)　　殒落(sǔn)

C. 河畔(pàn)　　荡漾(yàng)　　青荇(xìng)　　长篙(gāo)

D. 参乘(chéng)　　瞋(zhēn)目　　戮(lù)力　　樊哙(kuài)

2. 下列词语中，书写有误的一组是（　　）。

A. 置之死地　　中流砥柱　　鸡犬不宁　　万恶不赦

B. 水波荡漾　　波光潋艳　　柔声细语　　招瑶过市

C. 杳无音信　　顺水推舟　　有口难言　　前合后偃

D. 居安思危　　戒奢以俭　　载舟覆舟　　所宜深慎

3. 下列各句中成语使用恰当的一项是（　　）。

A. 他从小就喜欢画画，常在纸上信笔涂鸦，现在他画的鸟已是栩栩如生。

B. 政府要真正转变职能，非要对现有的政府机构进行彻底地改头换面不可。

C. 他以作家、教授的身份、地位，洁身自好、有所不为，对国家的前途，忧心忡忡。

D. 得了冠军，就对同伴侧目而视，颇有点老子天下第一的劲头。

4. 填入横线处的语句，最恰当的一项是（　　）。

现在你虽然坚持着照约处罚，一定要从这个不幸的商人身上割下一磅肉来，到了那时候，你________愿意放弃这一种处罚，________因为受到良心上的感动，说不定还会豁免他一部分的欠款。你看他最近接连遭逢的巨大损失，足以使无论怎样富有的商人倾家荡产，________铁石一样的心肠，从来不知道人类同情的野蛮人，________不能不对他的境遇发生怜悯。

A. 不仅　还　即使　也　　　B. 不但　而且　即使　也

C. 不仅　还　倘若　也　　　D. 不但　而且　倘若　也

5. 对下列各句运用的修辞手法,判断有误的一项是(　　)。

A. 为善的受贫穷更命短,造恶的享福贵又寿延。(对偶)

B. 慈悲不是出于勉强,它是像甘霖一样从天上降下尘世。(比喻)

C. 改良!改良!越改越凉,冰凉!(双关)

D. 明天见,明天还不定是风是雨呢!(夸张)

6. 下列句子表达最得体的一项是(　　)。

A. 老林,今天是你的生日,我祝你长命百岁。

B. 周强为了和同学们坐在一起,与某乘客协商:您看,那个座位靠着窗户,也不拥挤,位置比你现在的好,咱们调换一下好吗?

C. 您的礼物我收到了,真是"礼轻情义重"啊!

D. 蒙您帮忙,深表感激,明天我将于百忙中专程前去致谢。

7. 下列关于戏剧知识的表述,不正确的一项是(　　)。

A. 在我国,戏剧一般是戏曲、话剧、歌剧的总称。在西方,戏剧专指话剧。

B. 戏剧按题材分为悲剧、喜剧、正剧,按内容分为历史剧、现代剧,按结构分为独幕剧、多幕剧,按表演形式分为话剧、歌剧、舞剧、戏曲等。

C. 戏剧是一种由文学、导演、表演、音乐、美术等各种艺术成分组成的综合艺术。

D. 戏剧的"三一律"原则是指戏剧创作要在时间、地点、情节三者之间保持一致性。

8. 下列有关文学常识表述错误的一项是(　　)。

A. 新诗是1919年五四运动时期创始和发展起来的一种新诗体。新诗形式上采用白话文,打破了旧体诗格律的束缚,创造了不少样式。总的来说,旧体诗讲究格律,新诗比较自由。

B. 朦胧诗是新诗发展到1979年、1980年出现的一种新的诗歌风格,其主要特点是表达的思想比较含蓄、感情比较隐秘、形式上颇多怪异。

C. 普希金和裴多菲分别是俄国和荷兰的著名诗人,其代表作分别是《叶甫盖尼·奥涅金》《我愿意是急流》。

D.《再别康桥》是现代诗人徐志摩脍炙人口的诗篇,是新月派诗歌的代表作品。

阅读《雨巷》,完成9~11题。

撑着油纸伞,独自
彷徨在悠长、悠长
又寂寥的雨巷,
我希望逢着

一个丁香一样的
结着愁怨的姑娘。
……
撑着油纸伞，独自
彷徨在悠长，悠长
又寂寥的雨巷，
我希望飘过
一个丁香一样的
结着愁怨的姑娘。

9. 下面四项中，诗歌节奏划分错误的一项是(　　)。

A. 轻轻的/我走了，//正如我/轻轻的来

B. 波光里的/艳影，//在我的/心头荡漾

C. 她//彷徨在/这寂寥的雨巷

D. 一个/丁香一样的/结着愁怨的//姑娘

10. 下列解说不正确的一项是(　　)。

A. 戴望舒是中国现代诗人，主要诗集有《我的记忆》《望舒草》《望舒诗稿》《灾难的岁月》。

B.《雨巷》是戴望舒早期的成名作和代表作，诗歌发表后产生了较大影响，诗人也因此被称为“雨巷诗人”。

C. 戴望舒早期的诗歌受西方印象派的影响，意象朦胧、含蓄。

D. 后期诗歌主要表现热爱祖国、憎恨侵略者的强烈感情和对美好未来的热烈向往，诗风明朗、沉挚。

11. 对《雨巷》的赏析不正确的一项是(　　)。

A. 诗人在《雨巷》中创造了一个丁香一样的结着愁怨的姑娘。这受中国古代诗词的启发，用丁香结即丁香的花蕾来象征人的愁心。

B.《雨巷》运用了象征的手法。诗中的“我”“雨巷”“姑娘”并非是对生活的具体写照，而是充满了象征意味的抒情形象。

C. 诗中借江南小巷的阴沉来象征当时社会的黑暗；“我”在黑暗中迷失了方向，找不到出路，充满了迷惘和绝望。

D.《雨巷》运用了复沓重唱手法，造成了回环往复的旋律，强化了音乐效果，替新诗的音节开了一个新纪元。

阅读《威尼斯商人》片段，完成12～14题。

夏洛克　我的意思已经向殿下禀告过了；我也已经指着我们的圣安息日起誓，一定要照约执行处罚；要是殿下不准许我的请求，那就是蔑视《宪章》，我要到京城里去上告，要求撤销贵邦的特权。您要是问我为什么不愿接受三千块钱，宁愿拿一块腐烂

的臭肉，那我可没有什么理由可以回答您，我只能说我欢喜这样，这是不是一个回答？要是我的屋子里有了耗子，我高兴出一万块钱叫人把它们赶掉，谁管得了我？这不是回答了您吗？有的人不爱看张开嘴的猪，有的人瞧见一头猫就要发脾气，还有人听见人家吹风笛的声音，就忍不住要小便；因为一个人的感情完全受着喜恶的支配，谁也作不了自己的主。现在我就这样回答您：为什么有人受不住一头张开嘴的猪，有人受不住一头有益无害的猫，还有人受不住咿咿唔唔的风笛的声音，这些都是毫无充分理由的，只是因为天生的癖性，使他们一受到刺激，就会情不自禁地现出丑相来；所以我不能举什么理由，也不愿举什么理由，除了因为我对于安东尼奥抱着久积的仇恨和深刻的反感，所以才会向他进行这一场对于我自己并没有好处的诉讼。现在您不是已经得到我的回答了吗？

巴萨尼奥　你这冷酷无情的家伙，这样的回答可不能作为你的残忍的辩解。

夏 洛 克　我的回答本来不是为了讨你的欢喜。

巴萨尼奥　难道人们对于他们所不喜欢的东西，都一定要置之死地吗？

夏 洛 克　哪一个人会恨他所不愿意杀死的东西？

巴萨尼奥　初次的冒犯，不应该就引为仇恨。

夏 洛 克　什么！你愿意给毒蛇咬两次吗？

安东尼奥　请你想一想，你现在跟这个犹太人讲理，就像站在海滩上，叫那大海的怒涛减低它的奔腾的威力，责问豺狼为什么害得母羊为了失去它的羔羊而哀啼，或是叫那山上的松柏，在受到大风吹拂的时候，不要摇头摆脑，发出簌簌的声音。要是你能够叫这个犹太人的心变软——世上还有什么东西比它更硬呢？——那么还有什么难事不可以做到？所以我请你不用再跟他商量什么条件，也不用替我想什么办法，让我爽爽快快受到判决，满足这犹太人的心愿吧。

巴萨尼奥　借了你三千块钱，现在拿六千块钱还你好不好？

夏 洛 克　即使这六千块钱中间的每一块钱都可以分做六份，每一份都可以变成一块钱，我也不要它们；我只要照约处罚。

12. 夏洛克对“为什么不愿接受三千块钱，宁愿拿一块腐烂的臭肉”这一问题的实质性回答是(　　)。

A. “我只能说我欢喜这样。”

B. “因为一个人的感情完全受着喜恶的支配，谁也作不了自己的主。”

C. “天生的癖性。”

D. “因为我对于安东尼奥抱着久积的仇恨和深刻的反感。”

13. 夏洛克说，同安东尼奥进行这一场诉讼“并没有好处”。实际上，夏洛克心里认为打这场官司是有好处的，他的真正意图是(　　)。

A. 可以借机报复，消灭对手。

B. 可以获得遵守《宪章》的美名。

C. 可以在威尼斯树立自己的威信。

D. 可以满足他剜肉的心愿。

14. 对画线句子的理解错误的是(　　)。

A. 这段文字是抒情诗一样的语言,体现了莎士比亚剧作的语言特点。

B. 这段文字连用四个新鲜的比喻指出了夏洛克的本性。

C. 安东尼奥请自己的朋友放弃为自己说情,情真意切,优美流畅。

D. 安东尼奥看重友情,为朋友牺牲生命。

阅读下面的文字,完成15~18题。

沛公已出,项王使都尉陈平召沛公。沛公曰:"今者出,未辞也,为之奈何?"樊哙曰:"大行不顾细谨,大礼不辞小让。如今人方为刀俎,我为鱼肉,何辞为?"于是遂去。乃令张良留谢。良问曰:"大王来何操?"曰:"我持白璧一双,欲献项王,玉斗一双,欲与亚父。会其怒,不敢献。公为我献之。"张良曰:"谨诺。"当是时,项王军在鸿门下,沛公军在霸上,相去四十里。沛公则置车骑,脱身独骑,与樊哙、夏侯婴、靳强、纪信等四人持剑盾步走,从郦山下,道芷阳间行。沛公谓张良曰:"从此道至吾军,不过二十里耳。度我至军中,公乃入。"

沛公已去,间至军中。张良入谢,曰:"沛公不胜杯杓,不能辞。谨使臣良奉白璧一双,再拜献大王足下,玉斗一双,再拜奉大将军足下。"项王曰:"沛公安在?"良曰:"闻大王有意督过之,脱身独去,已至军矣。"项王则受璧,置之坐上。亚父受玉斗,置之地,拔剑撞而破之,曰:"唉!竖子不足与谋!夺项王天下者必沛公也。吾属今为之虏矣!"

沛公至军,立诛杀曹无伤。

15. 下列各句中加点词解释有误的一项是(　　)。

A. 大行不顾细谨,大礼不辞小让(让,谦让)

B. 沛公已去,间至军中(间,从小路)

C. 大王来何操(操,拿,携带)

D. 再拜奉大将军足下(再拜,拜两次)

16. 下列句中加点的"之"与"项伯杀人,臣活之"中的"之"用法相同的一项是(　　)。

A. 今者有小人之言　　B. 项伯乃夜驰之沛公军

C. 先破秦入咸阳者王之　　D. 愿伯具言臣之不敢倍德也

17. 下列与"不者,若属皆且为所虏"句式相同的一项是(　　)。

A. 吾属今为之虏矣　　B. 客何为者?

C. 沛公不先破关中,公岂敢入乎　　D. 不然,籍何以至此

18. 下列对选文分析有误的一项是(　　)。

A. 选文叙述的事情属于刘邦、项羽为争夺霸主地位而在鸿门宴上展开的一场惊心动魄的政治斗争。

B. “沛公已出,项王使都尉陈平召沛公”一句说明项羽已经察觉到刘邦要逃跑。

C. 刘邦“则置车骑,脱身独骑”,是因为当时情势危急;张良等大部分随从留下不走,可以在一定程度上麻痹项羽。

D. 刘邦之所以最终诛杀了曹无伤,是因为他在鸿门宴上得知曹无伤是内奸,把他“欲王关中”的政治野心向项羽告了密。

第Ⅱ卷(非选择题 共50分)

二、填空和表达题。(本大题3个小题,共8分)

19. 解释文言文中画线句子。(2分)

大行不顾细谨,大礼不辞小让

____

20. 请揣摩下列语句特点,在横线上续写一个句子,使之与前面的句子构成语意连贯的排比句。(4分)

即使我们只是一支蜡烛,也应该“蜡炬成灰泪始干”;即使我们只是一只春蚕,也应该“春蚕到死丝方尽”;________,________;________,________。

21. 根据下面提供的语境回答后面的问题。(2分)

小明要参加某市庆元旦诗歌朗诵比赛,为此他每天都练习得很晚。有一天邻居陈伯伯对他说:“小明呀,你学习可真刻苦,每天晚上12点多了,我们都睡下了,你还在大声朗读什么东西。”小明谦虚地回答道:“陈伯伯过奖了,我还差得很远,还需要努力。”

(1) 陈伯伯说的话意思是(言外之意):________

(2) 小明理解的意思是:________

三、阅读下面文字,完成后题。(本大题5个小题,共12分)

(1) 曲曲折折的荷塘上面,弥望的是田田的叶子。①叶子出水很高,像亭亭的舞女的裙。层层的叶子中间,零星地点缀着些白花,有袅娜地开着的,有羞涩地打着朵儿的;正如一粒粒的明珠,又如碧天里的星星,又如刚出浴的美人。②微风过处,送来缕缕清香,仿佛远处高楼上渺茫的歌声似的。这时候叶子与花也有一丝的颤动,像闪电般,霎时传过荷塘的那边去了。叶子本是肩并肩密密地挨着,这便宛然有了一道凝碧的波痕。叶子底下是脉脉的流水,遮住了,不能见一些颜色,而叶子却更见风致了。

(2) 月光如流水一般,静静地泻在这一片叶子和花上。薄薄的青雾浮起在荷塘里。叶子和花仿佛在牛乳中洗过一样;又像笼着轻纱的梦。________是满月,天上________有一层淡淡的云,________不能朗照;________我以为这恰是到了好处——酣眠固不可少,小睡也别有风味的。月光是隔了树照过来的,高处丛生的灌木,落下参差的斑驳的黑影,峭楞楞如鬼一般;弯弯的杨柳的稀疏的倩影,却又像画在荷叶上,塘中的月色并不均匀，但光与影有着和谐的旋律，如梵婀玲上奏着的名曲。

22. 这两段文字出自朱自清的________。（2 分）

23. 依次填到横线上的关联词语是________。（2 分）

24. 选文中“叶子出水很高，像亭亭的舞女的裙”和“微风过处，送来缕缕清香，仿佛远处高楼上渺茫的歌声似的”两句分别运用的修辞方法是________、________。（2 分）

25. 第(1)段文字依次写了哪些景物？写景顺序是什么？（4 分）

景物：____

写作顺序：____

26. 用四字短语概括这两段文字的主要内容。（2 分）

(1) ____

(2) ____

四、作文。（30 分）

27. 阅读下面的文字，根据要求作文。

在西伯利亚雪原上有一种动物叫白貂，白貂十分爱惜自己的一身纯白、漂亮的羽毛，在任何情况下都不愿意玷污。于是猎人们抓住白貂的这个弱点，在它的巢穴周围撒上一圈煤粉，这样白貂往往就束手就擒了；白貂没有因此改变自己的习性，依然年复一年地守护着自己纯白、漂亮的羽毛。

要求全面理解材料，但可以选择一个侧面、一个角度构思作文。自主确定立意，确定文体，确定标题；不要脱离材料的含意作文，不要套作，不得抄袭；字数不少于700 字。

参考答案

第一单元　故乡情深

第1课　故乡的榕树

一、自己查字典解决。

二、1. A

2. B(A项中的"和衷共济"不能用于单个人;C项中的"不绝如缕"多形容局面危急或声音微弱,与句意不合;D项中的"上行下效"是贬义词。)

3. D(A成分残缺,缺少主语,"开展"缺少宾语;B搭配不当,"减少"改为"降低";C句式杂糅,"根本原因是……"与"……在作怪"杂糅。)

4. ACDF

5. ①B挤;C恬静;A心灵;D交流　②B飞;A迷蒙 ③D粗犷;C风味;D苦涩;C短暂

6. ①C　②EF　③BDE

7. D("吃不了兜着走":比喻某人行为造成了很严重的后果。"吃错药":比喻说话办事有违常理。"唱主角":比喻担负重要任务或在某方面起主导作用。"炒鱿鱼":鱿鱼一炒就卷起来,像是卷铺盖,比喻解雇、撤职。"撑场面":指维护表面的排场;维护体面。)

三、1. 偏正短语、并列短语　主谓短语

2. 比喻、夸张

3. 追叙部分的总起

4. 都是描绘树的外形,但写法不同:第3段是两树合写,粗线条勾勒其勃勃生机;第5段是分写,一详一略,突出"驼背";尤其是写它的奇异的形状和顽强的生命力,则是细描。

5. 作者托物寄情,既指具体的榕树,又是故土,乃至整个中国的象征,是作者乡恋乡愁的情感的化身。榕树因乡愁而显情,乡愁因榕树而具体。

第2课　乡土情结

一、1. C　解析:C项"低徊欷歔"中的"徊"的正确读音为"huí"。

2. A　解析：B项中的“沧凉”应为“苍凉”；C项中的“悲欢离和”应为“悲欢离合”；D项中的“谛造”应为“缔造”。

3. C　解析：A项，“出神入化”一般指技能高超，不形容文笔。B项，“杯弓蛇影”指疑神疑鬼，妄自惊慌。与文意不合。D项，“叹为观止”形容好到极点。句中只是人数多，令人吃惊，没有赞美之意。

二、(一) 1. 解析：此题考查段落分析归纳能力，要求全面、准确、简练。可以从文章第二段中的“起点站是童年”“人第一眼看见的世界，就是生我育我的乡土”“但童年的烙印，却像春蚕作茧，紧紧地包着自己，又像纹身的花纹，一辈子附在身上”这些话中分析出作者难忘的、难舍的是什么(实际上就是“烙印”)。

参考答案：①父母亲族的爱；②家乡的山水草木；③悲欢离合的家史；④邻里乡情。

2. 解析：此题考查分析概括能力，要求提取要点、准确概括。在考查大家对文章局部的理解与鉴赏的同时，要求考生要具备各种良好的思维能力。此题已经在题干中告诉关键信息在第三段，而从第三段中提炼出“两种情况”应当不会太难。

参考答案：①不少人富有浪漫气息，为追求理想开创事业去闯世界。②多数人是沉重的现实主义格调，为维持最低的生活被打发出家门。

3. AC　解析：从文章“一个人为自己的一生定音定调定向定位，要经过千磨百折的摸索，前途充满未知数”强调人的成长道路在变且不好预测，唯一不变的是“思乡”，可是B项中却说“童年的烙印”“决定自己的一生的方向”，与文章的观点正好相反。D项中的“鸟恋旧林，鱼思故渊”“树高千丈，落叶归根”是旧典，但并无新意，因为这句话自古以来一直都是表达“乡土情节”的典型用语。E项错在“生动具体”。最后一段全文文旨升华，以概括性的语言作全文的结语，而不是什么“生动具体”。此题难度较大，大家很容易选择E项。

(二) 1. 解析：本题主要考查语言的概括能力。具体从两方面可以轻易得出。

参考答案：①遍尝百味，满足口腹之欲。②借“吃”拉关系，牟取私利。

2. 解析：要把握句子的具体含意一定要深入到文章中。

参考答案：(1)从生理机能上看，舌头只能品尝食物，不能“调和”人的思想感情。(2)从交际功能看，为了私利，舌头可以“调和”出各种甜言蜜语。

3. 解析：概括行为特点一定要透过现象看本质，指出问题的实质。

参考答案：①甜言蜜语奉承别人，丧失人格。②假话连篇，伺机陷害别人，口蜜腹剑。③用龌龊的手段“糟蹋”名利，贪婪卑下。

4. BE　解析：A项“滋味”并不仅限于“辛酸与苦涩”，并且也没有“在漫长的人生中慢慢品尝”。C项作者并未“疾恶如仇”，从作者行文的幽默、讽喻特点可以体会出。D项文中并没有“劝诫意味”。

第3课　江南的冬景

一、xuān bāo zhé pù mǐn yuè zhě fù zhǎo chá yā zì

二、1. 像动物冬眠一样隐居起来。

2. 乡村的篱笆。　3. 丰满。　4. 天空。

5. 远处的土山。　6. 冬天下个不停的雨。

7. 形容做事、说话不绕弯子。　8. 放纵,不受拘束。

三、1. C　2. B　3. A　4. B

四、作者笔下的江南当是指长江以南、闽粤以北地区,以江浙一带为主。

文中有这样一些具体语句:①冬至过后,大江以南的树叶,也不至于脱尽。②我也曾到过闽粤,在那里过冬天,……这一种极南的气候异状,并不是我所说的江南的冬景,只能叫它做南国的长春,是春或秋的延长。③江南的地质丰腴而润泽,……像钱塘江两岸的乌桕树……④我不知道德国的冬天,比起我们江浙来如何……⑤江南河港交流,且又地滨大海,湖沼特多,故空气里时含水分。

五、1. 北国冬天最有劲;门外雪深几尺,或风大若雷,屋内温暖如春,闲食与节期更让人怀恋;江南冬天温暖可爱,可以曝背谈天,营屋外的生涯。

2. 江南秋天与江南冬天的比较:江南秋天是读书写字的人的最惠节季:江南冬天则有明朗的情调。

3. 北方夏夜和江南的冬天都有明朗的情调,大致可抵得过。

4. 闽粤的冬天过于和暖,以至像南国的长春,是春或秋的延长,不像冬天;江南的冬天有独特的冬天特征。

5. 德国南部地区四季变迁与江南差别不多,冬天均适合寒郊散步,那是一种享受清福的机会。

6. 江南冬天的特征:晴和——润泽如春;清朗——有明朗的情调;不肃杀,有生气;有画意,有迷人的美景。

第一单元　练习与测试

一、1. C(A 荫 yìn; B 曳 yè 犷 guǎng; D 飕 sōu)

2. B(攸—悠,飘—瓢)

3. A　解析:B项中"的过程"是多余的;C项前后照应不周;D项中"最"前缺少介词"以",在"提高"前加"才能",且句式杂糅,应将"质量"后的逗号改句号,"是"前加"这"。

4. C

二、1. 余光中,台湾当代著名散文家、诗人。祖籍福建永春,1928年生于江苏南京。余光中一生从事诗歌、散文、评论的创作和翻译,自称为写作的"四度空间",被誉为“艺术上的多妻主义者”。著有诗集《舟子的悲歌》《白玉苦瓜》和散文集《左手的缪斯》《听听那冷雨》以及评论集《掌上雨》《蓝墨水的下游》等共数十部。

2. 思乡怀旧或乡愁　托物寄情或寄情于物　榕树　邮票、船票、坟墓、海峡

3. 课文用诗化的语言来写散文，而这首诗用的是纯诗歌的语言，质朴浅白但却含蓄隽永。

4. 由于两位作者分别身居香港和台湾，在这个特定的背景之下，本文就有了更为深远的现实意义，即不仅表现了游子的思乡之情，更蕴含了当时港台的回归意识。

5. 示例：小时候，父爱是一棵茂密的大树，为我遮蔽风吹雨打；长大后，父爱是一本智慧的书，教给我许多人生的道理。

三、1. 悠闲

2. 江南的冬天实在美得诗情画意，人到此境界，当可与自然合一，尘世的碌碌俗务，名利之心，纷争之意，更难立足于此，自然迷人，使人旷达洒脱，不计荣辱得失。

3. “红黄”为暖色，是视觉印象，以“味”移用来画出，更有感官相通的诗情画意。这种手法叫“通感”。

4. 这两段写江南冬天的雨雪，未作过多实景描绘，而是通过想象描画、引用诗句、避实就虚的方法来表现，巧借想象和诗句的意境，通过自己的品评将这个意境推到一个新的境界，意象丰富，带有很强的作者个体性情的印记。

5. 重实际行动，不夸夸其谈。（或：要言行一致，不要言过其实）

第二单元　演讲大厅

第1课　在马克思墓前的讲话

一、查字典解决。

二、1. “空白”说明了马克思的逝世对于无产阶级的革命事业将是不可弥补的损失。

2. “豁然开朗”与“在黑暗中摸索”，形成鲜明对比，突出了马克思发现剩余价值规律，揭示出资本主义剥削本质。这对于无产阶级革命斗争有着伟大的意义。

3. “生命要素”，说明马克思把无产阶级的解放事业当成自己毕生的使命。

4. “当做蛛丝一样轻轻拂去”，表现了马克思对阶级敌人极大的蔑视和他大无畏的革命气魄。

三、1. 坚强、顽强　2. 摸索、探索　3. 肤浅、深刻

四、1. 在最后时刻没能留在伟人身边而后悔。说明马克思为无产阶级的解放事业工作到最后一息。

2. 达尔文从生物学的角度揭示了人类的起源，推翻了“上帝造人”的宗教落后观

点;马克思从社会学的角度揭示了人类历史的发展规律,为人们认识社会,改造社会提供了锐利的思想武器,二者同样具有划时代的伟大意义。

3. 不好。原句突出了马克思是一个思想家,而且表达了恩格斯对马克思逝世的惋惜之情。

4. “因为马克思首先是一个革命家。”思想家、科学家、革命家这三种称谓出现了。思想家,是就他的理论贡献而言。马克思主义意义的伟大不在于它发现一种理论,而在于它把这一切付诸实践。

在马克思以前,有的哲学家的理论未必就不深刻,但他们的理论始终停留在宇宙本位,停留在书斋里。马克思不是流于清谈,不是经院式的哲学,而是把自己的理论作为推翻旧制度的武器。所以在恩格斯看来,他把“实践”“革命”放在第一位。那么,马克思从“思想家”到“科学家”“革命家”,是怎么过渡的呢?这就是靠马克思对理论作用和实践作用的认识。“在马克思看来,科学是一种在历史上起推动作用的、革命的力量”。所以“任何一门理论科学中的新发现都使马克思感到衷心喜悦”,而“当有了立即会对工业、对一般历史发展产生革命影响的发现的时候,他的喜悦就非同寻常了”。“斗争是他的生命要素。很少有人像他那样满腔热情、坚忍不拔和卓有成效地进行斗争。”这就可以理解马克思为什么很注重实践。所以邓小平认为,从马克思主义到毛泽东思想,其精髓都是科学求实。这样看来,为什么恩格斯要先说马克思是理论家、后说他是革命家,这前后几部分的关系不是并列的,而是递进的,逐步推向高潮。

5. 办报、出书:宣传工作。领导革命组织、创立第一国际:组织群众。

五、1. 道德品质、伟大人格、科学功绩

2. 大胆的直觉、对工作超出想象的热忱和顽强

3. 品德和热忱　　4. 略

六、课文中体现出马克思的精神:思考一切,勇于创新,注重实践、科学求实,无私奉献等。对于今天的中学生来讲,特别应该学习马克思志向高远的精神:“在选择职业时,我们应该遵循的主要指针是人类的幸福和我们自身的完美。不应认为,这两种利益是敌对的,互相冲突的,一种利益必须消灭另一种的;人类的天性本来就是这样的:人们只有为同时代人的完美、为他们的幸福而工作,才能使自己也达到完美。如果一个人只为自己劳动,他也许能够成为著名学者、大哲人、卓越诗人,然而他永远不能够成为完美无疵的伟大人物。”“如果我们选择了最能为人类福利而劳动的职业,那么,我们就不会被任何重负所压倒,因为这是为全人类所作出的牺牲;那时,我们感到的将不是一点点自私而可怜的欢乐,我们的幸福将属于千百万人。我们的事业并不显赫一时,但将永远存在,而面对我们的骨灰,高尚的人们将洒下热泪!”(马克思17岁时所作:《青年在选择职业时的考虑》)

第2课　我有一个梦想

一、查字典解决。

二、1. C。"只有"应该用"除非"。

2. B。"骇人听闻"的意思是使人听了非常震惊。"安之若素"的意思是对于危困境地或异常情况，一如平时，泰然处之。"义愤填膺"的意思是由不义的人和事所激起的愤怒感情充满胸膛。"无济于事"的意思是对事情没有什么帮助或益处。比喻不解决问题。

3. C。

4. D。D项的句子是两重条件复句，其余都是单重条件复句。

5. A。A项运用的修辞是借喻，其余都是暗喻。

三、1. C。　2. A。　3. A。　4. D。　5. B。　6. D。

四、略。

第3课　不自由，毋宁死

一、1. D("缴械"的"械"读作"xiè")

2. 解析：选A(前两个逗号应改为顿号。)

3. 解析：选A(B缺主语，应去掉"当"。C缺宾语，句末加上"等奖项"。D不合事理，删除"不合理"，否则，意味着正确决策允许保留一些不合理的负担)。

二、1. 帕特里·克亨利

2. 具有宣传、鼓动、教育、欣赏　针对性、可讲性、鼓动性

3. (1) A　(2) A　(3) B　(4) B　(5) A

三、1. 其中"先生们希望的是什么？想要表达什么目的"是设问句，目的是引起听众的关注和进一步的思考，另外四个是反问句，层层深入地表达了作者对主张妥协、幻想和平的人的苟且偷生的愤慨之情，突出了作者要为和平而战的强烈的情感。

2. 首先，针对性很强，亨利再次申明"回避现实是毫无用处的"，是针对沉迷于和平希望中的部分人和解的言论来谈的，演讲具有现实意义；其次，富有感染力，作者用一连串的文句表明"袖手旁观"的结果只能是"戴枷锁""受奴役"，幻想和平是不现实的，逃避现实肯定于事无补，愤慨之情溢于言表，情感强烈，语气激越，容易引起听众的共鸣；再次，富有鼓动性，作者用形象的语言宣告战争已经来临，表明自己"不自由，毋宁死"的坚决态度，对听众有极大的鼓动性。

四、1. 都是通过人们的选择行为来实现的，即自由表现为人们对行为的自愿和自由选择。

2. 玻尔兹曼赖以生活和工作的信念发生了根本性的危机，他找不到一条走出困境而重新赢得事业自由的出路，因而处于一种失去自由的抑郁状态，但自由是人类最

可宝贵的东西,像玻尔兹曼那样具有高度文明素养的人看来,自由一旦丧失,人类的生活就变得索然无味而不叫人留恋了。

3. 略

五、有人说,当好影星得了,何必去抢戴“教授”帽?有人说,它既然能“以独特的‘搞笑’风格塑造众多的小人物”,那它就是一位喜剧大师,做艺术系教授绝对够格!有人说,学校当自强,别老想靠明星扩大影响;有人说,艺术也要结合实践,这位著名影星就是实践专家;有人说,乱送“教授”帽子,反而显得太廉价;有人说,球队要有单项教练,大学也不妨请“明星老师”;有人说,这是学风的堕落,以后可能会自取其辱。

(本题答案比较开放,能体现“不同看法”,言之成理即可)

第二单元　练习与测试

一、1. B。“蜕”应该读为 tuì。

2. C。“隔移”应该写作“隔离”,“沙漠绿州”应该写作“沙漠绿洲”。

3. A。“安之若素”的意思是对于危困境地或异常情况,一如平时,泰然处之。

4. A。方括号内的“,”应改成“。”否则,句意费解。

5. C。“叹为观止”是赞叹所见事物好到极点,不符合句意;可改用“望洋兴叹”。

6. B。A“十分”和“悬殊”语义部分重复,可删“十分”;C“以”含主动色彩,与“被”连用,不合逻辑;可改“以”为“因”;D“无不以流光溢彩的风姿为中外游人所倾倒”主客关系颠倒,可改为:“无不以流光溢彩的风姿使中外游人倾倒”。

二、1. 恩格斯

2. 美　马丁·路德·金　1964

3. 演说家　帕特里克·亨利

4. 该　即使　也　但是　甚至　都　而且

三、1. 不能。“爱戴”比“尊敬”更进一层。“悼念”是对逝世的怀念,不能放在前面。

2. 现在我们生活的时代马克思的思想已经至少在中国变成了现实。而当时,共产主义运动还刚刚兴起,马克思主义的追随者还只是少数,就连当时参加马克思葬礼的人也只有十来个人。在那样一个时代,恩格斯说“他的英名和事业将永垂不朽”,而我认为他的英名就活在他的“事业”之中。

虽然他离开了世界,但在恩格斯看来,“人类失去了一个头脑,而且是它在当代所拥有的最重要的一个头脑。”但无产阶级革命并不会因此而停止自己的运动,而且,必将取得最后的胜利。因此,这个“将”是表明了恩格斯对马克思主义不朽生命力的信心。

3. D

四、1. 感受到生命的高贵与美丽;生命是平等的;为了更爱人类自已,“生命是平等的”。

2. 每一个生命种类的生存权利都是大自然赋予的，而不是人类的恩赐，人类应当摆正自己和其他生命伙伴的位置，切不可以任意践踏和摧残他们。

3. 敬畏生命，贵在细节。表现生命的平等和对异类生命的博爱，认识到异类生命的命运将是人类的命运并将它付诸行动，细节入手，意旨深远，读来令人震撼。

4. CE

第三单元 关注生态

第1课 像山那样思考

一、自己查字典解决。

二、1. 嗥(háo)嗥叫　　翱(áo)翱翔　　镍(niè)镍币

2. 砰(pēng)砰的一声　　怦(pēng)怦然心动　　抨(pēng)抨击

3. 蜿(wān)蜿蜒　　腕(wàn)手腕　　宛(wǎn)宛然

4. 蠕(rú)蠕动　　嚅(rú)嗫嚅　　濡(rú)濡染

三、1. 蔑视：轻视；小看。

2. 蜿蜒：蛇类爬行的样子。(山脉、河流、道路等)弯弯曲曲地延伸的样子。

3. 蠕动：像蚯蚓爬行那样动。

4. 毛骨悚然：形容很害怕的样子。

5. 无动于衷：心里一点不受感动；一点也不动心。

四、1. 文章先从狼的嗥叫写起，目的是引起下文。

2. 本段运用排比句式，增强了文章的气势。

3. “这种观点”指“我”认为狼越少，鹿就越多，因此，没有狼的地方就意味着猎人的天堂。狼眼中垂死时的绿光给“我”的新启示是，让“我”明白这种观点是错误的。

4. 破坏的草原很难复原，牧牛人杀死狼也不是好事，太多的安全可能产生了长远的危险，这些都是作者深层思考的内容。

5. 先前作者随波逐流，受社会大环境影响，对狼肆意猎杀。后来看到一只垂死时的老狼眼中的绿光时，作者有所启发，有所意识和察觉。后来又从草原和高山植被的破坏和退化中，进一步得到验证，故而作者意识到要保护环境。

第2课 离太阳最近的树

一、遒劲；健硕；酷寒；皱褶；寥寂；尸骸；苍穹；沙砾；栖息

二、1. 不可思议：不可想象，不可理解。

2. 浩浩荡荡：形容气势十分雄壮，规模宏大。

3. 本末倒置：比喻把主次、轻重的位置弄颠倒了。

4. 盘根错节：树木的根盘曲，枝节交错。比喻事情艰难复杂。

5. 生死相依：在生死问题上互相依靠。形容同命运，共存亡。

6. 触目惊心：看见某种严重情况而内心震惊。形容事态严重，引起轰动。

三、1. 拟人 2. 拟人 3. 比喻 4. 比喻 5. 比喻 6. 比喻

四、1. 文章写司务长和“我”“算账”的对话，连用四个“对不对”，写活了司务长说话时理直气壮的情态，从反面揭示出砍伐红柳事件的可悲，更能引发人的思考。

2. 因为红柳是千百年前就在这高原上扎根成长的生命；表达了作者对破坏生态环境的痛心之情及对人类生存环境的忧患意识。

五、1. ①是高原上仅有的树，唯一的绿色。②生命力很强，可以存活千万年。③有美丽的树干和叶子，可开出细密的花，对着高原的恶劣环境微笑。④能用庞大的根系牢牢固住高原上的流沙。⑤它的根系坚挺而硬韧与沙砾黏合紧密，与高原的土地生死相依。

2. (1) 生动形象地(或“运用拟人手法”)说明红柳具有顽强的抗拒恶劣环境的生命力。

(2) 生动形象地(或“运用比喻手法”)说明红柳具有强大的根系和固住流沙的伟力。

3. 表达了作者对掘净烧光的红柳的无限怀念和对人为破坏所造成的沙尘暴等自然灾害不断发生的忧虑。收束全文，表明主旨：人类应保护自然环境。

4. AD

第3课 西地平线上

一、查字典解决。

二、1. 隐隐约约：看起来或听起来不很清楚，感觉不很明显。

2. 纹丝不动：一点儿也不动。

3. 混沌：模糊一团，看不清楚。

4. 回光返照：指太阳刚落到地平线下时，由于反射作用而发生的天空中短时发亮的现象。比喻人临死之前精神忽然兴奋的现象，也比喻旧事物灭亡之前暂时兴旺的现象。

5. 惊世骇俗：因言行异于寻常而使人震惊。

三、1. 消失 2. 惊骇 3. 苍茫 4. 吞没

四、1. 和作者写到的落日作比较，更衬托出了落日的特点，同时也丰富了文章的内容。

2. 落日较之日出，更显庄严、神圣和具有悲剧感。

3. 这段文字与前文(第8～10段)响应，进一步突出了罗布泊日落辉煌这一中心。

4. 因为对自然美的认同，古今中外，都是一致的。这一切，都能引起人们心灵上的共鸣和震撼。

第三单元　练习与测试

一、1. C　2. A　3. C　4. B　5. D

二、1. 奥尔多·利奥波德，美，生态学家，环境保护主义的先驱，美国新环境理论的创始者，生态伦理之父，《沙乡年鉴》。

2. 毕淑敏，《昆仑殇》，《预约死亡》，《血玲珑》。

3. 高建群，《遥远的白房子》《雕像》《大顺店》，《最后一个匈奴》《六六镇》《古道天机》《愁容骑士》《白房子》，《新千字散文》《东方金蔷薇》《匈奴和匈奴以外》《我在北方收割思想》《穿越绝地》《惊鸿一瞥》《西地平线》《胡马北风大漠传》，《最后一个匈奴》。

三、1. 第一个“此”指牛群在对狼的极度恐惧中生活着，草原就要在对它的牛的极度恐惧中生活。第二个“此”指牧牛人杀死狼，不知像山那样思考。

2. 狼的消失导致鹿增加，从而使大山伤痕累累，维护生态环境也是山的愿望。但人类却为了短期利益不惜以牺牲环境为代价，还没有认识到保护环境、维护生态平衡的意义，这是人类的悲哀之所在。

3. 植被遭到破坏；鹿大量繁殖，缺少食物而饿死；草原遭到破坏，短时间内不能复原；水土流失严重，带来沙尘暴，甚至会使人们失去未来。

4. “荒野”就是文中所说的自然，通过对狼的描述和思考，引发了人们对生态平衡的思考，给我们以心灵的震撼。“荒野”是指人类文明未曾涉足的地方，存在着一种自足的、健康的生态系统，有着天然的活动规律和生存法则，这些对于高度发达的人类文明来说，具有不可忽视的警示和借鉴意义。

第四单元　立志成才

第1课　改造我们的学习

一、1. D　2. B　3. A　4. A　5. A　6. D

二、1. 肤浅　贫乏　深刻　丰富　2. D　3. C　4. D　5. A　6. B

第2课　谈自制力

一、1. B　2. B　3. A

二、1. 一种自己控制自己思想感情和举止行为的能力

2. C

3. B

4. 表现红狐狸非常饥饿(或非常想吃到野鸭子),反衬出它的自制力多么强。

5. 它是那样顽强而有耐心。

6. 在"实际上"之前(或在"终于被它逮住为止"之后)

7. 人应比动物更有自制力。

8. 基本观点:人应当自强,要自强必须要自信,并且还要善于自制。(基本观点仅供参考,允许有其他正确观点)

第3课　尚俭戒奢谈

一、1. B　2. C　3. A　4. B

二、1. 毛书征　2. 李商隐

三、文章先简要叙述"布衣将军"冯玉祥、"布衣元帅"彭德怀尚俭戒奢的典型事例,再从中概括出中心论点。从形式逻辑的角度来看,运用了归纳推理的方法,从个别的前提推导出一般性的结论,具有严密的逻辑说服力。

接着,文章又运用《红楼梦》中四大家族分崩离析的结局、唐太宗尚俭戒奢的典型事例对中心论点作正反对比论证,这在形式上属于归纳证明,从而使中心论点得到进一步的肯定。就这样,作者用归纳推理推出中心论点,又用归纳证明再次证明中心论点,论据选用典型事例,论证采用正反对比的方法,使中心论点的确立坚如磐石,全文对中心论点的论证也就到此结束。

四、布衣将军冯玉祥、布衣元帅彭德怀,尚俭戒奢的事迹以及《红楼梦》中四大家族分崩离析的结局、唐太宗尚俭戒奢的事实都是很好的论据。这些论据能够充分证明观点,因为这些论据都是典型的,可以以一当十。

五、正反对比的论证方法对观点能够起到明辨是非、有力证明的作用,并能给人以深刻的印象,产生强烈的效果。

第四单元　练习与测试

一、1. C　2. B　3. D　4. D　5. C　6. D　7. C

二、1.《反对党八股》《整顿党的作风》

2. 诸晓　3. 毛书征　4. 成由勤俭败由奢

三、(一) 1. B　2. 反马克思列宁主义,党性不纯　3. B　4. C　5. 排比

(二) 1. 答案示例:本文主要是从人应有自制力(什么是自制力)、自制与放任的关系和怎样培养自制力(如何增强自制力)三个方面论述有关自制力的问题的。

2. 答案示例:④段首先提出"自制的反面是放任",然后用盲目地听凭自己抽烟以至积习难改的例子证明"盲目纵欲是自制力的腐蚀剂",接着又用保尔·柯察金戒烟的例子证明"自制力又是征服放任的有效武器",从而阐明了自制与放任的关系。

3. 答案：要增强自制力，就要从日常生活的一点一滴做起，加强磨炼。

4. 答：通过动物有时为了达到某种目的都能控制自己的例子，有力地论证有思想感情的人更应有自制力。

5. 答：形象生动地表明了盲目纵欲的危害性、隐蔽性。或盲目纵欲会使人逐渐变质堕落；盲目纵欲将导致自制力丧失。

6. 答：不能，“往往”表示通常情况下，自制力强的人，意志比较坚强。去掉后表意就太绝对化了，使得论述不严密准确，缺乏说服力。

第五单元　词 达 乾 坤

第1课　水 调 歌 头

一、参阅注释或查字典解决。

二、1. 介绍写作缘由　弟弟　苏辙

2. 今夕是何年

3. 又恐琼楼玉宇　高处不胜寒

4. 转朱阁　低绮户　照无眠　何事长向别时圆

5. 人有悲欢离合　此事古难全

三、达旦：到天亮。　兼：同时。　乘风归去：驾风回到天上。

宫阙：宫殿。　不胜：禁受不住。　绮户：雕花的门窗。

婵娟：形态美好，这里指月亮。

四、1. 明月几时有？把酒问青天。

2. 又恐琼楼玉宇，高处不胜寒。

3. 人有悲欢离合，月有阴晴圆缺，此事古难全。

4. 但愿人长久，千里共婵娟。

5. 怨恨。“恨”的内容可能是亲人的离别、人生的孤独等。

6. ④海上生明月，天涯共此时。这两句都有即使人各一方，也能共享美好月光的意思，都表达了对人的美好祝愿。

7. 婵娟、玉兔、夜光、素娥、冰轮、玉蟾、玉弓、玉桂、玉盘、玉钩、玉镜、冰镜、广寒宫、嫦娥等。

8. 婉约派　李清照　柳永

第2课　永遇乐　京口北固亭怀古

一、查字典解决。

二、(1) 长远的年代。(2) 落得。(3) 台上的房屋。(4) 巷、陌，都指街道。

三、略。

四、(1) 英雄无觅孙仲谋处：怀念英雄,表现收复失地的决心。

(2) 人道寄奴曾住：怀念古人,表现北伐决心。

(3) 元嘉草草,封狼居胥：借古讽今,批评草率出兵。

(4) 烽火扬州路,佛狸祠下：今昔对照,不堪回首。

(5) 凭谁问,廉颇老矣：自我感慨,不忘为国效力。

五、1. 孙权和刘裕(寄奴)。他们都是建立了丰功伟业的英雄人物,他们的辉煌业绩都是从京口起步的。

2. 元嘉年间,南朝宋文帝刘义隆好大喜功,草率北伐,想建立像汉朝霍去病打败匈奴、封狼居胥山的功业,结果一败涂地,狼狈南逃。

词人用此典故,目的是警告当权者要吸取历史的教训,不要草率北伐,而必须做好准备再采取行动。

3. 观点一：同意。理由：①他们都年岁已老,赋闲在家,不得重用；②他们都勇猛而持重,壮心不已,渴望为国家建功立业；③词人希望自己能像廉颇那样被朝廷起用,实现自己报效国家的壮志。

观点二：不同意。理由：①这是词人运用的对比手法：廉颇虽老,赵王尚有起用之意,词人却被朝廷弃用,空怀报国之心；②在鲜明的对比中,突出表现词人报国无门的苦闷、怨愤之情。

4. B(“侠肝义胆”的评价,有悖原诗意——词中所歌颂的英雄都是与国家命运相系,并非个体的“义士侠客”。)

六、(略)

第3课 望 海 潮

一、参阅注释或查字典解决。

二、天堑：天然的壕沟,这里指钱塘江。　　叠巘：重重叠叠的山峰。

清嘉：清秀美丽。　高牙：将军的牙旗,这里借指地方长官。

参差：大约,将近。　　形胜：形势重要,湖山优美的地方。

三、(1) 市列珠玑,户盈罗绮,竞豪奢

(2) 重湖叠清嘉,有三秋桂子,十里荷花

四、1.《望海潮》描绘了一派太平、富庶、安定、祥和的都市生活景象。

① 地理位置：杭州是东南的重镇。

② 历史传统：自古以来,杭州是繁华都市。

③ 自然景观：有著名的钱塘江、秀丽的西湖。

④ 市井面貌：建筑、设施美观、人口密集。

⑤ 百姓生活：人们安居乐业,处处笙歌,老老少少都心情愉悦。

2.“霜雪”比喻浪花,“怒涛卷霜雪”表现了钱塘江潮来时波滚浪翻,排山倒海的气势,用“推”则显得比较平板,力度与气势均没有“卷”强,对浪花飞溅的情态描写也不如“卷”形象逼真。

3. 桂子和荷花是代表杭州典型景物。白居易《忆江南》中有“江南忆,最忆是杭州。山寺月中寻桂子,郡亭枕上看潮头”之句,杨万里《晓出净慈寺送林子方》中写道“毕竟西湖六月中,风光不与四时同。接天莲叶无穷碧,映日荷花别样红。”可见桂子和荷花最能画出西湖的美景,从而展现杭州的风姿。

4.“羌管弄晴,菱歌泛夜”互文见义,说明不论白天或是晚上,湖面上都荡漾着优美的笛声和采菱的歌声。“嬉嬉钓叟莲娃”是说渔翁、采莲姑娘都很快乐。“嬉嬉”二字,则将他们的欢乐神态,作了栩栩如生的描绘,生动地描绘了一幅国泰民安的游乐画卷。

5. 词中“图将”是指把杭州美景画出来,“凤池”指朝廷。这样一来,此句的意思就十分明显了。是说:希望长官把杭州美好的景色画出来,等日后升迁,去朝廷做官时,可以把它拿出来,献给朝廷,并夸示于同僚。这里其实暗含对长官日后飞黄腾达、不断高升的美好祝愿。它是作者纯粹的奉承之辞。

6. B

第五单元　练习与测试

一、1. D　2. B　3. C　4. D　5. D　6. B　7. C　8. B　9. C　10. B

二、1. 唐代　宋代　豪放派　婉约派　苏轼　辛弃疾　柳永　李清照

2. 苏轼　子瞻　东坡居士　北宋　苏洵　苏辙

3. 幼安　稼轩　南宋　苏轼　苏辛

4. 柳永　三变　耆卿　柳七

三、1. 神州在哪里?中原大地已非我所有了。

2. 唐朝诗人杜甫《登高》。

3. 三国时期的英雄(孙权),南宋朝廷的无能(无人,苟且偷安)

4. ①寒蝉凄切　②晚　③长亭(都门)　④骤雨初歇　⑤帐饮无绪　⑥执手相看泪眼,竟无语凝噎

5. ①C　②A

6. 上片写离别场面,重在描写情态;下片写别后想象,重在刻画心理。

四、(答案仅作参考,可自由发挥,不必拘泥于答案)

祖国,您是大地,

我就是大地上的树苗。

只有您的滋养,

我才能生长出强壮的枝条。

或:祖国,您是森林,

我就是森林中飘落的树叶,

为了树木的繁茂,

我愿变成养料。

第六单元 借你慧眼

第1课 林黛玉进贾府

一、1. B 2. B 3. C 4. C 5. (1) D (2) D (3) C (4) B

二、《红楼梦》 三 《石头记》 一百二十 清 曹雪芹 梦阮 雪芹(芹圃、芹溪) 四十 高鹗 贾宝玉 林黛玉 封建家庭(贾 史 王 薛四大家族) 封建贵族 封建制度 红学

三、1. 打量 交谈 送字 摔玉

2. (1) 与黛玉的名有联系

(2) 和黛玉的神态(眉尖若蹙)有联系

3. 发现贾母不喜欢女子读书,觉得自己有不谦之嫌,发觉自己的回答有些失口,这样的回答体现了她寄人篱下那种小心谨慎的态度。

4. 对封建正统思想的反叛。

5. 如今来了这么一个神仙似的妹妹也没有,可知这不是个好东西。

6. 迫于人人平等,不愿与众不同的民主思想意识。

第2课 苦 恼

一、1. yǔ léng xuān xiāo lǒng xī rǎng gòu zhōu

2. B 3. D 4. D 5. C 6. D

二、1. (1) 景物描写为人物设定了一个晦暗冷清的背景,渲染悲凉凄苦的环境气氛。

(2) 衬托人物内心的痛苦。

(3) 姚纳为了生计,不得不伫立在风雪之中,苦苦等待生意,表现其地位低下、命运悲惨的小人物身份。

2. (1) 马的处境、神态和遭遇,使人联想到车夫姚纳的处境、神态和遭遇,暗示出姚纳牛马般的社会地位和现实处境,充分暴露了当时社会的黑暗。

(2) 运用了对比手法,将“人与人”的关系与“人与马”的关系相对比,没有人听姚纳的诉说而马却静静地听着,这强烈的对比,鲜明地反映了当时人与人之间的冷漠

无情。

(3) 有深化主题的作用，强化了作品的艺术感染力。

3. (1) 小说以副标题“我拿我的苦恼向谁去诉说”为情节线索，写出了姚纳的苦恼与心事，姚纳向人诉说苦恼的连续失败，向马倾吐内心感情的成功。

(2) 所有的情节内容都紧紧围绕着姚纳深怀苦恼、倾诉苦恼的动机和行为展开。首尾互相呼应并形成对照，首尾人与马的关系又与中间部分人与人的关系构成对比。

三、写作。(略)

第3课　一碗清汤荞麦面

一、(一) pēn　méng　lù　yàng　xù　shē chǐ　yè　ái　yì　qiè

(二) 1. 商店晚上关门停止营业。

2. 轶，散失，失传。世人不大知道的关于某人的事迹，多指不见于正式记载的。

3. 形容霜雪洁白。

4. 摇荡。

5. 表示达到过甚的程度。

6. 不知道怎么办才好。

7. 手足无处安放，形容没有办法，不知如何才好。

二、(一) 1. 线索　团结奋进

2. 细节　坚定、乐观、团结、努力奋斗

3. “一碗清汤荞麦面”构成了全文的线索，将人物、情节、环境贯穿起来，形成一个有机的整体。“一碗清汤荞麦面”在全文中还具有象征意义，清汤荞麦面与“春”密切相关，寄托了吃面人对新春、对未来的憧憬，及母子三人所表现的团结、不屈、向上、奋进的精神。“一碗清汤荞麦面”通过母子三人吃阳春面的故事，歌颂了那种在困难逆境中积极奋斗、团结向上的精神；同时也歌颂了人与人之间的友爱之情。

(二) 1. D　2. A　3. B　4. D

(三) 雪霁天明，窗明几净，布帘飘曳……，一幅美好的图景，预示着更加美好的未来，烘托了团结奋斗必能成功的主题。

第六单元　练习与测试

一、1. A　2. B　3. D　4. D　5. B

二、1. 人物、情节、环境　一碗清汤荞麦面

2. 石头记　贾宝玉　林黛玉　贾、王、史、薛　封建社会

3. 莫言　1986　高密　红高粱

4. 宋代　文言、白话　明代

三、1. D　2. D　3. B　4. B　5. A

6. 精神上的友爱之情;终有一天会懂得人生的意义,寻回自我

7. 双向　单向　人与人之间的相互理解和尊重,相互信任和友爱,远远胜过金钱和物质。

四、【解析】语体有书面语和口语之分。书面语庄重典雅,口语则通俗易懂。按照题中“用口语方式转述”的要求,转述的语言应符合口语的特征。学生思考后交流。

提示:①“徐凡”后应加称呼,不用介绍性别。和我们阅读过的史传文第一句话很相似,还要补充完整。这也告诉我们,书面语和口语首先句式上存在不同,其实也提出书面语非常简洁,而口语相对来说要语句烦琐。

②“系”“后起之秀”必须转换,可以分别转换为“是”“研究专家”等。口语和书面语的区别还表现在词语上。

③“作者身世”应转换为“曹雪芹身世”或“《红楼梦》作者身世”。“尤……”用“尤其在……方面有专长”一类句子来转换。

④ 括号中的文字必须转换到句中表达。括号、破折号等符号,在书面语中是为了加强逻辑关系,但口头表达的时候,就要把相应的内容放到合适的位置上,如这里的括号属于补充说明,那么口语交际中不可能有这样的符号,只能用语言来强调。

五、写作。(略)

第七单元　辩 证 思 维

第1课　中国人失掉自信力了吗

一、1. C　2. D　3. D　4. B　5. A D

二、1.《且介亭杂文》 驳论

2. 自信力　他信力　自欺力

3. (1) 为民请命　(2) 舍身求法　(3) 前仆后继　(4) 自欺欺人

三、(一) 1. D　2. 喻证法

(二) 1. B

2. 暗示国民党反动派还有许多不愿也不敢公开的见不得人的事。

3. 是一种欲进故退的写法,先肯定对方说的是事实,然后分析其自相矛盾的逻辑错误,反复肯定就为下文的批驳积蓄了强大的力量,造成无可辩驳的态势。

第2课　不求甚解

一、1. B　2. D　3. C　4. D　5. D　6. B

二、1.《燕山夜话》 邓拓　邓子健　马南邨　吴晗　廖沫沙《三家村札记》

2.《五柳先生传》 五柳先生　散文　五柳先生　东晋　山水田园　悠然见南山

3. 南宋　理学　陆象山

4. 对任何问题不求甚解都是不好的

5. 每有会意,便欣然忘食。

三、1. qū　càn　kōu　zhì

2. 于:作介词。引出动作对象,即在……方面

3. A　4. A　5. C　6. B

7. 指代方法,不能死读,而必须活读。就是说,不能只记住经典著作的一些字句,而必须理解经典著作的精神实质。

8. 举例论证　引用论证　对比论证

第3课　论　骄　傲

一、1. B　2. B　3. A　4. B　5. B　6. C

二、1. 驳论　2. 驳论点　驳论据　驳论证　论据　驳论据　3. 明　吴承恩　4. 用"骄傲"这顶帽子对青年人横加指责

三、1. wéi　nuò　qū　è　gū

2. 不同。①处表引用　②处表特殊含义

3. 即使——或是　须——需　4. A

5. 怎样做才算不骄傲呢……不能单刀直入　好处:形象、直观、生动

6. 设问句。

第七单元　练习与测试

一、1. C　2. B　3. B　4. A　5. A　6. D　7. D

二、1. 立论　驳论　反驳论点　反驳论据　反驳论证

2. 杂文 《且介亭杂文》 杂文 《燕山夜话》

3.《五柳先生传》 五柳先生　不求甚解　观其大略

4. 东汉　澹泊明志

三、(一) 1. D　2. A

3. 这①指代前面两句话的内容。这②③均指代上文"面对蓬勃……创新精神"。

(二) 1. 驳论　多一事不如少一事　我们赞美有益的"多一事",更需要我们多做有益的"多一事"

2. C　3. A

4. 归谬法(引申法)　举例论证　引用论证

5. C

第八单元　花木寄情

第1课　荷塘月色

一、1. C　2. D　3. C　4. C　5. D　6. C　7. A

二、1. 朱自清　佩弦　秋实　散文家　诗人　学者　《背影》《踪迹》《毁灭》

2. 我悄悄地披了大衫,带上门出去。

3. 淡淡的喜悦,淡淡的哀愁

4. 映日荷花别样红

三、1. C　2. 这几天心里颇不宁静。　3. A　4. B

第2课　故都的秋

一、1. A　2. D　3. B　4. C　5. D　6. D

二、1. 郁达夫　郁文　小说家　散文家　《沉沦》《春风沉醉的晚上》

2. 北平　内容

三、1. 椽　泡　向　陪衬　2. B　3. A　4. B

5. 更能衬托秋的"悲凉"。

第3课　陶然亭的雪

一、1. A　2. D　3. C

二、观雪　自然美　陶然亭雪景　怀念自然、亲近自然

三、答:如"累累的坟,弯弯的路,枝枝桠桠的树,高高低低的屋顶,都秃着白头,耸着白肩膀,危立在卷雪的北风之中。上边不见一只鸟儿展着翅,下边不见一条虫儿蠢然的动(或者要归功于我的近视眼),不用提路上的行人,更不用提马足车尘了。惟有背后已热的瓶笙吱吱的响,是为静之独一异品;然依昔人所谓'蝉噪林逾静'的静这种诠释,它虽努力思与岑寂绝缘终久是失败的哟。死样的寂每每促生胎动的潜能,惟万寂之中留下一分两分的喧哗,使就熄的赤灰不致以内炎而重生烟焰;故未全枯寂伪外缘正能孕育着止水一泓似的心境。"

四、1. 答:作品表达的基本感情,是对自然的向往和企慕,还有对往事的怀念和追忆。文章从开头到结尾,从现在到对往事的追忆,都蕴涵着强烈的感情,也包含着对人生的许多感慨。

2. 答:杨朔散文,最大的立意特点是"以小见大",在日常事物中寻找出宏大的主题来。本文与之差别巨大,它始终围绕个人生活和情感来写,表达的是个人志趣,丝毫没有借之以表现宏大主题的意图,事实上也只表达个人的人生经验和感悟,没有大

的主题表现。

3. 答：朱自清和冰心、何其芳等作家的语言，或华丽或婉约或含蓄，呈现不同的艺术风格。相比之下，本文的语言更自然质朴，平淡亲切，生活化强，哲理寓含在平淡的叙述当中。

第八单元　练习与测试

一、1. D　2. D　3. B　4. A　5. B　6. C　7. C　8. D

二、1. 自华　佩弦　散文家　诗人　《春》《背影》

2. 郁达夫　郁文　《沉沦》《春风沉醉的晚上》

3. 清　静　悲凉

4. 俞平伯　俞铭衡　诗人、作家、红学家　"新红学派"

三、(一) 1.《荷塘月色》

2. B　3. B　4. A　5. B　6. A

7. 景物：荷叶、荷花、荷香、荷波、流水

顺序：由上到下、由静到动、由远及近

8. 月下荷塘　荷塘月色

(二) 1. D　2. A　3. B　4. B

第九单元　人 生 哲 理

第1课　我 若 为 王

一、hē　zēng　chāng　chǎnmèi　kuī　qí　xǐ　jūgōng

二、1. 时光景物/境况、状况　2. 残留的东西　3. 指出错误，加以批评　4. 请求给予　5. 忽然觉醒　6. 又敬重又畏惧

三、1. 像　2. 陋　3. 劣　4. 呵　5. 婉　6. 葸　7. 相　8. 缘

四、1. "我"在登上权力的宝座之后，并不感到怎样的得意，相反，"我甚至会感到单调、寂寞和孤独"。我终于醒悟到："我生活在这些奴才们中间""而我自己也不过是一个奴才的首领"而已。

2. 作者对王权和奴才这一对孪生子表示深深的憎恶和愤慨："生活在奴才们中间，作奴才们的首领，我将引为生平的最大的耻辱，最大的悲哀。"作者在这里又翻出一层意思，认为奴才比王权更可怕，它是王权思想赖以存在的温床，因而"不留一个奴种在人间"，斩钉截铁地表示铲除一切奴种的强烈愿望。

3. 意思说，世界上没有了奴才，"我"终于不能为奴才们的首领，那么，"我"和所有的人都变成"真的人们"了。对这种景象，"我将和全世界的真的人们一同三呼"。

五、被人们像捧着天上的星星一样捧来捧去。

作用：具有突出思想，强调感情，分清层次，加强节奏感的修辞效果。

六、1. 设问

2. 生活在奴才们中间，作奴才们的首领，我将引为生平的最大的耻辱，最大的悲哀。

3. 王权和奴才是一对双胞胎，后者是前者生存的基础。这一对孪生子，不仅彼此都无人气，还阻碍社会进步。作者对此表示了深深的憎恶和愤慨。

七、略。

第2课　剃光头发微

一、jì　kūn　mólì　chī　zhuó　xìng　pìnì　guǐ

二、睥睨：眼睛斜着看，形容高傲的样子。

物与民胞：及民胞物与。要求爱一切人如同爱同胞手足一样，并进一步扩大到“视天下无一物非我”。

牛山濯濯：形容头顶光秃无发。濯濯，形容山上光秃秃的，没有树木。

差池：差错，问题。

三、发微，发，探究之意；微，奥妙。剃光头发微，即要探究剃光头一事中所潜在的人的心理，所反映出的社会现象，以及现象后的内在本质。

四、稳　奇　羁　世　物

五、1. ①差错，名词；②诸，“之于”的合音；③想做什么就做什么(多用于干坏事)。为：做；欲：想要；所欲为：想要做的。

2. 这不是推断，是由“读者来信”所知。本句缺少必要的交代。

3. 这里的“文章”是一种等级观念，时至今日，有些城里人还有这一落后的封建意识，认为自己比农村人高一等。

六、略。

第3课　哲学家皇帝

一、查字典解决。

二、略。

三、1. 杂文。属于议论文范畴。杂文的特点是形象化说理。

2. 美国的山水人物画主色是或浅或深的蓝色，着色简明快捷，静且美，静静的画里，半躺着一个疲倦不堪的活物。

3. 表达观感：美国的教育鼓励学生从父辈那里接受勤苦自立的创业教育，却太忽略人文方面的素养。

4. 倾听美国青年的心声，他们视人生为“奋斗的战场”；感受美国的教育，他们以敢于受苦为光荣；凸显美国青年的形象，他们不管做怎样“卑微的工作”，都“精神焕发”“步伐昂扬”。

5. 篇末写景，对“我的思想”色彩上趋于“澄明”“宁静”，起了烘托作用；进而使“我”对美国的富强及其原因的思考更为明晰，美国青年的独立自强是其亮点，但美国教育也确有缺陷。

四、(1) 简析《哲学家皇帝》一文的哲理内涵。这是一篇充满思辨色彩的哲理性散文，虽然篇幅很短，但内涵丰富。

本文的命题富有哲理色彩：以希腊哲人“训练皇帝”的办法训练美国青年，使他们成为“哲学家皇帝”。正是通过“做苦工”，使美国学生懂得了“人生”，具有了“独立、勇敢、自尊”的品格，像“哲学家皇帝”一样。

作者对这个命题的阐述也充满哲理性的思辨。作者由远及近，由理论及事实，由希腊哲人及美国青年，步步深入地加以论证。在论证这个命题之后，作者又不满足于希腊哲人“训练皇帝”的办法，认为“哲学家皇帝”不仅要勤苦自立，还要具有“雄伟的抱负”、“远大的眼光”，具有人文素养。而美国教育对青年学生的人文训练太缺乏了。这就深化了“哲学家皇帝”的哲理性内涵。

(2) 简析《哲学家皇帝》一文的说理技巧

这篇哲理性散文主要是说理，但它不是抽象说理、纯粹议论，而是注意综合运用多种表达方式和艺术手法，使说理形象化。

文章有叙述，有描写，有抒情，而且与议论熔为一炉。例如，当作者“拖着疲惫的身子，坐在‘像首诗，也像幅画’的湖边，对美国这种紧张的生活节奏给予深深的思考”的叙述中有描写，这既是美国社会生活的一个缩影，也是因为勤苦工作已经成了美国教育的一部分，每个学生从学生时代起“做苦力”“做苦工”，使他们在无形中懂得了“生活”“人生”，塑造了“勇敢、独立、自尊”的品格，“像个哲学家帝王”。“这样拼命地工作，这个国家当然会强”的结论又包含赞叹，是抒情兼议论。又如写美国青年钢铁般的歌声，它的论证是形象化的。作者运用联想、比喻等创造性地把美国青年、美国教育制度和哲学家皇帝结合在一起思考，用深邃的目光去洞悉社会和人生，说理形象而精辟透彻。

第九单元　练习与测试

一、1. D　2. A　3. A　4. C　5. D　6. A

二、1. 社会评论、文学、幽默、讽刺、匕首、投枪

2. 聂绀弩、《血书》、憎恶一切奴才和奴才相

3. 发微，发，探究之意；微，奥妙。

三、1. 发微:(1) 发,探究之意;微,奥妙。(2)从细微的事物阐发开去。(3)阐发自己的细微看法。剃光头发微,即要探究剃光头一事中所潜在的人的心理,所反映出的社会现象,以及现象后的内在本质。

2. 作者带有一种调侃的意味,表达了自己对理发师做法不以为然的态度。

3. 用了拈连的手法。表达了作者对社会上"有权就要"的人的深恶痛绝和对纠正不正之风的迫切呼声。

4. 这种瞧不起实质上折射了阶级的、城乡的、职业的有着极其深刻的偏见。不写,是因为文章的中心不在此。

5. 答案提示:

文题为"剃光头发微",这"发微"二字,就要求文章不能就事论事,应当就"剃光头"这一话题,加以联想和发挥,否则文章就显得单调。

开头两节的引述部分,也是作者感情的流露,尤其在旧社会理发师地位低下,受到社会的歧视,作者为之不平,同时也为下文理发师拒绝给一个"乡下佬"剃平头这一事形成对比,突出了作者对这一社会现象的愤恨。

如果文章只保留这两部分,文章写关于剃光头读者来信,开篇显得仓促,缺少引述,显得突兀。没有本文段中 2、3 两节的分析,古今的对比论述,就缺少说服力,也就没有"原因简单之至:剃头刀在他手里。"同时这样也不符合议论文的提出问题,分析问题,解决问题的结构要求。

杂文杂文,就应该杂一点。如果只有那么点文字,文章未免单薄。如果没有那些文字,文章一竿子到底,缺乏迂回曲折的美感。有了那些文字,文章更有看头,更给人以丰富的信息。(分析出两点即可)

四、略。

第十单元　诗情画意

第1课　再别康桥

一、1. 长篙　漫溯　挥一挥　一片云彩

2. ①写出河中水草的飘忽肥美　②把星的光辉装满船舱,采用拟人手法,写出夜色的美好。　点拨:要真正理解诗歌所描绘的景物的特点。

3. C　点拨:A 项中"飘"应为"漂",B 项中"锭"应为"绽",D 项中"生"应为"声"。

二、诗文感悟

1. 三个　即金柳、青荇、潭水　点拨:"意象"即"诗人运思而成寓意深刻的事物",要充分把握诗歌所绘景物。

2. 诗人不愿把来寻旧梦这件事嚷出去,尤其是不想让人知道自己复杂的处境和复杂的内心，此外“悄悄”也有“寂寞”的含义，这一片感情领域是属于他自己的。（点拨：要结合诗歌的写作背景来理解。）

三、1. 写景　抒情　　2. 悲伤、遗憾、苦闷（点拨：要抓住诗人在诗歌中贯穿始终的感情。）

3. 昔日

4. 如“那榆阴下的一潭，不是清泉，是天上虹，揉碎在浮藻间，沉淀着彩虹似的梦。”既是写景，又是写意，融情于景，情景交融，迷离恍惚，色彩斑斓。清泉潭底的浮藻间荡漾着染有晚霞的榆树的倒影，美丽得如同幻觉，使诗人遥想当年的欢乐。这些美丽的、斑驳的颜色和水草，仿佛是当年欢乐和理想的沉淀，像梦一样遥远，可它又在眼前。诗歌景中有情、音调柔美，被人称道。（点拨：解答此题，要把景物描绘的内容写出来，同时把寄寓的情道出来。）

四、1. piān　lù　　2. 自由、美好（点拨：要深入理解诗歌所表达的内容。）

3. 坚定、欢快、轻松自由（点拨：反复诵读，才能体会出来。）

4. 诗人愿化作雪花，自由地毫无拘束地飘舞在空中，去追寻永恒的东西。他借雪花充分享受着选择的自由，热爱的欢乐，一旦追寻到美好的东西，就再也不会放弃。（点拨：抓住“溶入”一词来理解。）

第2课　致　大　海

一、mèi　wèi　xiōng　xuān　pái　nüè　xù　jiè

二、反复无常：经常变化没有稳定状态，形容情况变来变去没有准确的时候。

如愿以偿：按所希望的那样得到满足。指愿望实现。

无忧无虑：没有一点忧愁和顾虑

三、1. 因为大海有广阔的胸怀，惊人的威力，壮丽的景色。更为重要的是大海象征着自由精神。

2. 诗人抒发了对大海的无限景仰，对自由和解放的热烈追求。

四、1. 诗人联想到拿破仑和拜伦。

2. 因为拜伦才华横溢，壮志凌云，一生为自由而呐喊，为正义而战，他与作者精神相通，也与大海的精神相通。诗人无比钦佩拜伦非凡的才华和自由精神。

3. 拿破仑被囚禁汪洋孤岛，自由斗士拜伦客死他乡，这种悲哀惨淡的结局让诗人倍感失望，隐隐作痛的诗句中流露出一种壮志未酬，前途渺茫，英雄无路，知音不再的惆怅伤感。

4. B

五、1. “急流”与“小鱼”“荒林”与“小鸟”

2. 诗人把自己比喻成“急流”，流动在崎岖的山路上，流动在坚硬冰冷的岩石上，因为自己的爱人是一条“小鱼”。山岩上跋涉是艰辛痛楚的，但“只要”爱人是“快乐”

的,诗人就甘愿面对崎岖,承受痛楚。

3. 诗人和爱人之间是那种依靠与被依靠、抚慰与被抚慰的建立在共同崇高理想之上的真挚爱情。

4. 诗人通过一系列的意象,塑造了一个顽强、坚韧、豪迈、充满自我牺牲精神的"我"的形象。

第3课 雨 巷

一、1. C(A. zhǎng-chēng B. méng-máng D. dìng-diànsì-shì)

2. B(应在"心头"后断开,而不是在"我的"之后)

3. C(应为象征派)

4. C("迷失了方向",说法欠妥;"绝望"错误)

二、1. 幽僻阴沉、郁闷

2. 形成回环叠唱的效果;表明了追求理想的坚贞与执著这种追求的虚幻与迷惘,反映了诗人当时复杂、矛盾。

三、1. C 2. A(不能说是"我"听了牧羊女的诉说而引发了自己的梦)

第十单元 练习与测试

一、1. A 2. B 3. C 4. C

二、1. 徐志摩 新月派 卞之琳 《断章》 2. 普希金、大海、自由

3. 戴望舒、音乐性、复沓、叠句、重唱

三、1. 对 2. 对 3. 错 4. 对

四、1. 具体内容:"喂马、劈柴、周游世界""关心粮食和蔬菜""有一所房子,面朝大海,春暖花开""和每一个亲人通信,告诉他们我的幸福"" 有一个灿烂的前程"" 有情人终成眷属"" 在尘世获得幸福"

2. 超脱尘世的、尘世之外的幸福生活。精神上的、理想的、不现实的,也不被世俗世界理解和认可的生活。

3. 所谓明天,就意味着即使时间终止也永不会来临。明天只是希望,今天才是现实,诗人在明天所向往的,正是他今天追求而得不到的,表面上的情绪欢快、明朗,但实际上它深层的情绪却是一种浓到骨子里的悲凉。

4. "只愿"两字犹言幸福是你们的,"我"情愿独面大海,背对世俗。他把幸福的祝福给了别人,自己却难于在尘世找幸福生活。

五、写作。(略)

第十一单元 戏剧人生

第1课 窦娥冤

一、查字典解决。

二、查词典解决。

三、查字典词典解决。

四、1. 正宫 2. 端正好 滚绣球 倘秀才 叨叨令 快活三 鲍老儿 耍孩儿 二煞 一煞 煞尾 3. 外(外末) 正旦 卜儿 净 4. 云 唱 科(介)

五、1. 血溅白练、六月飞雪、亢旱三年

2. 苌弘化碧、望帝啼鹃、六月飞霜、东海孝妇

3. 不能。三桩誓愿一桩比一桩深刻,一愿比一愿强烈,层层深入,所以不能变动。

4. 三次用对白提出誓愿,依次讲出“若是我窦娥委实冤枉”“若窦娥委实冤枉”“我窦娥死得委实冤枉”;三次用曲词强化感情,依次就相应的四个典故来抒发胸臆。曲白相生,把窦娥为其冤屈而抗争的精神表达得深切而感人。

5. 在现实生活中,窦娥的三桩誓愿是根本不可能实现的。这是一种浪漫主义的写法,借助想象、夸张手法完成的杰出艺术构思。它“于事理不合”,却“为人情所求”,反映了劳动人民的愿望、理想和要求,创造了浓郁的悲剧气氛,深化了主题,使人物和剧情具有强烈的感染力量。

六、1. 甲:B 突出冤屈之大 乙:A 揭露人世间的不公

2. 肃杀悲痛 3. 依次为:③⑤①②④

4. 怕硬欺软、顺水推船、清浊不辨、不分好歹、错勘贤愚等

5.《元曲选》的表述更好。《古》本第一句唱词用的是陈述语气,远不如《元》本用“何为地”这种质问的语气强烈;《古》本第二句是对天的哀告祈求,而《元》本在第二句则是对天的面对面的指责和否定。相比而言,《元》本突出了窦娥不屈服于恶势力的反抗精神,使人物形象显得更加高大,也使作品的主题得到了丰富和深化。

七、提示:东海孝妇逆来顺受缺乏反抗精神,窦娥不畏强权,敢于反抗。

第2课 雷雨(节选)

一、查字典解决。

二、1. 燥—躁 2. 距—矩 3. 检—捡 4. 义—意 5. 与—于

三、示例:

鲁侍萍:在年轻时与周朴园有过一段恋情,她为周朴园生了儿子周萍和鲁大海后被周朴园抛弃,寻短见被救起,嫁给了鲁贵,生了女儿四凤。

繁漪：是周朴园的妻子，她是周冲的母亲，她与养子周萍却保持着不正当的关系。

四凤：是鲁侍萍与鲁贵的女儿，与同母异父的周家大少爷周萍热恋。

周冲：是周朴园与繁漪的儿子，也喜欢四凤。

鲁贵：是周朴园家的下人，鲁侍萍的丈夫，四凤的父亲。

四、1. 课文一共有两场戏。课文中出现的四个人之间交织着多重矛盾冲突：以周朴园为代表的资本家与以鲁侍萍为代表的下层劳动人民之间的矛盾冲突；周朴园同鲁大海父与子的矛盾冲突；资本家与工人之间的矛盾冲突；鲁大海与周萍兄弟之间的矛盾冲突；鲁侍萍与周萍母与子的矛盾冲突；资本家的冷酷、虚伪、自私和下层劳动妇女的善良、正直、坚忍两种思想性格的对立冲突。其中最主要的是周朴园与鲁侍萍、周朴园与鲁大海这两对矛盾冲突。

2. 怀念、忏悔——痛苦、紧张——惊愕、深思——惊愕、害怕

3. 周朴园与鲁大海的冲突，揭露了他的残忍与奸诈。对待罢工工人，他一方面进行血腥镇压，一方面采取收买分化政策，并开除了立场坚定的罢工工人代表鲁大海。他在包修江桥时故意叫江桥出险，淹死了两千两百个小工，唆使矿警开枪打死工人等，更突出了他的狠毒与残忍。

五、依次为：③　④　②　①

六、1. 鲁侍萍想起自己的遭遇，满怀悲愤，于是语带嘲讽地反复说："她不是小姐，她也不贤惠"，表现了她内心的痛苦和对周朴园的不满。

2. 既有因为人格受到侮辱的愤怒，又有对周朴园的失望和蔑视。

3. 鲁大海原来是我的儿子。改成陈述句后，只是平实的叙述，无法传达出说话者此时应有的复杂感情。用四个短句，形成急促的语气，表现了周朴园极度吃惊、恼怒的心情；连续出现上升语调，又使他的吃惊、恼怒中带上了几分惶惑，真实地再现了他当时的内心感受。

4. 第二句利用同音词语硬生生把话头转过来，表现了侍萍受到刺激后，想要揭开母子关系、兄弟关系，却马上又意识到不能这样做的心理过程，让人感受到她痛苦、复杂的心情。

七、1. 前一句表现对眼前这个伪君子的怀疑；后一句表示否定、拒绝。

2. "苦笑"表现侍萍的自尊，"笑"表现对周朴园做法的鄙视。

3. 表明周朴园思想性格的变化出乎侍萍的意料。二人已无法沟通。

4. 鲁侍萍是一个受侮辱、被损害的旧中国劳动妇女。她善良，正直，备受屈辱，尝尽了人间的辛酸，但始终保持着自己的自尊与刚强。

5. BD

八、(略)

第3课　威尼斯商人

一、查字典解决。

二、查字典解决。

三、1. 因为夏洛克对于安东尼奥抱着久积的仇恨和深刻的反感，他与安东尼奥既有根本的经济利益的冲突，又有民族和宗教矛盾，因此他不惜金钱，不顾一切置对方于死地。

2. 这既是对鲍西娅聪明才智的由衷赞叹，又是对夏洛克的有力嘲讽，体现了喜剧所要表现的效果。

3. 鲍西娅是在夏洛克不顾众人的劝说、许愿甚至谩骂，坚持"照约执行处罚"，占尽上风之时出场的。与夏洛克的交锋展示了她的博学多才、聪明才智、执法如山、崇尚正义的性格特征。

四、1. 夏洛克　　2. 鲍西娅　3. 安东尼奥　4. 巴萨尼奥

五、(略)

六、1. D　　2. 有好处，可以借机报复，消灭对手。

3. 比喻安东尼奥，表达了夏洛克对安东尼奥的极度仇恨和不顾一切实施报复的决心。

4. 比喻　连用三个新鲜的比喻指出了夏洛克的本性，请自己的朋友放弃为自己说情，情真意切，优美流畅，感染力强。

5. 冷酷固执、老于世故、能言善辩。

七、提示：莎士比亚《威尼斯商人》中的夏洛克，莫里哀《悭吝人》中的阿巴贡，巴尔扎克《欧也妮・葛朗台》中的葛朗台，果戈理《死魂灵》中的泼留希金。

八、(略)

九、(略)

第十一单元　练习与测试

一、1. A　　2. A　　3. C　　4. D　　5. B　　6. A

二、1. 万家宝　《雷雨》《日出》《原野》《蜕变》《北京人》《王昭君》(写出三部即可)　现实主义

2. 文艺复兴　剧作家　诗人　《哈姆莱特》《麦克白》《李尔王》《奥赛罗》

3. 宾白　唱词　科介　净　旦　末

三、示例：路标——只能给人指路，不能替人走路。

木偶——没有灵魂的人，才受人家牵制。

镜子——当面把人放在心里，过后却把一切忘记。

蜡烛——站得不端正的，必然泪多短命。

卵石——一旦磨光了棱角,就被抛弃在滩头。

四、1. 秦仲义心高气傲,不屑处理小事;王利发明哲保身,冷漠自私;常四爷待人热心,对弱者充满同情。

2. 实业救国。不可能。当时的社会矛盾是帝国主义、封建主义和中国人民的矛盾,而民族资产阶级的力量是十分薄弱的,根本就承担不起改变中国命运的使命。

3. 精明圆滑,胆小自私,精明干练,善于应酬。

五、(略)

六、(略)

七、(略)

第十二单元 历史回声

第1课 鸿 门 宴

一、1. A　2. A　3. D　4. B　5. D　6. C　7. A

二、1. 司马迁　西汉　史学　文学　纪传　传记

2. 项羽　刘邦　劳苦功高　秋毫无犯　项庄舞剑,意在沛公

三、1. A　2. A　3. 项庄舞剑,意在沛公

4. (1) 名词用作状语,像鸟用翅膀那样。(2) 名词用作动词,用眼睛示意。

5. C　6.项王　项伯　范增　沛公　张良

7. 范增多次用眼睛示意项王,举起所佩戴的玉玦多次给他看,项王默默地没有反应。

第2课 六 国 论

一、1. D　2. C　3. D　4. C　5. A　6. A　7. D

二、1. 史论　苏洵　苏轼　苏辙　三苏

2. 六国破灭,弊在赂秦　赂秦而力亏,破灭之道也　不赂者以赂者丧,盖失强援,不能独完

3. 以赂秦之地封天下之谋臣,以事秦之心礼天下之奇才

4. 为国者无使为积威之所劫哉

5. 而从六国破亡之故事

三、(一) 1. A　2. ①厌,通餍,满足　②分,清清楚楚　③得,正确　3. D

(二) 1. C　2. B　3. 诸侯及士人不明大势,见识短浅,策略失误。

4. 六国破灭,非兵不利,战不善,弊在赂秦。

第3课　谏太宗十思疏

一、1. C　2. B　3. A　4. D　5. A　6. D　7. A

二、1. 玄成　文学　政治　史学

2. 居安思危，戒奢以俭

3. 载舟覆舟，所宜深慎

4. 则思慎始而敬终　则思正身以黜恶

三、1. A　2. B　3. C　4. 疑问句　状语后置

5. 对比论证　比喻论证　积其德义　居安思危　戒奢以俭

6. 载舟覆舟　《荀子·王制》

第十二单元　练习与测试

一、1. B　2. D　3. B　4. C　5. A　6. C　7. A

二、1.《项羽本纪》　本纪　列传　表　书　传记　史家之绝唱，无韵之离骚

2.《嘉佑集 权书》、楚、赵、韩、魏、燕，借古讽今　借此批评宋朝贿赂契丹、西夏的不当。

3. 魏征　玄成　疏

三、(一) 1. C　2. A　3. C

4. (1) 告诫唐太宗要居安思危、正己安人，已达到“治平天下”的目的。(2) 语言简约，整散结合，整句音韵和谐，散句意到笔随。

(二) 1. (1) 礼：名词用作动词，礼遇　(2) 西：名词用作动词，向西进攻

2. 六国与秦国都是诸侯国，它们的势力比秦国弱，但是仍有可以不用贿赂就能战胜秦国的优势。

3. D　4. B

5. 文中的意思：旧事，前例　现代汉语中的意思：虚构的带有文学色彩的情节

6. 为国者无使为积威之所劫。

高职语文期中考试模拟试卷答案(下册1～3单元)

一、1. C(解析：C项“缴械”的“械”读作“xiè”，“蜕”应该读为 tuì，“低徊欷歔”中的“徊”的正确读音应为“huí”。)

2. B(攸—悠，飘—瓢，和—合)

3. B　4. D　5. C　6. A　7. C

8. A(A项运用的修辞是借喻)

9. B(“吃错药”：比喻说话办事有违常理，应该用“吃不了兜着走”。)

10. C　11. A　12. D　13. D　14. B　15. B　16. B　17. A
18. B

二、(略)

三、22. “空白”说明了马克思的逝世对于无产阶级的革命事业将是不可弥补的损失。

23. “豁然开朗”与“在黑暗中摸索”,形成鲜明对比,突出了马克思发现剩余价值规律,揭示出资本主义剥削本质。对于无产阶级革命斗争有着伟大的意义。

24. 发现了人类历史的发展规律,发现了剩余价值规律。

25. 不好。原句突出了马克思是一个思想家,而且表达了恩格斯对马克思逝世的惋惜之情。

26. “如此”是指马克思发现了人类历史的发展规律。“这样”是指“马克思在他所研究的每一个领域,甚至在数学领域,都有独到的发现,这样的领域是很多的,而且其中任何一个领域他都不是浅尝辄止。”

四、27. (略)。

高职语文期末考试模拟试卷答案(下册 1～6 单元)

一、1. D　2. B　3. B　4. A　5. C　6. C　7. D　8. B
9. B　10. C　11. B(“侠肝义胆”的评价,有悖原词意——词中所歌颂的英雄都是与国家命运相系,并非个体的“义士侠客”。)

12. A　13. C　14. B　15. C　16. D　17. A　18. A

二、19. (略)　20. 一只断线的风筝,飘飘悠悠,迷失方向;一片荒凉的戈壁,冷冷清清,没有活力。

21. 跟贵国一样,每人死一次。(大致符合即可)

三、22. 打量　交谈　送字　摔玉

23. (1) 与黛玉的名有联系

(2) 和黛玉的神态(眉尖若蹙)有联系

24. 发现贾母不喜欢女子读书,觉得自己有不谦之嫌,发觉自己的回答有些失口,这样的回答体现了她寄人篱下那种小心谨慎的态度。

25. 对封建正统思想的反叛。

26. 如今来了这么一个神仙似的妹妹也没有,可知这不是个好东西。

四、27. (略)。

高职语文期中考试模拟试卷答案(下册 7～9 单元)

一、1. A　2. B　3. D　4. D　5. D　6. A　7. D　8. C
9. C　10. B　11. A　12. A　13. A　14. D　15. C　16. A
17. A　＋18. B

二、19.(略)　20. 求学应以宏博渐进为贵

21. 赞同网祭,摒弃陋习。通过网站祭奠已逝的亲友,既便于表达哀思,又省时省力,减少环境污染,值得提倡。对于烧冥钞、纸汽车、纸别墅等陋习,则要加以正面引导。(可侧重某一方面阐述,其他观点言之成理亦可)。

三、22. 中国人失掉自信力;自夸地大物博,寄希望于国联,一味求神拜佛,怀古伤今。

23. 信“地”信“物”信“国联”　一味求神拜佛,怀古伤今

24. 表讽刺否定

25. 这一类的人们,现在不少

26. 我们有并不失掉自信力的中国人在。

27. 以偏概全

四、28.(略)。

高职语文期末考试模拟试卷答案(下册 7～12 单元)

一、1. C　2. B　3. C　4. B　5. D　6. B　7. B　8. C
9. B(应在“心头”后断开,而不是在“我的”之后)　10. C(应为象征派)
11. C(“迷失了方向”,说法欠妥;“绝望”错误)　12. D　13. A　14. D
15. A　16. C　17. A　18. B

二、19. 做大事不必拘泥于细枝末节,讲大礼不必避免小小的责备。

20. 即使我们只是一根火柴,也要在关键时刻有一次闪耀;即使我们只是一朵花,也要给人们带来一丝清香。

21. (1) 陈伯伯说的话意思是(言外之意):小明,我们都睡了,你就别读了。

(2) 小明理解的意思是:陈伯伯夸我学习刻苦。

三、22.《荷塘月色》

23. 虽然　却　所以　但　　24. 比喻　通感

25. 景物:荷叶、荷花、荷香、荷波、流水

顺序:由上到下、由静到动、由远及近

26. 月下荷塘　荷塘月色

四、27.(略)。

参 考 文 献

[1] 山东省职业教育教材编写组.语文教师教学用书.北京：人民教育出版社，2011.

[2] 孙宝水.中等职业学校语文学习指导与练习.北京：电子工业出版社，2010.

[3] 徐中玉.大学语文.上海：华东师范大学出版社，2013.

[4] 李山.大学语文.北京：中央民族大学出版社，2007.

[5] 陈洪.大学语文.北京：高等教育出版社，2009.

[6] 孙昕光.大学语文.北京：高等教育出版社，2006.

[7] 刘金同.新编大学语文.北京：国防工业出版社，2007.

[8] 李玉明，刘金同，杨保国.大学语文.北京：科学出版社，2010.

[9] 刘金同等.中国语文.长春：吉林大学出版社，2009.

[10] 刘金同等.中国传统文化.天津：天津大学出版社，2009.

[11] 刘金同等.国学经典释译.北京：高等教育出版社，2012.

[12] 刘金同等.高职语文.北京：清华大学出版社，2013.

教学支持说明

▶▶ 课件申请

尊敬的老师：

您好！感谢您选用清华大学出版社的教材！为更好地服务教学，我们为采用本书作为教材的老师提供教学辅助资源。鉴于部分资源仅提供给授课教师使用，请您直接手机扫描下方二维码实时申请教学资源。

任课教师扫描二维码
可获取教学辅助资源

▶▶ 样书申请

为方便教师选用教材，我们为您提供免费赠送样书服务。授课教师扫描下方二维码即可获取清华大学出版社教材电子书目。在线填写个人信息，经审核认证后即可获取所选教材。我们会第一时间为您寄送样书。

任课教师扫描二维码
可获取教材电子书目

清华大学出版社

E-mail: tupfuwu@163.com　　网址：http://www.tup.com.cn/
电话：8610-62770175-4506/4340　　传真：8610-62775511
地址：北京市海淀区双清路学研大厦B座509室　　邮编：100084